Elizabeth M. Rajec

KV-380-113

Namen und ihre Bedeutungen im Werke Franz Kafkas

Ein interpretatorischer Versuch

PETER LANG
Bern · Frankfurt am Main · Las Vegas

Druck ab IBM Schreibmaschinensatz

© Verlag Peter Lang, Bern 1977
Nachfolger des Verlages
der Herbert Lang & Cie AG, Bern

ISBN 3-261-02156-X
Auflage 450

Satz und Druck: Fotokop Wilhelm Weihert KG, Darmstadt

Namen und ihre Bedeutungen
im Werke Franz Kafkas

Ein interpretatorischer Versuch

Europäische Hochschulschriften

Publications Universitaires Européennes
European University Papers

Reihe I

Deutsche Literatur und Germanistik

Série I   Series I

Langue et littérature allemandes
German language and literature

Bd./Vol. 186

PETER LANG
Bern · Frankfurt am Main · Las Vegas

"Ich lebe nur hie und da in einem
kleinen Wort."
(Tagebücher, S. 43.)

"... als wolle er ... die Worte
ausklopfen, die er selbst sagen
soll und nicht finden kann."
(Das Schloss, S. 295.)

"... meine Geschichten sind ich."
(Briefe an Felice, S. 226.)

INHALT

ILLUSTRATIONEN

EINLEITUNG

Die vorliegende Arbeit versucht, die Namenbildung und ihre Bedeutung im Werke Kafkas zu untersuchen. Weiterhin soll diese Analyse nachweisen, dass Namen bei Kafka einen bedeutsamen Teil seiner Dichtung und ihres Verständnisses bilden, ja sogar in manchen Fällen den Schlüssel zur Interpretation liefern. Da über die Deutungen der Namen bei Kafka nur vereinzelte Hinweise in der Sekundärliteratur vorhanden sind, möchte die vorliegende Studie eine wesentliche Lücke in der Kafka-Literatur schliessen. Der Gegenstand dieser Arbeit ist, die Namen der Helden, die der Dichter als Korrelation zwischen Objekt und Subjekt gestellt hat, zu untersuchen. Etymologische, lexikalische, semantische, morphologische wie auch autobiographische Bedeutungen von Namen werden im Zusammenhang des jeweiligen Werkes analysiert.

Da sich Kafka nur selten über seine dichterische Namengebung theoretisch äussert, will diese Arbeit in ihrer Methode induktiv vorgehen, indem sie die offenen oder versteckten und verschlüsselten Hinweise und Andeutungen, die in den Werken vorhanden sind, analysiert. Bei den Interpretationen muss der jeweilige Text ausführlich berücksichtigt werden, um eine bessere Anschauung der Namengebung Kafkas geben zu können.

Meine Arbeit beschränkt sich auf die Werke Kafkas, in denen Gestalten vorkommen, die mit Namen versehen sind. Anonyme Helden werden nur dann hinzugezogen, wenn sie eine Hilfe zur Entschlüsselung der Namen bieten. Dasselbe gilt auch für Ortsnamen.

Zuerst werden die Erzählungen interpretiert, in denen mit Namen benannte Gestalten vorkommen, darauf folgen die fragmentarisch gebliebenen Romane; es werden auch die Tagebücher, die Briefe, wie auch die vorhandenen Miszellen untersucht. (In dieser Arbeit werden die Geschichten, Parabeln, Aufzeichnungen, Betrachtungen, Skizzen, Romanfragmente usw. unter dem Begriff 'Erzählungen' zusammengefasst, weil diese Sammelbezeichnung am günstigsten für die epische Kleinform erscheint.)

Die Reihenfolge der besprochenen Erzählungen, in denen Namen vorkommen, folgt einer von mir gewählten Zusammenstellung. Analytisch betrachtet habe ich in der Namengebung Kafkas eine progressiv zunehmende Linie, die in eine regressiv abnehmende ausläuft, entdeckt. Auch die Reihenfolge der besprochenen Namen in den Erzählungen versucht, dieses Prinzip zu befolgen, d.h. es werden zuerst die kompliziert gestalteten Namen besprochen (zu denen Odradek, Samsa usw. gehören), dann folgen die, die auf einen logischen Zusammenhang verweisen (wie z.B. Harras, Bucephalus, Rosa usw., die mit dem Begriff Pferd in Verbindung stehen), und zuletzt werden die einfachen Namen (wie Anna, Valli usw.) berücksichtigt. Es soll hier auch noch bemerkt werden, dass einige der Namen (wie Odradek, Samsa usw.), die in den Erzählungen vorkommen, eine ausführliche Analyse erfordern, andererseits waren bestimmte Namen (wie Rotpeter, Anna usw.) durchschaubar und benötigen daher nur einen kurzen Hinweis.

Um ein Gesamtbild der Namen in den Werken Kafkas zu geben, müsste diese Namenstudie eigentlich auch auf die Namen ausgedehnt werden, die eine traditionelle Sinndeutung haben. Es handelt sich hier um Namen wie z.B. Jupiter, Don Quixote, Sancho Pansa, Macedonien usw., die Kafka aus der Geschichte, Mythologie und Geographie übernommen hat. Da aber die Namen, die von Kafka geprägt wurden, so reichlich vorhanden sind, kann hier auf die übernommenen wegen dem ungeheuer reichen Material nicht eingegangen werden. Einige dieser Namen hingegen, die zur Aufschlüsselung anderer Namen in gewissen Erzählungen nötig sind (wie z.B. Pallas im Zusammenhang mit Wese und Schmar, Momus, als einer der Sekretäre des Schlosses oder Dr. Bucephalus, der auch als Bruder des Gemüsehändlers Adolf Bucephalus auftaucht), werden selbstverständlich in der vorliegenden Arbeit besprochen. Die Namen, die in den Romanen vorkommen, werden in der Reihenfolge analysiert, in welcher sie zur Zeit in der Fischer-Ausgabe erscheinen.

Da zur Zeit noch keine historisch-kritische Ausgabe der Werke Kafkas, also keine verlässliche Textausgabe, vorhanden ist, musste sich diese Arbeit auf die Fischer-Ausgabe beschränken. Eine weitere Schwierigkeit war die Tatsache, dass die meisten Werke Kafkas posthum erschienen sind. Dass Namen und Initialen, wie sie in den von Kafka selbst nicht veröffentlichten Manuskripten erscheinen, vielleicht sogar Ergebnisse der Eingriffe aus zweiter Hand sein können und die ursprünglichen Intentionen des Dichters verstellen und nicht seinen letzten Willen repräsentieren, muss selbstverständlich berücksichtigt werden. Diese Vermutung muss, wenn auch rein theoretisch, aufgestellt werden: Waren z.B. die Helden der zwei letzten Romane mit einem Initial konzipiert, oder handelt es sich nur um einen Entwurf, in dem Kafka auch diese mit Namen versehen hätte, wenn es zur Vollendung dieser Werke gekommen wäre? Die Erforschung der Motivierung für das Verschweigen der Namen bei Kafka möchte sich sicher lohnen, sie gehört zwar auch der Namengebung an, musste aber hier wegen der sehr zahlreich benannten Namen weggelassen werden, um nicht den gegebenen Rahmen zu sprengen.

Ueberblickt man die Werke Kafkas im Hinblick auf die Namenbildung, so kann darauf hingewiesen werden, dass die bisherige Auffassung, dass in der Dichtung Kafkas meistens nur anonyme, oder höchstens mit einem Initial gekennzeichnete Helden und nur selten mit vollständigen Namen benannte Gestalten und noch seltener identifizierte Toponyma vorkommen, eine kritische Betrachtung benötigt. Es sei hier nur auf die Namenlisten verwiesen, die den einzelnen Kapiteln dieser Arbeit beigelegt wurden, die diese These widerlegt. Es handelt sich aber bei Kafka keinesfalls um eine quantitative Namenliste, sondern um eine ganz eigenartige Nomenklatur. Einleitend sei hier nur auf die Hinweise des Dichters verwiesen, welche die Kompliziertheit der Namenbildung der Gestalten in der Erzählung "Das Urteil" oder die Analyse des Namens Milena berücksichtigt, auf die selbstverständlich noch ausführlich eingegangen wird. Aus diesen Analysen wird es unverzüglich klar, dass Kafkas dichterische Namen einen ganz einmaligen Charakterzug demonstrieren. Diesen aufzudecken ist die eigentliche Aufgabe dieser Arbeit.

Die Frage, die hier gestellt werden muss, ist ob Kafka bewusst oder unbewusst die so sehr eigentümlichen Namen in seine Werke einführte. Da Kafka sich mit einigen von ihm geprägten Namen (wie z.B. Bendemann, Brandenfeld, Kalmus usw.), wie auch mit Namen aus seinem Bekanntenkreis (Příbram, Klopstock, Blumstein usw.), aber allererstens mit der Bedeutung seines eigenen Namens auseinandersetzte, ist zu vermuten, dass die Gestalten seiner Werke nicht willkürlich durch Namen bemäntelt wurden, sondern eine in der Sekundärliteratur bisher nicht geahnte Wichtigkeit miteinschliessen. Der Ausgangspunkt dieser systematischen Untersuchung ist also die Entdeckung der ungeheuren Tiefen der literarischen Namenbildung Kafkas, der Kern ist deren Darstellung.

Schon vom psychologischen Standpunkt aus betrachtet wäre es von aussergewöhnlichem Interesse, den dominierenden Grund der Namenwahl Kafkas zu analysieren. Die meisten Namen des Dichters demonstrieren eine konzentrierte Ichbezogenheit, sie pointieren zu auffallend auf eine psycho-autobiographische Potenzierung. Es ist bekannt, dass für Kafka sein dichterisches Schaffen der Kern seines inneren Dranges war. Auch der am meisten charakterisierende Zug seiner Namenbildung weist auf dieses Prinzip hin: Die meisten Namen sind Kryptogramm-Spiegelbilder seines eigenen Namens oder dessen Reflexionen, die trotzdem fast immer den Wesenskern der jeweiligen Werke, denen sie angehören, widerspiegeln. Aber gerade diese Ichbezogenheit unterscheidet Kafka von der Praxis dichterischer Namengebung seiner Zeitgenossen, wie z.B. der von Hofmannsthal (dessen Helden auf redende Namen wie Andreas von Ferschengelder, oder auf geheimnisvolle Doppelnamen wie Maria-Mariquita hören), oder der von Rilke (der die Ahnen seines Helden Malte Laurids Brigge von Urnekloster abstammen lässt, aber auch eine Bettine und eine mysteriöse Abelone in seine Nomenklatur miteinschliesst), oder der von Musil (dessen Haupthelden Ulrich anfangs Achilles, später auch Anders hiess, aber auch einen Propheten Meingast, einen Schriftsteller Rathenau, einen Prostituiertenmörder Moosbrugger, eine Ermelinda Tuzzi, ironisch auch Diotima genannt vorführt), deren Nomenklaturen eine objektivere Namengebung reflektieren. Rein philologisch betrachtet, verweisen die Prägungen der Namen Kafkas zweifellos auf eine Verkettung mit sich selbst, die in den folgenden Kapiteln eingehend besprochen wird.

Die onomastisch einzigartig zusammengesetzten kleinsten Bausteine, d.h. Lexeme, die Kafka zur Konstruktion seiner literarischen Namenbildung verwendete, gaben den notwendigen Anstoss zu dieser Namenexegese. Kafkas etymologisch vielschichtig zusammengesetzten Namen seiner Helden weisen gemeinsame Domänen auf: Sie demonstrieren einen heterogenen Hintergrund, wie auch eine mehrsprachige Gewandtheit. Die dichterischen Namen gehören dem historisch-sprachlichen Erbteil Kafkas an und sind im Einklang mit dessen Sprach- und Stilelement. Sie gehören in ihrer Komplexität der Umwelt Kafkas an, die er sprachlich bewusst in seinen Werken vorstellt, wie dies aus der Einführung der Erzählung "Die Sorge des Hausvaters" im Zusammenhang mit dem Namen Odradek hervorgeht. Es war aber gerade diese philologische Miteingeschlossenheit, die oft im polyglotten Lokalkolorit verfärbt erscheint, die mich zur Untersuchung der Namen bei Kafka anregte, da ich, ähnlich wie der Dichter, in einer mehrsprachigen Gegend aufgewachsen bin.

Ursprünglich wurde diese Studie als Dissertation von der Graduate Faculty in Germanic Languages and Literatures of the City University of New York angenommen. Mein besonderer Dank gilt meinem Mentor, Prof. Burton Pike, der mir bei meiner Arbeit mit seinem stets bereitem Rat zu Seite stand, sowie dem German Department der City University of New York und dessen Chairman Prof. Alfred Anger, dem ich mich zutiefst verpflichtet fühle für seine Hilfe, wie auch meinen Lesern, Prof. Rolf Kieser und Prof. Allen McCormick, die mit ihren Kommentaren zur Vervollkommung dieser Arbeit beigetragen haben. Mein innigster Dank gilt aber meiner Mutter, meinem Mann Steve und Ruth, denen diese Arbeit gewidmet ist.

UEBERLEGUNGEN ZUM PHAENOMEN DER DICHTERISCHEN NAMENGEBUNG

Eine systematische Studie über die Namengebung in der deutschen Literatur ist nicht vorhanden. Der Grund ist vielfältig; einerseits müsste sich eine solche Studie bestimmter Richtlinien der allgemeinen Onomastik unterwerfen, die als Disziplin fast alle Sprachen, geographische Regionen, Kulturgebiete, wie auch einen vorurteilslosen historischen Ueberblick zu bewältigen hat, anderseits müsste eine solche Studie Kenntnisse der komplizierten Konstellation des spezifischen Fachgebiets der deutschen Literatur einschliessen. Besonders eine historisch-theoretische Analyse der dichterischen Namengebung der bedeutendsten Autoren, wäre sehr erwünscht; sie dürfte an erster Stelle als Wegweiser dienen, an die sich später Interpretationen anschliessen könnten.

Die vorhandenen Studien bestätigen aber, dass die Namenwahl ein schöpferisches Element ist, und dass die Namengebung eines Protagonisten nicht eine unwesentliche Zufallserscheinung, sondern in den meisten Fällen ein Bestandselement ist, das dem Werk angehört. Die Benennung der Protagonisten kann also als ein künstlerisches Stilmittel angesehen werden, das der Dichter in seinem schöpferischen Prozess bewusst angewendet hat.

Die Namen der Helden der deutschen Literatur des zwanzigsten Jahrhunderts unterscheiden sich auffällig von denen der früheren Perioden. Die fremdklingenden Namen Cardenio und Celinde, die Titelfiguren des Trauerspiels von Gryphius, evozieren unmittelbar eine Assoziation zu der literarischen Periode, der sie intim angehören. Gangl Dötsch (H. Sachs), Kilian Brustfleck (Goethe), Karl Buttervogel (Immermann), Käthi Herzig (Gotthelf), Hans Unwirsch (Raabe), Effi Briest (Fontane), Tonio Kröger (Th. Mann), Malte Laurids Brigge (Rilke), Josef Knecht (Hesse) oder Karl Rossmann (Kafka) interpretieren sich selbst schon zu einem gewissen Teil durch ihre Namen. Erfolgreich geprägte Namenbildungen sind oft gleichsam wie der Kern einer Handlungs-Schale. Die sorgfältig erwogenen Namen bestätigen, gerade mit der spezifischen Bedeutung, die sie ausdrücken, mit der Handlung, denen sie angehören und ineinander übergehen, dass sie meistens in eine harmonische Einheit verschmelzen. Die geglückte Namengebung erscheint häufig fast vollständig integriert in die Konstellation eines Werkes und trägt zur Datierung dessen, wie auch zur Entschlüsselung des Stils eines Dichters bei.

Die literarische Namengebung der Prosa zeigt Entwicklungsstufen und Parallelen auf, wie die des Inhalts, der Form oder des Stils. Die bevorzugten, oft gekünstelten und fremdklingenden Namen, wie Horribilicribrifax oder Daradiridatumdarides (Gryphius), wurden im Laufe des siebzehnten Jahrhunderts mit humorvollen Namen, wie Schelmuffsky (Reuter), später im achtzehnten Jahrhundert mit realistisch klingenden, oft auch redenden Namen, wie Wilhelm Meister (Goethe), deren wörtliche Bedeutung unmittelbar verständlich waren, ersetzt. Die Helden der späteren Prosa zeigen auf eine Tendenzrichtung hin, indem sie Prototypen repräsentieren: Den Einzelmenschen, das Individuum, den Alltagsmenschen, wie auch die nur mit einem Initial identifizierte Figur und schliesslich den Menschen, der sich anonym in der Masse verliert.

Die benannten Helden stellen Charaktere dar, deren Namen oft nicht nur etymologisch erklärbar, sondern, in erster Linie, sinnvoll und eng mit dem Werk verbunden sind, zu dessen Verständnis sie beitragen. Diese Gestalten verkörpern mit ihren spezifischen Namen eine bestimmte Absicht des Dichters. Die folgenden ausgewählten Paradigmen sprechen frappant für sich selbst und sollen nur als Illustration zu diesem Thema beitragen: Siebenkäs (Jean Paul), Sternheim (Laroche), Sternbald (Tieck), Sorge (Sudermann), Wahnschaffe (Wassermann), Fröhlich (H. Mann), Glaubingott (Musil), Brummer (Kafka), Leverkühn (Th. Mann), Bieberkopf (Döblin) oder Gantenbein (Frisch). Diese wenigen Beispiele weisen anschaulich darauf hin, dass die sorgfältig geprägten Namen im Rahmen eines Werkes etwas Sinnvolles aussagen. Es handelt sich also nicht um die Namen per se, sondern um deren tiefere Bedeutung, die von Dichtern fast immer bewusst behandelt worden ist. Auch wenn der Name auf den ersten Blick undurchsichtig erscheint, beweisen die onomastischen Studien, dass das Verhältnis von Namen und Namenträger in dichterischen Werken von Wichtigkeit ist.

Auch die Namenwahl Kafkas bestätigt, dass der Dichter seinen Helden bedeutsame Namen gab, die ganz bestimmte Eigentümlichkeiten aufweisen. Kafkas Vorliebe zum Wortspiel, seine fast kabbalistische Etymologisierung, seine analytische Technik Namen und Wörter zu Lexemen zu zerlegen, um sie wieder – häufig sogar in polyglotter Bemäntelung – zusammenzusetzen, wird hier als Phänomen seiner Namengebung untersucht. Das Charakteristikum dieser unauffälligen Namen ist, dass sie, wie die Werke Kafkas, auf Vielgestaltigkeit verweisen, die trotz ihrer mannigfaltigen Bedeutungen den Wesenskern der Idee, den sie verkörpern, widerspiegeln. Diese Studie stellte sich zur Aufgabe, diese Eigentümlichkeiten der Namengebung Kafkas im textlichen Zusammenhang zu interpretieren.

UEBERSICHT DER BISHER VEROEFFENTLICHTEN
WICHTIGSTEN NAMENEXEGESEN

Bevor die dichterische Namengebung Kafkas betrachtet werden kann, wäre eine
allgemeine Auseinandersetzung mit dem Problem der Namen am Platze. Die
Onomastik ist berufen, Namen auf verschiedenen Fachgebieten wissenschaftlich
zu erforschen. Ihre primäre Aufgabe ist eine sprachwissenschaftliche Orientie-
rung. Es gibt vielleicht kaum ein anderes Gebiet, das eine so weit ausschweifende
theoretische Variationsbreite demonstriert, wie die einfache Frage nach dem Wesen des Namens. In der onomastischen Literatur kommen Meinungen verschiedener und sogar widersprüchlicher Richtungen zum Ausdruck. Um dies zu illustrieren, sollen hier einige Thesen kurz erwähnt werden.

In seinem Werk Totem und Tabu analysiert Freud eingehend die Grundursache
des Phänomens einer Namengebung und stellt fest, dass schon für die Primiti-
ven der Name ein wesentliches Stück und ein wichtiger Besitz der Persönlichkeit
war. Das Voll- und Wichtignehmen der Eigennamen ist ein rudimentärer Bestandteil des menschlichen Daseins, das auch noch zur Zeit der psychoanalytischen
Praxis in der unbewussten Denktätigkeit des Menschen eine wichtige Rolle spielt (1).
Freud sieht die Benennung als den Kern des Totemismus an und weist darauf hin,
dass die menschlichen Namen häufig von den Tieren entlehnt wurden. (Auch Kafkas Zuname, der mit Dohle übersetzt werden kann, wie auch einige seiner geprägten Namen, z.B. Kullich, gehören dieser Kategorie an.)

Saussure stellt fest, dass Dinge mit Zeichen identifiziert werden. Da aber z.B.
auch der Rauch ein solches Zeichen ist, muss eine Begrenzung, die sich nur auf
die Sprachwissenschaften beschränkt, bevorzugt werden. Nach Saussure, bestehen die sprachlichen Zeichen aus zwei Charakteristiken: Bezeichnetes, das heisst
Bedeutung ("signifié") und Bezeichnendes ("significant") (2).

Kronasser führt diesen Gedanken noch weiter, indem er darauf hinweist, dass
"die Semasiologie ... als Ausgangspunkt das Wort (=lautliche Form) (nimmt und)
die damit verknüpften Inhalte (=Bedeutungen) in ihrer Vielfalt und in ihrem Wan-
del (Polysemie und Bedeutungswandel) (beachtet). Die Onomasiologie hingegen
geht von den Inhalten aus und richtet ihr Augenmerk auf die verschiedenen Laut-
formen (=Bezeichnungen, ονόματα), welche den betreffenden Inhalt bezeichnen
können (diachron betrachtet=Bezeichnungswandel)" (3). Er betont weiter, dass
die Bestandteile der Sprache (Laut, Silbe, Wort, Wortgruppe und Satz) im Hinblick auf ihren Inhalt untersucht werden müssen und demonstriert, dass sie
nicht "neben Laut-, Formen- und Satzlehre, sondern darüber (stehen)".

---

1) Siegmund Freud, Gesammelte Werke (London: Imago, 1940-52), Bd. 9, S. 71-2.
2) Eberhard Hildenbrandt, Versuch einer kritischen Analyse des 'Cours de linguistique générale' von Ferdinand de Saussure (Marburg: Elwert, 1972), S. 75.
3) Heinz Kronasser, Handbuch der Semasiologie. Kurze Einführung in die Geschichte, Problematik und Terminologie der Bedeutungslehre (Heidelberg:
   Winter, 1968), S. 69.

Kronasser weist noch darauf hin, dass die Semasiologie als sprachwissenschaftliche Disziplin vom Lautbild (Wort) ausgeht: "Das Wort aber ist ein Symbol, das
psychische Erscheinungen vertritt, die rein psychischen Ursprungs sein können
(Gefühle) oder geistige Abbilder verschiedener Deutlichkeit von Gegenständen
der äusseren und inneren Welt oder Kombination all dessen (sind)" (4).

Auf die Komplexität der Eigennamen verweist auch Frege, indem er betont:
"Ein Eigenname (Wort, Zeichen, Zeichenverbindung, Ausdruck) drückt aus seinen Sinn, bedeutet oder bezeichnet seine Bedeutung. Wir drücken mit einem Zeichen dessen Sinn aus und bezeichnen mit ihm dessen Bedeutung" (5).

Wittgenstein schreibt: "Der eigentliche Name ist das, was alle Symbole, die den
Gegenstand bezeichnen, gemeinsam haben (3.3411)" (6).

Auch Foucault untersucht dieses Problem, indem er einen allgemeinen Ueberblick über die Archäologie der menschlichen Wissenschaften gibt. Er analysiert
den Benennungsprozess und stellt fest, dass sich die Sprache mit dem Verb
"être" (sein) und den sprachlichen Zeichen zu einer Einheit entwickelte. "C'est-
à-dire dans un système d'identités et de différences, tel qu'il est fondé par
le verbe être et manifesté par le réseau des noms. La tâche fondamentale du
'discours' classique, c'est d'attribuer un nom aux choses, et en ce nom de nom-
mer leur être ... Quand il attribuait à chaque chose représentée le nom qui
convenait et que, sur tout le champ de la représentation, il disposait le réseau
d'une langue bien faite, il était science - nomenclature et taxinomie" (7).

Dessenungeachtet wird der Name verschieden definiert. Für Gerhardt ist der
Name bloss ein diakritisches Zeichen, der zum Schutz des Individuums vor Ver-
wechslungen dient (8). Hartmann nimmt an, dass der Eigenname, z.B. als eine
Extremform, eine Unterart des Nennens betrachtet werden kann (9). Wimmer
untersucht eingehend die Beschreibung der Eigennamen aus linguistischer Perspektive, indem er auf beide Theorien, sowohl auf die Frage der Bedeutungslosigkeit des Eigennamens wie auch der Bedeutungshaltigkeit, eingeht (10). Auch
Zabeeh will dieses alte Rätsel lösen, indem er analysiert, wie Namen verwendet werden: "The best method of finding a plausible answer to the various prob-
lems of meaning, sense, denotation, and connotation of names is to observe how
certain kinds of expressions called proper names are actually used in various

---

4) Kronasser, op. cit., S. 23.
5) Johann Gottlob Frege, "Ueber Sinn und Bedeutung," Zeitschrift für Philosophie
   und philosophische Kritik, 100 (1892), S. 31.
6) Ludwig Wittgenstein, Tractatus logico-philosophicus (London: Routledge, 1963),
   S. 32.
7) Michel Foucault, Les mots et les choses. Une archéologie des sciences humaines
   (Paris: Gallimard, 1966), S. 136.
8) Dietrich Gerhardt, "Ueber die Stellung der Namen im lexikalischen System,"
   Beiträge zur Namenforschung, 1 (1949/50), S. 7-8.
9) Peter Hartmann, Das Wort als Name, Struktur, Konstitution und Leistung der benennenden Bestimmung (Köln: Westdeutscher Verlag, 1958), S. 8.
10) Rainer Wimmer, Der Eigenname im Deutschen. Ein Beitrag zu seiner linguisti-
    schen Beschreibung (Tübingen: Niemeyer, 1973), S. 24-33.

situations and how their function differ from the behavior of other types of lin-
guistic expressions" (11). Pulgram weist darauf hin, dass Namen einen kommuni-
kativen Charakterzug bekunden. ("A name can fulfill adequately the task of lin-
guistic communication") (12). Ayer beont, dass der Name in einem textlichen
Zusammenhang, wie z.B. in einem Satz den Inhalt ändern kann (13).

Gipper versucht, eine Uebersicht über die Aenderungen in der inhaltbezogenen
Sprachwissenschaft, in die er auch die Eigennamen miteinschliesst, zu geben
und demonstriert, dass die Sprache als isolierter Forschungsgegenstand in den
Hintergrund tritt und statt dessen der Wirkungszusammenhang von Mensch, Sprache und Welt hervorgehoben wird (14).

Krien untersucht, ob und bis zu welchem Grade die sprachphysiognomischen Ein-
drücke kollektiver Art sind, und ob eine Kontextbeziehung zwischen Namen und
Wörtern auf bestimmten Assoziationen beruhen (15). Eis analysiert die suggestiven Personennamen in der modernen Literatur und demonstriert, dass es
sogar kontrollierbare, exakt nachweisbare Beziehungen zwischen den Namen
und ihrer Bewertung gibt (16).

Diese von mir genannten und ausgewählten Studien stellten sich bloss zur Aufgabe die verschiedenen Abzweigungen dieses Fachgebietes zu illustrieren. Das
nächste Kapitel wird auf Arbeiten verweisen, die sich mit dichterischer Namengebung befassen. Eine Beschränkung auf die moderne deutsche dichterische Namengebung muss bevorzugt werden, da die Beiträge zur Onomastik wegen ihrer quan-
titativen Erscheinungen so zahlreich vorhanden sind und die Einführung in die
sowieso schon fast unübersehbar gewordene Kafka-Literatur, die über 10.000
Publikationen umfasst, sehr belasten würde.

Zur Einführung in die Problematik der Namengebung Kafkas vermittelt der erste
Teil des nächsten Kapitels einen Ueberblick über die Studien, die sich mit onomastischen Interpretationen der Zeitgenossen befassen; der zweite Teil versucht
eine Uebersicht über die vorhandenen Studien zu geben, die sich ausschliesslich
mit der Namengebung des Dichters abgeben.

---

11) Farhang Zabeeh, What is in a Name? (Hague: Nijhoff, 1968), S. 74-5.
12) Ernst Pulgram, "Theory of Names," Beiträge zur Namenforschung, 5 (1954),
    S. 154-5.
13) Alfred J. Ayer, "Names and Descriptions," in The Concept of a Person and
    Other Essays (New York: St. Martin, 1963), S. 129.
14) Helmut Gipper, Bausteine zur Sprachinhaltsforschung. Neuere Sprachbetrach-
    tungen im Austausch mit Geistes- und Naturwissenschaft. 2., verb., Aufl.,
    (Düsseldorf: Schwann, 1969), S. 487.
15) Reinhard Krien, Namenphysiognomik. Untersuchungen zur sprachlichen Ex-
    pressivität am Beispiel von Personennamen, Appellativen und Phonemen des
    Deutschen (Tübingen: Niemeyer, 1973), S. 11.
16) Gerhard Eis, "Tests über suggestive Personennamen in der modernen Litera-
    tur und im Alltag," Beiträge zur Namenforschung, 10 (1959), S. 293.

A. DICHTERISCHE NAMENGEBUNG IN DER DEUTSCHEN LITERATUR

Bachs umfassende Namenkunde versucht, die mit den deutschen Namen zusammenhängenden Fragen zu untersuchen. Er betont, dass auch die dichterische Namengebung eine der spezifischen Fachgebiete dieser Disziplin ist. Diese Studie behandelt die dichterische Namengebung von der germanischen Dichtung bis in die Neuzeit hinein (17).

Dornseiffs onomastische Studie befasst sich ausschliesslich mit redenden Namen, das heisst mit Namen, deren wörtliche Bedeutung unmittelbar verständlich ist. Er untersucht diesen Namentyp vom griechischen Altertum bis zur Epoche der modernen deutschen Literatur und behauptet, dass der redende Name "ein Rückfall des nomen proprium in das Appelativum (sei)" (18). Neben den Namen aus dem Altertum zählt er reichlich Beispiele redender Namen aus der europäischen, wie auch aus der deutschen Literatur auf, die von Quintus Fixlein (Jean Paul), Tobias Knopp, Apotheker Mickenfett (Wilhelm Busch), Riccaut de la Marlinière (Lessing) bis Mittler (Goethe) sich ausdehnen. Maync nimmt an: "Von Haus aus knüpfen alle Personennamen an hervorstechende äussere oder innere Eigenschaften des Benannten an und bezeichnen ihn daher im eigentlichen Sinne" (19). Diese Studie verweist auch noch auf die Eigentümlichkeit, dass die alten Germanen den Namen aus zwei begrifflich zueinander passenden Wortstämmen sinnvoll zusammensetzen und mit dieser Namenschöpfung die Keimzelle der deutschen dichterischen Namengebung schufen. Auf die dichterische Namengebung gibt auch er einen allgemeinen Ueberblick, der sich ausser bestimmten europäischen Beispielen auch auf die deutsche Literatur bezieht. Die Paradigmen aus der deutschen Literatur erstrecken sich von Wieland bis Fontane.

Diesem Thema der dichterischen Namengebung schliesst sich auch Lunzer an, der seltsame Einzelfälle, wie z.B. die Deutung von Parzival oder Rutandla (G. Hauptmann) analysiert (20).

Die charakterisierend und bezeichnend wirkenden Namen der deutschen Literatur untersucht Kainz und betont, dass diese bereits ein teleologisches Hinausgehen über die realen Verhältnisse, in gewissem Sinne eine Steigerung demonstrieren (21). Er belegt seine These mit Beispielen aus der Dichtung Anzengrubers, Raabes und Wedekinds.

17) Adolf Bach, Deutsche Namenkunde (Heidelberg: Winter, 1952), Bd. 1, T. 2, S. 255-6.
18) Franz Dornseiff, "Redende Namen," Zeitschrift für Namenforschung, 16 (1940), S. 24.
19) Harry Maync, "Nomen et omen. Von bürgerlicher und dichterischer Namengebung," Westermanns Monatshefte, 62 (1917-8), S. 653.
20) Justus Lunzer, "Zum Gebrauch 'redender Namen'," Beiträge zur Geschichte der deutschen Sprache und Literatur, 51 (1915), S. 190.
21) Friedrich Kainz, "Zur dichterischen Sprachgestaltung," Zeitschrift für Aesthetik und allgemeine Kunstwissenschaft, 18 (1925), S. 221.

Die Namengebung im deutschen Roman ist systematisch in der Keiter-Kellen Studie bearbeitet, die einerseits behauptet, dass einige Dichter die Namenwahl sehr nachlässig behandeln und deshalb oft misslungene Gestalten erschaffen, andererseits aber betont, dass genau erwogene Namen eine Harmonie zwischen Wesen und Erscheinung bestätigen (22). Die zahlreich aufgezählten Beispiele stammen aus den Werken Gutzkows, Jean Pauls, E. T.A. Hofmanns, O. Ludwigs, Seidels, Jensens, Stifters, Goethes, Freytags usw.

Klaiber nimmt an, dass eine der schwierigsten Aufgaben des Dichters die Wahl der Namen für seine Protagonisten sei (23). Auch diese Namenanalyse interpretiert die Namengebung der wichtigsten deutschen Dichter. Seine Liste führt Beispiele von Jean Paul bis Fontane auf.

Ecksteins literarische Skizzen enthalten eine erwähnenswerte Abhandlung, die betont, dass die Wahl der Namen für die erzählende Dichtkunst ungefähr von der gleichen Wichtigkeit ist, wie die Wahl der Tonart für die Musik (24). Er geht auf Beispiele von Spielhagen, Raabe, Freytag, Schiller, Goethe etc. ein.

Fiesel untersucht die Namengebung der Romantik und stellt fest, dass für diese Epoche die Kraft des Namens eben darin besteht, "dass er den eigentlichen, verdunkelten und oft unkenntlich gewordenen Sinn der Erscheinung offenbar macht." Diese Studie vergleicht unter anderem die Namengebung Novalis – der den Namen für ein 'Zauberwort' hielt – mit der von Hölderlin, der nicht mehr an die magische Kraft der menschlichen Sprache glaubte und seine Götter häufig namenlos bevorzugte (25).

Die folgenden ausgewählten Studien, die sich mit einzelnen deutschen Schriftstellern befassen, sollen bloss die Reichweite dieses Themas bestätigen:

Stifters Neigung zum Fremdländisch-Aparten kann nach Bertram als "ein letzter Ausdruck jenes instinktiven In-die-Ferne-Rückens" in seiner Namenwahl beobachtet werden. Er stellt fest, dass bei Stifter Namen von unmittelbar charakterisierender Bedeutung für seine Helden waren und dass er sie mit Absicht so verwendete (26).

Giordano untersucht z.B. einige Beispiele der Namengebung Hofmannsthals und unterstreicht, dass der Dichter bildliche, das heisst figurative Namen wie Ochs

---

22) Heinrich Keiter und Tony Kellen, Der Roman. Geschichte, Theorie und Technik des Romans und der erzählenden Dichtkunst, 3., verb., und verm., Aufl. (Essen: Fredebeul, 1908), S. 355.
23) Thomas Klaiber, "Die Namen im Roman," Die Literatur, 5 (1903), S. 1312.
24) Ernst Eckstein, "Wie tauf' ich meine Helden?" In Leichte Waare; literarische Skizzen (Leipzig: Hartknoch, 1874), S. 86.
25) Eva Fiesel, Die Sprachphilosophie der deutschen Romantik (1927; Nachdruck, Hildesheim: Olms, 1973), S. 13-4.
26) Ernst Bertram, Studien zu Adalbert Stifters Novellentechnik, 2. Aufl. (Dortmund: Ruhfus, 1966), S. 49.

auf Lerchenau, Quin-quin usw., bevorzugte (27).

Meyer betont, dass der Dichter Raabe den Adel nicht liebte und deshalb diesem Typ ganz anspruchslose Namen gab, seinen alltäglichen Gestalten aber ironisch-feierliche, die er als 'Nomina agentis' bezeichnet, wie z.B. Wolkenjäger, Rade-brecher usw. (28).

Demetz untersucht die Namentypen bei Fontane und diagnostiziert, dass der Dichter allegorische, andeutende und antithetische Namen bevorzugte (29). Fontane selbst sah im Namen etwas "geheimnisvoll Bestimmendes", wie es im Gespräch von Effi Briest und Pastor Niemeyer entnommen werden kann (30). Auch Behrend inspirierte die dichterische Namengebung Fontanes. Er betont, dass sie sogar "sein besonderes Steckenpferd" war. Behrend kategorisiert die Namen bei Fontane nach drei Typen: Sprechende, charakterisierende und karikierende (31). Eine weitere Eigentümlichkeit Fontanes wäre, dass er mehr als üblich Eigennamen als Titel seiner Romane wählte. Sogar der Roman L'Adultera sollte ursprünglich Melanie van der Straaten heissen, und Vor dem Sturm Levin von Vitzewitz; der Titel Irrungen, Wirrungen sei fast unfontanisch, "Lene" wäre, nach Behrend, das Gegebene gewesen und Effi Briest hiess vorher Betty von Ottersund (32). Meyer behauptet, dass Fontane seine Namen zu aufdringlich gewählt hätte; als Beispiel nennt er die "Poggenpuhls", andererseits bewundert er aber z.B. die Namengebung Gottfried Kellers. Mit dieser These stimmt auch Gerber überein. Er betont, dass man einen Namen in den Werken Kellers nie isoliert betrachten darf: "In der Genese eines zentralen Namens kann bei einem bedeutenden Dichter nie nur ein Zufall wirken, sondern es wird das ganze Wesen des Dichters und seines Werkes mitschwingen und in ihm chiffrehaft komprimiert sein. Darum ist es nicht einfach eine interessante Spielerei, der Entstehung und dem Sinn eines solchen Namens nachzugehen, sondern Wesensinterpretation" (33). Den Namen in der Dichtung Fontanes ordnet Tau drei Funktionen zu: Charakterisierende, symbolisierende und stellvertretende. Nach Tau werden diese assoziativen Verknüpfungen besonders in der Verwendung von Eigennamen und Bezeich-

---

27) Charles B. Giordano, "On the Significance of Names in Hofmannsthal's 'Rosenkavalier', The German Quarterly, 36 (1963), S. 258.
28) Richard M. Meyer, Die deutsche Literatur des neunzehnten Jahrhunderts, 3., Aufl. (Berlin: Bondi, 1906), S. 503-4.
29) Peter Demetz, Formen des Realismus: Theodor Fontane. Kritische Untersuchungen (München: Hanser, 1964), S. 200-3.
30) Theodor Fontane, Effi Briest (München: Droemer, 1960), S. 57.
31) Fritz Behrend, "Die Namen bei Fontane," Zeitschrift für Bücherfreunde, 14 (1922), S. 43.
32) Ibid., S. 44.
33) Richard Gerber, "Wege zu Gottfried Kellers letztem Namen. Ein Versuch über dichterische Onomastik," Beiträge zur Namenforschung, 15 (1964), S. 310.

nungen sichtbar (34). Auch Pike vermerkt, dass z.B. Von Ketten, der Name der Hauptprotagonistin der Novelle "Die Portugiesin" von Musil kein Zufall sein kann (35).

Mileck sieht die Namengebung Hermann Hesses als einen schöpferischen Prozess an. "It has been clearly established that Hesse has always given careful consideration to his names, and that there is a close relationship between his choice and use of names, the form and substance of his art ... Names are an element of form, and they can be an indispensable aid in interpretation, ... they can reveal the artist at play or deliberately fashioning symbols, and can thereby provide new insights into the creative process" (36).

Ingeborg Bachmann erklärt in ihrer Namenanalyse, dass Thomas Mann "der letzte grosse Namenerfinder, ein Namenzauberer" gewesen ist (37). Eingehende Studien und Dissertationen sind vorhanden, die sich ausschliesslich mit der Namengebung Thomas Manns befassen. D. Rümmeles Dissertation untersucht die Aesthetik der Namengebung bei Thomas Mann und betrachtet den Namen als "Mikrokosmos im Wort". Ihre hervorragend systematische Arbeit legt die Motivation und Gesetzmässigkeit der dichterischen Namengebung von Thomas Mann dar und stellt fest, dass "die strukturbildenden Grundanschauungen Thomas Manns auch in der Namengebung ihren Niederschlag gefunden haben" (38).

Robinsons Dissertation versucht die Korrelation zwischen den Namen der Protagonisten und deren charakteristischen Eigenschaften darzustellen. Er demonstriert die Technik des Dichters und schliesst daraus, dass Thomas Mann ein aussergewöhnlich begabter Namengeber war. "Scarcely another writer has ever learned to employ the device of significant naming as skillfully, and at the same time as unobtrusively, as Thomas Mann has done" (39). Auch Links Studie analysiert die Funktion der Eigennamen bei Thomas Mann; er beschränkt seine Analyse auf die Namen in Tristan, Joseph und seine Brüder, Doktor Faustus und Bekenntnisse des Hochstaplers Felix Krull und sieht die Namen als integriertes Stilmittel der Texte an und verweist auf deren Zusammenhang (40). Peter sagt in seiner

---

34) Max Tau, Der assoziative Faktor in der Landschafts- und Ortsdarstellung Theodor Fontanes (Oldenburg: Schulz, 1928), S. 48.
35) Burton Pike, Robert Musil: An Introduction to His Work (Ithaca: Cornell Univ. Press, 1961), S. 108.
36) Joseph Mileck, "Names and the Creative Process. A Study of the Names in Hermann Hesse's 'Lauscher', 'Demian', 'Steppenwolf', 'Glasperlenspiel'," Monatshefte, 53 (1961), S. 179.
37) Ingeborg Bachmann, Gedichte, Erzählungen, Hörspiel, Essays (München: Piper, 1964), S. 322.
38) Doris Rümmele, Mikrokosmos im Wort. Zur Aesthetik der Namengebung bei Thomas Mann, Diss. Freiburg, 1968 (Bamberg: n.p. 1969), S. 285.
39) Walter L. Robinson, Name-characterization in the Works of Thomas Mann. Diss. (Austin: Univ. of Texas, 1959), S. 232.
40) Manfred Link, Namen im Werk Thomas Manns: Deutung, Bedeutung, Funktion (Tokyo: Univ. of Tokyo, 1966), S. 41.

Studie "bei den Gestalten Manns ist der Name nicht nur Merkzeichen und Schlüsselwort, sondern auch eine der Gestalt vorangestellte Charakteristik". Weiter erklärt er, dass "dieses Charakterisierungsmittel bei Thomas Mann eine eigenartige Färbung durch die Vermischung von klanglichen, gedanklichen und ironischen Elementen" erhalte (41).

Es sei hier nur noch ganz kurz auf Studien über Dichter wie Dickens, Defoe usw. verwiesen, die auf Kafkas Schaffen einen Einfluss ausübten. Eine solche Studie wäre die von Watts, die sich mit bedeutungsmässig suggestiv wirkenden Namen der Protagonisten bei Defoe, Fielding usw. befasst. Er betont, dass Defoes Namengebung Charaktere darstellt, wie sie im Alltag vorkommen: "The novelist typically indicates his intention of presenting a character as a particular individual by naming him in exactly the same way as particular individuals are named in ordinary life" (42). Watt gibt unter anderem den Namen Robinson als so einen Typ an. Dieser Name kommt auch bei Kafka in dem Roman Amerika vor, auf den noch eingehender verwiesen wird. Auch Gerber betont, dass seit Defoe das Hauptgewicht der Namengebung im Roman auf Namen liegt, die zwar in Wirklichkeit vorkommen oder vorkommen könnten, die aber auch bedeutungsmässig suggestiv wirken (43). Watt bemerkt auch, dass Sophie und Amalia, die Heldinnen Fieldings, bekannte Namen aus dem Haus Brunswick sind: "(They) bear by far the commonest names within the category, for both names had been popularized by the Brunswick dynasty" (44). Es sei hier bloss erwähnt, dass auch diese Namen im Schloss-Roman vorkommen.

Die Namen in den Werken Dickens untersucht Sennewald. Diese Studie befasst sich mit der Lautsymbolik in der Namengebung Dickens und unterstreicht, dass die Namen bei ihm schöpferische Kraft voraussetzen und den Schlüssel zur Erkenntnis eines Urspracheelements geben (45). Mit der Physiognomie der Namen bei Dickens beschäftigt sich auch die Studie von Bodelsen, die aussagt, dass bei diesem englischen Dichter der Name die wichtigsten Eigenschaften eines Charakters miteinschliesst: "The name of somebody sums up for us all his qualities and the whole of his personality". Weiter betont er, dass Dickens "tends to endow those characters that interest him most with names that are part of the general symbolic technique: the name does not usually have an actual meaning of its own ... but it tells something about the bearer, either by evoking associations with real

---

41) Hans A. Peter, Thomas Mann und seine epische Charakterisierungskunst (Bern: Haupt, 1929), S. 74-5.
42) Ian Watt, The Rise of the Novel. Studies in Defoe, Richardson, and Fielding (Berkeley: Univ. of California Press, 1964), S. 18.
43) Richard Gerber, "Zur Namengebung bei Defoe," in Festschrift für Walter Hübner (Berlin: Schmidt, 1964), S. 227.
44) Ian Watt, "The Naming of Characters in Defoe, Richardson, and Fielding," The Review of English Studies, 25 (1949), S. 327.
45) Charlotte Sennewald, Die Namengebung bei Dickens. Eine Studie über Lautsymbolik. Diss. Berlin, 1936 (Leipzig: Mayer, 1936), S. 121.

words or by the symbolism which attaches to certain sounds" (46). Auch Gordon war von den Namen Dickens' fasziniert. Diese Studie betont, dass Dickens meistens deskriptive Namen bevorzugte (47).

Kafka selbst bestätigt, dass die erwähnten Dichter einen grossen Einfluss auf ihn ausübten. Er hat sich aber nie mit irgendeinem Namen der Helden dieser Dichter auseinandergesetzt; eine weitere Betonung ihrer Einflüsse wäre also zu spekulativ.

---

46) Carl A. Bodelsen, "The Physiognomy of the Name," A Review of English Literature, 2 (July 1961), S. 39-42.
47) Elizabeth Hope Gordon, "The Naming of Characters in the Works of Charles Dickens," University of Nebraska Studies in Language, Literature, and Criticism, 1 (1917), S. 4.

B. KAFKA-LITERATUR

Die Kafka-Literatur ist so umfangreich geworden, dass eine vollständige Bibliographie der Sekundärliteratur zur Zeit nur als utopischer Wunsch betrachtet werden kann. Es überrascht daher umsomehr, dass es nur wenige Untersuchungen über die Namen in Kafkas Werken gibt.

In dieser Anhäufung der Sekundärliteratur befindet sich die Studie von Levi, die höchstwahrscheinlich der einzige Aufsatz ist, der sich als selbständige Arbeit ausschliesslich mit den Namen bei Kafka befasst. Diese kurze Studie stellt fest, dass Kafkas Namen nicht nur den Charakterzug seiner Gestalten miteinschliessen, sondern von noch weitreichender Bedeutung sind: "His names are more than vehicles for characterization; they serve as specific aliases" (48). Die Arbeit betont auch noch, dass der Dichter selbst unzweideutig kundgibt, dass seine Namen nie unbeabsichtigt in den Werken erscheinen. Sie diagnostiziert richtig, dass die zentralen Figuren Kafka selbst widerspiegeln, ob sie K., Josef K., Karl Rossmann oder Gracchus heissen: "All these clues support the contention that, from his earliest works to his last, Franz Kafka's central character was Franz Kafka" (49).

Mit dieser Ansicht stimmt auch Krusche überein, der versucht, bestimmte Strukturen im Werke des Dichters mit bestimmten Erscheinungen in der wissenschaftlichen Kafka-Literatur in Verbindung zu bringen (50). In dem kurzen Kapitel, unter dem Titel "Der Name", betont er, dass nur in den Erzählungen und in der kleineren Prosa, "in denen ein Aussenerzählerstandort gewählt ist, die Hauptfiguren eigenständige, d.h. von 'Kafka' unabhängige Namen haben ..." Diese These kann nicht ganz akzeptiert werden, da auch die sogenannten 'unabhängige Namen', wie z.B. Assmann, Harras usw. aus einer bestimmten Perspektive betrachtet, fast als teleologische Substitutsnamen für Kafka entschlüsselt werden können. Er konstatiert aber richtig, dass Kafka seinen Helden so nahe war, "dass es ihm unmöglich war, die Distanz eines fremden Namens dazwischentreten zu lassen" (51).

Beicken versucht, kritisch die vorhandene Kafka-Sekundärliteratur zu organisieren und darzustellen. Er verweist z.B. auf Weinberg, der sich unter anderem auch eingehend mit der Deutung der Namen Kafkas befasst, dass dieser aber eine freie und willkürliche, religiös-allegorisierende Kombinatorik darbietet, die sich auf ihre skurrilen Einfälle verlässt, anstatt der Textbedeutung zu folgen (52). Auch

---

48) Margot P. Levi, "K., an Exploration of the Names of Kafka's Central Characters," Names, 14 (1966), S. 1.
49) Ibid., S. 9.
50) Dietrich Krusche, Kafka und Kafka-Deutung: Die problematisierte Interaktion (München: Fink, 1974), S. 7.
51) Ibid., S. 70.
52) Peter U. Beicken, Franz Kafka. Eine kritische Einführung in die Forschung (Frankfurt: Athenaion, 1974), S. 127.

Neider versucht die Namen und ihre Deutungen in der Dichtung Kafkas zu interpretieren. Diese Studie betrachtet die Namen aber meistens als Sexualsymbole. Auch die Tierfiguren werden hier nicht besprochen, da eine symbolische Betrachtung deren von Fingerhut vorliegt.

Demgegenüber enthalten Gesamtdarstellungen von Brod, Emrich, Politzer, Sokel usw. hervorragende Interpretationen, die sich auch auf Namen in den Werken Kafkas beziehen. Da aber die Namendeutung nicht im Zentrum ihrer Studie ist, können sie als eine systematische Namenanalyse nicht in Betracht kommen. Die wichtigsten Namen, die von ihnen analysiert wurden, werden an entsprechender Stelle behandelt.

Der literarische Essay von Ingeborg Bachmann ist hoch interessant, da sie die Namenwahl und die daraus folgende Namengebung eines Schriftstellers für etwas sehr Wichtiges hält, aber sofort betont, dass es einem Dichter selten gelingt, "eine Gestalt mit einem Namen, der mehr ist als eine Erkennungsmarke – einen, der uns so überzeugt, dass wir ihn annehmen, fraglos, den wir uns merken, uns wiederholen und mit dem wir anfangen, Umgang zu haben" zu schaffen. In ihrer Studie vergleicht sie die Namengebung von Thomas Mann, Franz Kafka und James Joyce. Im Falle Kafkas spricht sie richtig von einem "Verkümmern der Namen", da seine Romangestalten schon in ihrem Namen zu einer Chiffre reduziert sind. Zur Illustration ihrer Exegese benützt sie Beispiele aus dem Roman Das Schloss (53).

Mit dieser Ansicht stimmt auch Lerner überein, der dieses Verkümmern als ein progressives Verringern ("attenuation") der Namen bezeichnet (54). Auf die These der 'Verkümmerung' wird noch später eingegangen.

Die Funktionen der Namen bei Kafka analysiert auch Jaffe in seinem Buch über den Roman Der Prozess. Er betont, dass es unbedeutend ist, ob die Chiffre 'K' für Kafka steht oder nicht, es erscheint ihm aber sehr bedeutend, dass der Held seines Namens beraubt worden ist. "The question of whether or not the 'K' stands for 'Kafka' is less important than the fact that the protagonist has been deliberately deprived of a surname" (55). Er fügt noch hinzu, dass er es für fraglich hält, ob die allgemein akzeptierte Annahme, dass dieses Verkümmern zu Josef K., den Helden als Prototyp der 'Jedermann-Figur' richtig bezeichnet; er meint, dass eine solche Interpretation zu einem Missverständnis der Dichtung Kafkas führen könnte (56). Auch diese Namenanalyse stimmt mit dieser These überein.

Von Wichtigkeit ist noch Erich Hellers Studie, die sich auf den Roman Das Schloss konzentriert. Er behauptet, dass dieser Roman nicht ein allegorischer, sondern ein symbolischer sei, der aber allegorische Elemente miteinschliesst (57). Solche

53) Bachmann, op. cit., S. 313-7.
54) Max Lerner, "Franz Kafka and the Human Voyage," The Saturday Review of Literature, 7 Juni 1941, S. 4.
55) Adrian Jaffe, "The Function of Name," in The Process of Kafka's Trial, (East Lansing: Michigan State Univ., 1967), S. 13.
56) Ibid., S. 17.
57) Erich Heller, "The World of Franz Kafka" in The Disinherited Mind (Cleveland, World, 1969), S. 209.

allegorischen Elemente wären z.B. die meisten Namen der Protagonisten, die
in diesem Werk vorkommen. Neben Namen wie Klamm, Barnabas, Momus, Frieda,
Bürgel und Erlanger analysiert er auch eingehend die Komplexität des Wortes
'Landvermesser' und dessen Assoziationsmöglichkeiten (58).

Da Hinweise über bestimmte und sehr begrenzte Einzelnamen in der Kafka–Sekundärliteratur fast unzählig sind, könnte deren Aufzählung ans Unmögliche
grenzen. Insbesondere sei die Wiederholung einiger Lautbilder, wie z.B. die
der Dohle›Gracchus›Kafka oder die der Samsa›Kafka-Kryptogramme vermerkt,
die immer wieder erwähnt werden.

Emrich deutet dieses schwierige Problem vielleicht am besten.

> Jedes Wort und jedes Bild (Kafkas) meint in der Tat sich selbst,
> freilich in einem Sinn, der sich erst in der Synthese aller Teile
> des Werkes erschliesst ... Dennoch ist aber jede Aussage und
> Bildform wörtlich als eine eigentliche, sich selbst bedeutende
> zu nehmen. Sie kann und darf nicht auf irgendeinen Sinn oder
> Begriff, der ausserhalb der Werke steht, im Werk selbst nicht
> formuliert wird, bezogen und gedeutet werden (59).

Aus diesen Studien kann geschlossen werden, dass die Namen bei Kafka fast immer das Wesentliche des Trägers bezeichnen und, im Grunde genommen, sich
an die Benennungstradition anschliessen. Auch bei Kafka liefern die Namen oft
den Schlüssel zur Erkenntnis der Gestalten, wenn auch, wie gezeigt wird, auf eine
höchst komplizierte Weise.

Die Namen Kafkas, ob sie nun Odradek, Blumfeld, Samsa, Rossmann oder Assmann
heissen, sind in ihrer Wesenheit vielschichtige Namen und werden als solche in
den hier folgenden Seiten untersucht. Sie werden aber erst aus der Perspektive
einer Gesamtschau verständlich: Sie betonen zwar schon als Einzelgestalten mit ihren
onomastisch suggestiven Bedeutungen den Wesenskern der Werke, denen sie angehören. Aber erst nach ihrer Entschlüsselung tragen sie zu einem besseren Verständnis der Werke Kafkas bei. Die Namen sind wie Mosaiksteine, die, wenn sie
isoliert betrachtet oder zu einem Bild zusammengeführt werden, immer Kafka
selbst darstellen. Dies aufzudecken und darzustellen wird der bedeutendste Teil
der vorliegenden Arbeit sein.

---

58) Heller, op. cit., S. 215-7.
59) Wilhelm Emrich, Franz Kafka (Frankfurt: Athenäum, 1970), S. 78.

WERKE KAFKAS

DIE ERZAEHLUNGEN KAFKAS

Als Grundlage der Namenanalyse der Erzählungen liegt die Fischer-Ausgabe vor, die die kleineren Prosawerke Kafkas enthält. Sie wurde von Paul Raabe herausgegeben und erschien unter dem Titel Sämtliche Erzählungen. Sie ist leider unvollständig; sie enthält unter anderen z.B. die Erzählung "Die Aeroplane in Brescia" nicht.

Diese Sammlung umfasst 78 Erzählungen, von denen 24 Werke Vor-, Zu- und Ortsnamen enthalten. Bemerkt sei hier aber, dass die Erzählung "Der Heizer" von mir in dieser Zahl nicht miteingeschlossen ist, da sich alle Namen in dem Roman Amerika (Der Verschollene) wiederholen und deshalb in dessen Namenliste vermerkt wurden. Wie schon in der Einleitung darauf hingewiesen wurde, werden nur die von Kafka geprägten Namen, und nur die anonymen Namen, die eine Hilfe zur Entschlüsselung der benannten Gestalten bieten, analysiert. Um aber die Reichweite der Namenwahl Kafkas zu zeigen, enthält die Liste auf der nächsten Seite auch die übernommenen Namen, auch wenn diese nicht alle interpretiert wurden.

ERZAEHLUNGEN

A. Nomenklatur:

Achilles	Ein Bericht für eine Akademie
Alexander	Der neue Advokat
Alfred	Blumfeld, ein älterer Junggeselle
Anna	Beschreibung eines Kampfes
Anna	Die Verwandlung
Annerl	Beschreibung eines Kampfes
Assmann	Der Schlag ans Hoftor
Bendemann	Das Urteil
Betty	Hochzeitsvorbereitungen auf dem Lande
Blumfeld	Blumfeld, ein älterer Junggeselle
Brandenfeld	Das Urteil
Bucephalus, Dr.	Der neue Advokat
Don Quixote	Die Wahrheit über Sancho Pansa
Eduard	Hochzeitsvorbereitungen auf dem Lande
Elvy	Hochzeitsvorbereitungen auf dem Lande
Faroche	Beschreibung eines Kampfes
Frieda	Das Urteil
Georg	Das Urteil
Gillemann	Hochzeitsvorbereitungen auf dem Lande
Gracchus	Der Jäger Gracchus
Gregor	Die Verwandlung
Grete	Die Verwandlung
Hagenbeck	Ein Bericht für eine Akademie
Harras	Der Nachbar
Jerome	Beschreibung eines Kampfes
Josef	Ein Traum
Josefine	Josefine, die Sängerin oder Das Volk der Mäuse
Julia	Ein Brudermord
Julia	Der Jäger Gracchus
Jupiter	Poseidon
Karl IV.	Beschreibung eines Kampfes
Lebeda	Hochzeitsvorbereitungen auf dem Lande
Lement	Hochzeitsvorbereitungen auf dem Lande
Ludmila, Hl.	Beschreibung eines Kampfes
Marie	Hochzeitsvorbereitungen auf dem Lande
Noah	Beschreibung eines Kampfes
Odradek	Die Sorge des Hausvaters
Odysseus	Das Schweigen der Sirenen
Ottomar	Blumfeld, ein älterer Junggeselle
Pallas	Ein Brudermord

Peter	Ein Bericht für eine Akademie
Philipp	Der neue Advokat
Pirkershofer	Hochzeitsvorbereitungen auf dem Lande
Poseidon	Poseidon
Prometheus	Prometheus
Raban	Hochzeitsvorbereitungen auf dem Lande
Rotpeter	Ein Bericht für eine Akademie
Rosa	Ein Landarzt
Salvatore	Der Jäger Gracchus
Samsa	Die Verwandlung
Sancho Pansa	Die Wahrheit über Sancho Pansa
Schmar	Ein Brudermord
Sirenen	Das Schweigen der Sirenen
Venus	Beschreibung eines Kampfes
Wese	Ein Brudermord

B. Toponyma:

Afrika	Beschreibung eines Kampfes
Altstädter Ring	Beschreibung eines Kampfes
Babel	Beschreibung eines Kampfes
Brückenturm	Beschreibung eines Kampfes
Cabotin, rue de	Beschreibung eines Kampfes
Charlottenstrasse	Die Verwandlung
China	Beim Bau der Chinesischen Mauer
Deutschland	Der Jäger Gracchus
Ferdinandstrasse	Beschreibung eines Kampfes
Hamburg	Ein Bericht für eine Akademie
Indien	Der neue Advokat
Jungbunzlau	Hochzeitsvorbereitungen auf dem Lande
Karlsbrücke	Beschreibung eines Kampfes
Karlsstrasse	Beschreibung eines Kampfes
Kaukasus	Prometheus
Kiew	Das Urteil
Kreuzherrenkirche	Beschreibung eines Kampfes
Laurenziberg	Beschreibung eines Kampfes
Macedonien	Der neue Advokat
Moldau	Beschreibung eines Kampfes
Olymp	Poseidon
Paris	Beschreibung eines Kampfes
Peking	Beim Bau der Chinesischen Mauer
Petersburg	Das Urteil
Quai	Beschreibung eines Kampfes
Ringplatz	Beschreibung eines Kampfes
Riva	Der Jäger Gracchus
Russland	Das Urteil

Schwarzwald	Der Jäger Gracchus
Tibetanisches Hochland	Beim Bau der Chinesischen Mauer
Wenzelsplatz	Beschreibung eines Kampfes

DIE SORGE DES HAUSVATERS

"Die einen sagen, das Wort Odradek stamme aus dem Slawischen, und sie suchen auf Grund dessen die Bildung des Wortes nachzuweisen. Andere wieder meinen, es stamme aus dem Deutschen, vom Slawischen sei es nur beeinflusst. Die Unsicherheit beider Deutungen aber lässt wohl mit Recht darauf schliessen, dass keine zutrifft, zumal man auch mit keiner von ihnen einen Sinn des Wortes finden kann. Natürlich würde sich niemand mit solchen Studien beschäftigen, wenn es nicht wirklich ein Wesen gäbe, das Odradek heisst" (1).

Durch diesen scheinbar ironischen Hinweis zwingt aber Kafka jeden Philologen, der sich mit diesem Werk beschäftigt, das Rätsel Odradeks zu lösen, da ja sonst kein anderer Zugang zu dem Wesenskern dieser Erzählung zu finden ist.

Da vom Dichter Odradek als Wort und nicht als Name klassifiziert worden ist, ist es unmöglich, eine Analyse des Begriffspaars Name-Wort zu vermeiden. Die vorhandenen philologisch-theoretischen Studien versuchen, einen Zugang zu diesem schwierigen Problem zu bahnen. Weisgerber analysiert den Unterschied zwischen Name und Wort aus der Perspektive der Verben 'benennen' und 'bezeichnen'.

Für benennen ist folgendes wichtig: Vielleicht würde schon der tägliche Sprachgebrauch es verlangen, das Wort benennen sorgsamer abzuwägen. Vor allem ist die Abhebung gegenüber bezeichnen wichtig, die auch in der Umgangssprache durchaus vorgenommen wird, auch wenn Gründe und Tragweite zumeist undurchschaut bleiben. Am spürbarsten ist der Unterschied darin, dass das Benennen vorwiegend mit Namen geschieht, das Bezeichnen mit Wörtern. Dahinter steht im Grunde Spannung zwischen naivem und aufgeklärtem Sprachrealismus: Namen können sich erschöpfen in einer Lautgestalt, die ich für ein Einzelding bereit habe; Wörter erheben höhere Ansprüche, die über die Einzeldinge hinausweisen ... Mit dem Abstand zwischen Name und Wort hängt auch die Differenzierung zwischen Benennung und Bezeichnung zusammen (2).

Dieser Analyse nach ist Odradek ein Name, da der Dichter eine Einzelperson so benennt. Odradek weist in seiner Gestalt eine Einzigartigkeit auf, die nirgendwo anders in der Dichtung Kafkas erscheint. Odradek ist aber völlig ambivalent, als Name ist es fast ein Wort, als Wort fast ein Name.

Semantisch gesehen, ist Odradek eine Namenbildung, welche eine genial einfache Struktur aufweist. Die Komponenten dieser Struktur weisen zwar auf keine seltsame morphologische Auswahl hin. Mit einer Zusammenstellung gewöhnlicher

---

1) Franz Kafka, Sämtliche Erzählungen, hrsg., von Paul Raabe. Schocken Books, New York (Frankfurt: Fischer, 1972), S. 157.
2) Leo Weisgerber, Die geistige Seite der Sprache und ihre Erforschung (Düsseldorf: Schwann, 1971), S. 36.

Morphemen (Prä-, Suffix und Wortstamm) erschuf der Dichter diesen aussergewöhnlich vieldeutigen Namen.

Ein Benennen weist auf eine schöpferische Kraft hin, die Jünger folgendermassen charakterisiert: "Benennen heisst entwickeln aus dem Namenlosen, heisst
auswählen" (3). Odradek als dichterische Benennung trägt vielleicht bedeutend
dazu bei, dass die fast unzähligen Interpretationen über diese Erzählung, die
im Laufe der Jahrzehnte erschienen sind, sich kaum in einem einzigen Punkt
einig sind. Hillmann bietet einen Ueberblick über die vorhandene Sekundärliteratur und versucht zugleich, diese literarische Verknotung zu lösen, indem er
die Falle einer einzigen Interpretationsperspektive vermeidet (4). Er versucht,
Odradek als heterogene Gestalt zu formulieren, indem er ihm mehrdeutige Di-
mensionen gibt: "Odradek erscheint in diesem streng durchkomponierten Text-
stück zunächst als Wort, sodann als unbewegliches Ding (es), als bewegliche
Gestalt (er), schliesslich als Gesprächspartner und endlich sogar als möglicherweise zeitenthobenes Wesen". Weiter weist er darauf hin, dass Odradek "...
nicht mehr als Abbild, sondern nur noch als Entwurf, als Modell gelten kann ...
und dass ein solches Modell unter anderem auch allegorische, symbolische oder
biographische Einzelzüge tragen kann, dass aber Odradek als Modell ... nur
höchst indirekt auf Aehnliches und Allgemeines verweisen (kann)" (5).

Zur ersten Entschlüsselung der Odradek-Gestalt benützen wir Kafkas eigene
Hinweise. In einer einfachen Erklärung teilt der Dichter mit, dass das Wort
Odradek, ohne Rücksicht auf seine Zusammenstellung, ein Wesen benennt. Wir
müssen deshalb Odradek in der vom Dichter konzipierten sprachlichen Form,
das heisst als Gestalt, die schon a priori ein multi-dimensionales Wesen darstellt, mit all dessen Konsequenzen annehmen. Dass folglich die Grenze zwischen Name und Wort in diesem Fall ineinanderfliesst, ist eine normale Erscheinung dieses Namens. Witkowski weist in seiner Namenterminologie darauf hin,
dass "... wenn auch die Namen appellativischer Herkunft sind, so ist doch die
Namenbedeutung für die Namenfunktion einer Bezeichnung letztlich irrevelant
.... Das bedeutet, dass ein Wort erst dann wirklich ein Eigenname geworden ist,
wenn seine Bedeutung in den Hintergrund tritt .... Die Grenzen zwischen Wort
und Name sind dabei oft fliessend, wie denn im Einzelfall die Entscheidung darüber schwerfallen kann, ob es sich um Wort oder Name handelt" (6). Odradek
ist also nicht nur ein aus Vokalen und Konsonanten zusammengesetzter Name,
sondern ein Phänomen, welches über eine gegebene, begrenzte Ebene hinaus-
weist, das sich erst im Zusammenhang mit dem Werk zu einer Ganzheit entwickelt.

Odradek, als Wort, ermöglicht eine morphologische Analyse, als Name eine

---

3) Ernst Jünger, Typus, Name, Gestalt (Stuttgart: Klett, 1963), S. 12.
4) Heinz Hillmann, "Das Sorgenkind Odradek," Zeitschrift für deutsche Philologie,
   86 (1967), S. 197.
5) Ibid., S. 200.
6) Teodolius Witkowski, Grundbegriffe der Namenkunde (Berlin: Akademie Verlag, 1964), S. 49-50.

semantische Sinndeutung, beide müssen aber als integriertes Element der Erzählung betrachtet werden. Als Wort ist es aus etymologisch lexikalisch erklärbaren Elementen, wie unter anderen auch Emrich (7) demonstriert, aus dem tschechischen Präfix 'od-', aus dem deutschslawischen Hauptstamm 'rat', respektive 'rad (a)' und aus dem tschechischen Suffix '-ek', das ein männliches Diminutiv ausdrückt, zusammengestellt und onomastisch suggestiv als 'den, der abratet' aber auch 'den, dem abgeraten wird' erklären lässt. Auch andere Bedeutungen schwingen noch mit, zum Beispiel das deutsche Nomen 'das Rad', mit der Kombination des Suffixes auch 'Rädchen', der Sinndeutung nach im Zusammenhang mit der Zwirnspule auch 'der Radler', aber auch 'der, der sich abgelaufen, abgekollert, abgedreht, abgeradelt' etc. hat. Vom Gesichtspunkt des tschechischen Nomens 'rad (a)' (der Rat), kann man parodistisch auf 'Abrätchen' aber auch auf 'řád' (die Ordnung, die Regel) oder 'řád (a)' (die Reihe, die Linie) und die fast unzähligen Adjektiv-Konstellationen, wie z.B. abgeordnet, abgeregelt usw., schliessen. Weiter klingen noch das tschechische Hauptwort 'rad (ost)' (Freude), wie auch das Adjektiv 'rád' (lieb) an. Mit der negierenden Kombination des Präfixes schwingt aber auch widerwillig, missfällig, abschreckend usw. mit. Brod sieht auch das Wort 'rod' (Abtrünniger vom Geschlecht) miteinbezogen (8). Krock verweist darauf, dass Odradek dem Slawischen nach auch 'der vom göttlichen Schöpfungsbeschluss oder -rat Abgefallene', dem Deutschen nach ein 'leeres Rad-Eck' (adhd. odi, leer, nichtig) bedeutet, und dass 'Rad-Eck' etwas Rundes und Spitzes, das heisst etwas Widersinniges evoziert (9). Pasley vermutet, dass diese Erzählung ein Nachtrag zu den "Elf Söhnen" ist, in dem der Dichter die beim Wort genommene Metapher der literarischen Vaterschaft mit Odradek weiterführt (10). Schoeps fügt noch dazu, dass Odradek auch etwas wie dem Gesetz entschlüpft bedeutet (11).

Es bestehen noch weitere Ableitungsmöglichkeiten, keine können aber dieses phänomenal verschlüsselte Rätsel zufriedenstellend lösen. Der Kern all dieser Variationen ist in diesem schlichten und kleinen Wort 'rad' enthalten und bildet mit dem Präfix eine sich ständig vermehrende Gestaltskombination in der deutschen Sprache. Der flexible Wortstamm steht zwischen dem tschechischen Prä- und Suffix als eine sich organisch ständig entwickelnde Möglichkeit. Betont soll noch werden, dass das Suffix, im Gegensatz zu dem Präfix, keine selbständige Existenz hat. Und trotzdem ist dieses Diminutiv in seiner "Winzigkeit" der einzig unwandelbare Teil dieses Namens. Seiner physischen Erscheinung nach ist

7) Emrich, op. cit., S. 92-3.
8) Max Brod, "Franz Kafka. Eine Biographie," in Ueber Franz Kafka (Frankfurt: Fischer, 1974), S. 119.
9) Marianne Krock, Oberflächen- und Tiefenschicht im Werk Kafkas. Der Jäger Gracchus als Schlüsselfigur (Marburg: Elwert, 1974), S. 85-6.
10) Malcolm Pasley, "Drei literarische Mystifikationen Kafkas," in Kafka Symposion, hrsg., von Jürgen Born u.a. (Berlin: Wagenbach, 1965), S. 17.
11) Hans Joachim Schoeps, "The Tragedy of Faithlessness," in The Kafka Problem, ed. by Angel Flores (New York: Octagon, 1963), S. 288.

Odradek fast unauffällig, in seiner geistigen Macht bedroht er aber noch die kommenden Generationen der "Kindeskinder" (12). Auch der Name weist auf dieses Prinzip hin: Dem Anschein nach relativ einfach, der Bedeutung nach fast von infinitiver Interpretationsmöglichkeit. Odradek ist auch als ein homonymisches wie auch polysemisches Lexem von Bedeutung, da es eine Assoziation ganz verschiedener Inhalte mit einem einzigen Wort, wie auch die Zuordnung teilweise identischer Inhalte mit einem gleichen Ausdruck bezeichnet. Odradek ist nicht nur ein Konglomerat oder Aggregat von selbständigen Lexemen, sondern eine dichterische Schöpfung, die sich erst im Rahmen der Erzählung zu einer Gesamtheit entwickelt.

Dass Kafka in seiner Namenwahl zwischen bestimmten Namentypen bewusst unterschied, bestätigt z.B. die Skizze der Tagebücher, die einen gewissen Herrn 'Rat' aus Rumsdorf enthält (13).

Die folgende graphische Darstellung, die bei weitem nicht alle Gestaltungsformen erschöpft, soll die multi-dimensionalen Möglichkeiten dieses Namens visuell darstellen:

---

12) Kafka, Erzählungen, S. 157-8.
13) Franz Kafka, Tagebücher 1910-1923, hrsg., von Max Brod. Lizenzausg.
   Schocken Books New York (Frankfurt: Fischer, 1967), S. 277.

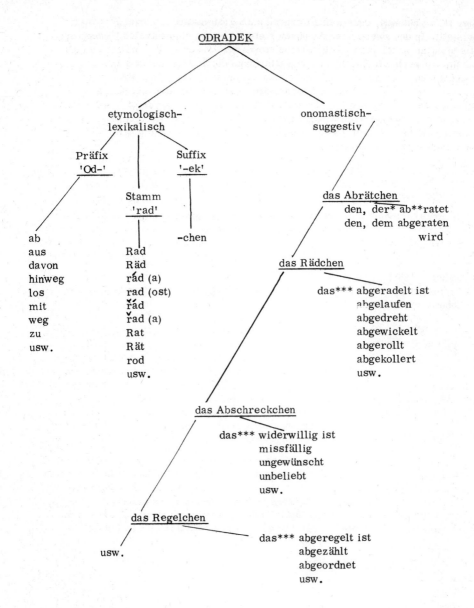

ODRADEK

etymologisch-lexikalisch   onomastisch-suggestiv

Präfix 'Od-'   Suffix '-ek'

Stamm 'rad'

-chen

das Abrätchen
den, der* ab**ratet
den, dem abgeraten
wird

ab
aus
davon
hinweg
los
mit
weg
zu
usw.

Rad
Räd
rád (a)
rad (ost)
 rád
rad (a)
Rat
Rät
rod
usw.

das Rädchen

das*** abgeradelt ist
abgelaufen
abgedreht
abgewickelt
abgerollt
abgekollert
usw.

das Abschreckchen

das*** widerwillig ist
missfällig
ungewünscht
unbeliebt
usw.

das Regelchen

usw.

das*** abgeregelt ist
abgezählt
abgeordnet
usw.

* auch neutral
z.B. das Wesen, das abratet, usw.
** auch zuraten, mitdrehen, loswickeln, usw.
*** auch maskulin
z.B. der, der abgelaufen ist, usw.

Hier ist zu betonen, dass Kafka Odradek auch grammatisch in zwei Schichten darstellt. In den zwei ersten Absätzen stellt er es als ein neutrales Wesen vor: "Es sieht zunächst aus wie eine flache sternartige Zwirnspule, und tatsächlich scheint e s auch mit Zwirn bezogen; allerdings dürften e s nur abgerissene ... Zwirnstücke von verschiedenster Art und Farbe sein" (14), geht aber im dritten und vierten Abschnitt auf eine maskuline Form über: "E r hält sich abwechselnd auf dem Dachboden, im Treppenhaus ... auf ... E r schadet ja offenbar niemandem; aber die Vorstellung, dass e r mich auch noch überleben sollte, ist mir eine fast schmerzliche" (15). In dieser paradox zusammengestellten Welt existiert ein feststehender zentraler Punkt, der von aussergewöhnlicher Wichtigkeit für diese Analyse ist: " 'Wie heisst du denn?' fragt man ihn. 'Odradek', sagt er' " (16). Bildlich kann man es fast wie eine Balance zweier Gewichte betrachten: Das neutrale Wesen macht eine Transformation durch und erscheint danach als eine maskuline Gestalt. Dies ist keine Einzelerscheinung in der deutschen Sprache, nur als Beispiel soll 'das Kind' erwähnt werden, das erst durch den Prozess der Benennung sich als ein Maskulin oder Feminin vorstellt. Grammatisch interessanter wäre vielleicht das Beispiel 'das Mädchen', dessen Geschlecht offensichtlich erst durch den Namen das korrekte Geschlechtswort erhält.

Es ist anzunehmen, dass der Name Odradek den deutschen Lesern nicht so durchsichtig erscheint wie den tschechischen. Es handelt sich hier um eine Wortprägung des sprachlichen Grenzlandes, die auf Kenntnis zumindest zweier Sprachen deutet und gerade deshalb einen ganz eigentümlichen heuristischen Charakterzug demonstriert. Kafka verbindet vielfältig Lexeme und Morpheme mindestens zweier Sprachen und erdichtet aus diesen Komponenten seinen ungewöhnlichen Namen. Kafka schreibt über sich, dass er in einem Grenzland zwischen Einsamkeit und Gemeinschaft schwebt (17); auch seine geprägten Namen, wie zum Beispiel Odradek, Kaminer, Kullich, usw. sind nicht einfach redende oder verschlüsselt symbolische Namen, sondern schweben in ihrer Eigentümlichkeit in sprachlicher Einsamkeit zwischen den deutschen und tschechischen Sprachräumen. Auch Odradeks eigene Aussage beweist dies topographisch als "unbestimmten Wohnsitz" (18).

Odradek steht mit seiner onomastisch suggestiven Deutung als dichterische Namenprägung im Einklang mit der Sprache Kafkas und gehört schon deshalb in seiner Mannigfaltigkeit dem fundamentalen Charakterzug deren Prosa an. Krock weist treffend auf die Etymologie der Zwirnspule hin, indem sie demonstriert, dass 'Zwirn' etymologisch auf 'zwei', 'Spule' auf 'spalten' zurückgeht (19). Diese Spaltung beobachtet auch Kassel in der Odradek Gestalt, er sieht ein groteskes Ge-

---

14) Kafka, Erzählungen, S. 157.
15) Ibid., S. 158.
16) Ibid., S. 157.
17) Kafka, Tagebücher, S. 394.
18) Kafka, Erzählungen, S. 157.
19) Krock, op. cit., S. 81.

bilde, das befremdlich erscheint, da es etwas Dingliches und Persönliches in sich vermischt (20).

Die unvermeidliche Frage, warum Kafka dreimal Odradek als Wort und niemals als Namen betont, ist damit noch immer nicht beantwortet. Der Zugang zu dieser Gestalt wird durch eine Tagebuchnotiz vielleicht erleichtert. "Alles erscheint mir als Konstruktion ... Ich bin auf der Jagd nach Konstruktionen ... Dieses Voraussagen, dieses sich nach Beispielen richten, diese bestimmte Angst ist lächerlich. Das sind Konstruktionen, die selbst in der Vorstellung, in der allein sie herrschen, nur fast bis zur lebendigen Oberfläche kommen, aber immer mit einem Ruck überschwemmt werden müssen" (21). Odradek kann vielleicht als eine solche Konstruktion betrachtet werden. Als weitere Annahme soll dienen, dass Kafkas exakte Sprache alles Ueberflüssige vermeidet und sich nur auf das Notwendige konzentriert. Schon Max Brod, dem man die zwar gut gemeinten, dennoch eigenmächtigen Aenderungen der Werke nicht vergeben kann, hielt Kafkas deutsche Sprache in ihrer Geschlossenheit bewundernswert, sie sei von einem eigenartig strengen und doch unendlich ausdrucksreichen Stil, in den nur sehr selten Wortneubildungen eingeführt wurden. "Nie wird man ein selten gebrauchtes Wort bei ihm finden, nie auch nur eine vom Normalgebrauch abweichende Bedeutung eines Wortes, nie hat er Worte 'erfunden', ... nur Eigennamen neuer Prägung (meist ins Slawische weisend wie 'Odradek') gestattet er sich" (22). Von Wichtigkeit wäre hier zu betonen, dass auch Max Brod gerade Odradek, zwar genau als Eigennamen klassifiziert, als Beispiel neuer Wortprägung angibt. Der Leitsatz dieser Arbeit wäre hier vielleicht als richtiges Beispiel angebracht, da er in seiner Eigentümlichkeit Kafkas dichterisches Schaffen genau charakterisiert: "... als wolle er ... die Worte ausklopfen, die er selbst sagen soll und nicht finden kann" (23). Odradek, in seiner eigentümlich 'ausgeklopften' Form, in seiner umfangreichen Name-Wort-Konstruktion, ist eine erfinderische Prägung Kafkas, die bestätigt, dass der Dichter ein aussergewöhnlicher Namengeber ist, der mit ähnlich erdichteten Namen seiner Dichtung eine multidimensionale Perspektive verleiht.

Es wäre hier vielleicht angemessen, darauf hinzuweisen, dass Kafka über seine Namenwahl kaum theoretische Hinweise gegeben hat, und die vorhandenen eher entmutigend als inspirierend wirken und im konventionellen Sinn fast offensichtlich kaum zur Entschlüsselung beitragen. Dies wird noch dadurch erschwert, dass die Namen der Helden in den Werken Kafkas von eigentümlicher Konstellation und oft mit aussergewöhnlich sprachlichem Lokalkolorit verfärbt erscheinen. Mit diesem höchstpersönlichen Charakterzug haben sie trotzdem als relativ schlichte Namen unverwechselbar den ihnen gehörigen Platz in der Weltliteratur ein-

20) Norbert Kassel, Das Groteske bei Franz Kafka (München: Fink, 1969), S. 69.
21) Kafka, Tagebücher, S. 236-7.
22) Max Brod, "Franz Kafkas Glauben und Lehre," in Ueber Franz Kafka, op. cit., S. 277.
23) Franz Kafka, Das Schloss, hrsg., von Max Brod. Lizenzausg. Schocken Books New York (Frankfurt: Fischer, 1967), S. 295.

genommen.

Kosz betont, dass zur Motivation bei der Wahl von Namen der Zeitgeist, wie auch die regionale Gebundenheit, bei der Namenwahl eine wichtige Rolle spielt (24). Dies kann auch bei Kafka beobachtet werden. Es genügt vielleicht nur auf Franz oder Josef zu verweisen, die mit der Oesterreich-Ungarischen Doppemonarchie assoziierbar sind, oder auf Odradek, der Kafkas Umwelt angehört.

Bevor wir zur Deutung anderer Namen übergehen, müssen wir, um objektiv beurteilen zu können, noch einmal zum Begriffspaar Wort-Name zurückgreifen. Debus verweist in seiner zusammenfassenden Studie über die Aspekte zum Verhältnis Name-Wort darauf, dass der Eigenname zum Beispiel orthographisch immer grossgeschrieben wird, keine echte Pluralbildung aufzeigt, auf eine bestimmte Person oder Objekt gerichtet ist, das heisst, einen höchstpersönlichen Charakterzug aufweist und "... dass die Eigennamen nicht 'connotativ' sind wie die Wörter, sondern 'denotativ', womit gemeint ist, dass Namen nicht bedeuten, sondern bezeichnen, identifizieren" (25). Als Ausgangspunkt seiner Studie stellt er das 'nomen proprium' dem 'nomen appellativum' gegenüber und weist darauf hin, dass nicht nur die Sprachwissenschaft, sondern auch andere Disziplinen, wie zum Beispiel die Logik, Psychologie und Anthropologie versucht haben, zu der Lösung dieses Kernproblems des Verhältnisses zwischen Name und Wort zu kommen (26). Debus betrachtet das Proprium im Verhältnis zum Appelativum lexikalisch-semasiologisch und verweist darauf, dass eine Verwandtschaft zwischen ihnen besteht (wie zum Beispiel in dem Namen Richard Wagner die Beziehung der Wagenmacherkunst steckt) (27). Weiter demonstriert er, "dass zwischen Proprium und Appellativum kein Artunterschied vorhanden ist; insofern stellen sie Kategorien der Substantive dar. Doch sowohl auf grammatisch-formaler als auch auf lexikologisch-semasiologischer Ebene bestehen bei beiden so erhebliche Differenzen, dass man die innerhalb der Sprachlehre übliche Einteilung in die Subkategorien 'Eigennamen' und 'Gattungsnamen' auch terminologisch besser kennzeichnen sollte. Statt von 'Gattungsnamen' liesse sich zutreffender von 'Gattungswörtern' oder von 'Gattungsbezeichnungen' reden. Von daher wären dann die eindeutigeren Begriffe vom Typ 'Verwandtschaftsbezeichnung' statt 'Verwandtschaftsname' ableitbar" (28).

Man sollte noch darauf hinweisen, dass sich die Anwendung der Zentralbegriffe dieser Subkategorien in verschiedenen Sprachen kreuzen. Zum Beispiel werden in der deutschen Sprache die Pflanzennamen als Appellativa, im Tschechischen

24) Gerhard Kosz, "Motivationen bei der Wahl von Rufnamen," Beiträge zur Namenforschung, 7 (1972), S. 175.
25) F.L. Debus, Aspekte zum Verhältnis Name-Wort (Groningen: Wolters, 1966), S. 9.
26) Ibid., S. 4.
27) Ibid., S. 8.
28) Ibid., S. 16.

aber als Eigenname betrachtet (29). Die folgenden Beispiele, die bewusst die Form-
gestalt Odradeks nachahmen, sollen diese Tatsache bloss bestätigen: Oříšek
(Nüsschen), Nezabudek (Vergissmeinnichtchen), Okurek (Gürkchen), Doubek, auf
Slowakisch aber auch Dubček (Eichlein), oder Oddenek (Wurzelstockchen).

Der Name Odradek demonstriert die Verwandtschaftsbezeichnung zwischen Proprium und Appellativum ziemlich eindeutig. Wie schon hingewiesen worden ist, kann
Odradek unter anderem als 'Abrätchen', 'Abschreckchen', gedeutet werden,
aber auch als 'den, der abratet, abschreckt' und 'der, dem abgeraten, abge-
schreckt wird'.

Zuletzt soll noch dargestellt werden, dass Odradek auch mit Kafkas eigener
Aussage "... meine Geschichten sind ich" übereinstimmt (30). Auch Trost
weist auf dieses Phänomen hin, indem er in dem Namen Odradek eine "Verschlüsselung des Namens Kafka" vermutet (31). Um dies zu demonstrieren, müssen
wir das 'ich' mit 'Kafka', orthographisch aber korrekt mit 'kavka' (die Dohle),
wie auch mit 'Odradek' vergleichen. Dieses Kryptogramm möchte ich graphisch
folgendermassen darstellen:

	KAFKA
K A V	R A D
K A V (-a)	R A D (-a)
K A V (-ka)*	R A D (-ka)*
K A V (-ek)**	R A D (-ek)**
(od-)	R A D (-ek)***

* Weiblich
** Genitiv
*** Dimunitiv

Politzer sieht in dieser eigentümlichen Namengebung ein Paradox, er beschreibt
Odradek als einen kleinen Warner, "den die Unwirklichkeit zur Sorge des Hausvaters hat aus dem Boden steigen lassen. Sein Erscheinen schon stellt eine Frage,
zu deren Beantwortung er selbst nicht den geringsten Beitrag zu leisten willig
ist. Immerhin verrät Odradek seinen Namen und dieser ihn" (32). In dieser Be-

---

29) Witkowski, op. cit., S. 7.
30) Franz Kafka, Briefe an Felice und anderer Korrespondenz aus der Verlobungszeit, hrsg. von E. Heller und J. Born. Mit einer Einleitung von E. Heller.
Lizenzausg. von Schocken Books, New York (Frankfurt: Fischer, 1970), S. 226.
31) Pavel Trost, "Franz Kafka und das Prager Deutsch," Acta Universitatis Ca-
rolinae, Philologica 1, Germanistica Pragensia, 3 (1964), S. 33.
32) Heinz Politzer, Franz Kafka, der Künstler (Frankfurt: Fischer, 1965), S. 153.

nennung kann man die typisch kafkaesche Genialität entdecken, das heisst, die Gegenüberstellung einer "sternartigen flachen Zwirnspule" (einem realistischen Detail, das sich aber sofort annulliert, indem es "ausserordentlich beweglich und nicht zu fangen ist") mit einer geistwidrigen Spukgestalt, die "mit nachschleifendem Zwirnfaden die Treppe hinunterkollern (sollte)" (33). Diese sogenannte "sinnlose" Lautgestalt spiegelt genau die Essenz der Erzählung wider; beide sind sich treu in der Gestalt, beide sind nicht vergleichbar, aber gleichzeitig in ihrer Art "abgeschlossen".

Zusammenfassend kann darauf hingewiesen werden, dass der einleitende Satz, wie Ramm richtig unterstreicht, so beschaffen ist, "dass erst aus der Widerlegung der Negation des Behaupteten auf dem Wege der Negierung ('niemand'-nicht') sich ein Beweis für das Behauptete ergäbe" (34). Gerade in dieser Deutbar-Undeutbarkeit liegt die Vielschichtigkeit dieses Namens.

---

33) Kafka, Erzählungen, S. 157-8.
34) Klaus Ramm, Reduktion als Erzählprinzip bei Kafka (Frankfurt: Athenäum, 1971), S. 135.

Die Verschlüsselung des Namens Kafka in Odradek kann man nur vermuten, in dem Namen Gracchus ist sie aber einwandfrei vorhanden. Um dies zu belegen, müssen wir nicht nur in die Etymologie, sondern in das Autobiographische wie auch in die römische Geschichte zurückgreifen.

Emrich weist richtig darauf hin, dass hinter dem Namen Gracchus Kafka selbst steckt. " 'Gracchus' steht im Lateinischen etymologisch in unmittelbarem Zusammenhang mit dem Wort 'graculus' = Dohle und ist abgeleitet von dem Stamm 'gracc', das den Naturlaut, das Krächzen von Dohlen, Krähen, Raben usw. nachahmt" (35). Die Dohle, wie schon hingewiesen, heisst auf Tschechisch 'kavka'. Allem Anschein nach können wir also in diesem Namen einen etymologisch unbestreitbaren Zusammenhang feststellen.

Janouch behauptete in seinen Memoiren, dass Kafka sich dieser Namenähnlichkeit sehr bewusst war.

> Ich bin ein ganz ungewöhnlicher Vogel, ... Ich
> bin eine Dohle – eine kavka .... Verwirrt hüpfe
> ich zwischen den Menschen herum. Sie betrachten
> mich voller Misstrauen. Ich bin doch ein ge-
> fährlicher Vogel, ein Dieb, eine Dohle. Das
> ist aber nur Schein. In Wirklichkeit fehlt mir
> der Sinn für glänzende Dinge. Aus dem Grunde
> habe ich nicht einmal glänzende schwarze Fe-
> dern. Ich bin grau wie Asche. Eine Dohle, die
> sich danach sehnt, zwischen den Steinen zu
> verschwinden (36).

Fingerhut sieht in diesem Tiervergleich eine Verbindung der Umwelt mit dem eigenen Innern und konstatiert, dass die von Nietzsche her bekannte Metapher des Dichter-Geistes als freifliegender Vogel ironisiert zum Vorschein kommt (37). Dieser Gedanke kann auch in der Erzählung "Ein altes Blatt" verfolgt werden. "Sprechen kann man mit den Nomaden nicht. Unsere Sprache kennen sie nicht, ja sie haben kaum eine eigene. Untereinander verständigen sie sich ähnlich wie Dohlen. Immer wieder hört man diesen Schrei der Dohlen ... Ein Missverständnis ist es, und wir gehen daran zugrunde" (38). Die tragische Verlorenheit Kafkas dichterischer Existenz kommt hier besonders prägnant zum Vorschein.

---

35) Emrich, op. cit., S. 21.
36) Gustav Janouch, Gespräche mit Kafka, Erinnerungen und Aufzeichnungen (Frankfurt: Fischer, 1951), S. 18.
37) Karl-Heinz Fingerhut, Die Funktion der Tierfiguren im Werke Franz Kafkas. Offene Erzählgerüste und Figurenspiele (Bonn: Bouvier, 1969), S. 51.
38) Kafka, Erzählungen, S. 147-8.

Hier sei noch bemerkt, dass Kafka Vorlesungen über den römischen Zivilprozess von Prof. Pfaff während seiner Jurastudien belegt hatte (39). Dass der Name Gracchus von aussergewöhnlichem Interesse für Kafka gewesen sein musste, bestätigt nicht nur die orthographisch genaue Uebernahme des Namens, sondern auch die Gleichartigkeit des Existenzkampfes von Kafka, wie auch des römischen Gracchus'. Diese aussergewöhnlich interessante politische Figur und deren mysteriöses Ende, das die Historiker noch heute im Banne hält, kann in diesem Zusammenhang folgendermassen beschrieben werden: Die Gracchus Familie, die eine führende Rolle in der römischen Agrarreform spielte, war durch die Ehe mit der Patrizierfamilie der Scipionen, die gegen die Landvermessung waren, verwandt. Dieser politische Kampf und Familienstreit endete mit der Ermordung des Tiberius Gracchus, an der sein Schwager Cornelius Scipio beteiligt war. Dieser historische Meuchelmord hatte zur Folge, dass die gracchischen Agrargesetze nicht ausgeführt wurden und verursachten nach dem Tod von Gracchus, die Disintegration der herrschenden römischen Oligarchie (40).

Emrich, der zwar richtig auf den etymologischen Hintergrund des Namens Gracchus hinweist, meint aber, dass "der Name ... bei Kafka nichts mit den römischen Gracchen zu tun hat" (41). Er sieht also keine Verbindungsmöglichkeit zwischen Kafka und dessen historischen Namensverwandten. Aber schon die vielen Mythen, die den Tod des Gracchus umgeben und die wir in Kafkas Erzählungen unverkennbar wiederfinden, bestätigen das Gegenteil. Earls Studie verweist auf Omina, die den Tod des römischen Landvermessers ankündigten. "We have copious information on the various omens and potens that attended Gracchus' departure from home on the fatal day" (42). Eine der bedeutendsten Hinweise habe ich bei Plutarch gefunden.

> (Tiberius begab sich) ... sehr niedergeschlagen
> auf den Markt, und bat das Volk flehentlich um
> Schutz, indem er vorgab, er schwebe in grosser
> Furcht, dass seine Feinde bei Nachtzeit in sein
> Haus einbrechen und ihn ermorden möchten ....
> Mit Anbruch des folgenden Tages erschien der
> Mann, der die zu den Augurien gebrauchten Hühner
> zu besorgen hatte und warf ihnen Futter vor. Aber
> sie kamen nicht aus ihrem Käfer hervor, so sehr
> er ihn auch schüttelte, bis auf eine einzige, und
> auch diese rührte das Futter nicht an, sondern
> hob den linken Flügel auf, streckte das Bein aus
> und lief in den Käfer zurück .... Kaum war (Tibe-
> rius) ein Paar Schritte fortgegangen, als man lin-
> ker Hand Raben auf einem Dache miteinander streiten

39) Klaus Wagenbach, <u>Franz Kafka, eine Biographie seiner Jugend, 1883-1912</u> (Bern: Francke, 1958), S. 243.
40) E(rnst) B(adian), "Gracchus", <u>Oxford Classical Dictionary</u>, 2nd. ed. (Oxford: Clarendon, 1970), S. 473.
41) Emrich, <u>op. cit.</u>, S. 21.
42) Donald C. Earl, <u>Tiberius Gracchus. A Study in Politics</u> (Bruxelles: Latomus, 1963), S. 114.

sah, und obgleich so viele Menschen, wie leicht zu
denken, da vorübergingen, musste doch ein Stein,
der von einem der Raben heruntergestossen worden,
gerade dem Tiberius vor die Füsse fallen. Dieser
Zufall machte auch die kühnsten und beherztesten
unter seinen Freunden stutzig. Allein der Cumäer
Blossius, der zugegen war, sagte, es wurde doch
eine grosse Schande, ja der äusserste Kleinmut
sein, wenn Tiberius, des Gracchus Sohn ... aus
Furcht vor einem Raben dem Rufe der Bürger nicht
Folge leisten wollte (43).

Das Vogelmotiv können wir auch in der Kafka-Erzählung verfolgen. Eine Taube
sagt zwar den Tod des Jägers voraus; sie ist aber "gross wie ein Hahn" (44)
heisst es in der unmittelbar darauffolgenden Beschreibung. Kafka vergleicht
sich selbst mit einer Taube, die aber enttäuscht in die Arche Noahs zurückflie-
gen muss (45). Auch das Füttern der Vogel verweist auf einen weiteren Zusammenhang.

Ein Taubenschwarm, der bisher den Glockenturm
umflogen hatte, liess sich jetzt vor dem Hause
nieder. Als werde im Hause ihre Nahrung aufbewahrt, sammelten sich die Tauben vor dem Tor.
Eine flog bis zum ersten Stock auf und pickte
an die Fensterscheibe ... In grossem Schwung
warf ihnen die Frau aus der Barke Körner hin,
die sammelten sie auf und flogen dann zu der
Frau hinüber (46).

Das Motiv der herumschwärmenden Vögel finden wir auch im Schloss wieder.
K., der Landvermesser, beobachtet am Tage nach seiner Ankunft im Dorf einen
Turm, der von Krähen umkreist ist: "Nur einen Turm sah K., ob er zu einem Wohn-
gebäude oder einer Kirche gehörte, war nicht zu erkennen. Schwärme von Krähen
umkreisten ihn" (47). In den Aufzeichnungen aus dem Jahre 1921 schreibt Kafka:
"Ich glaube nicht, dass es Leute gibt, deren innere Lage ähnlich der meinen ist,
immerhin kann ich mir solche Menschen vorstellen, aber dass um ihren Kopf so
wie um meinen immerfort der heimliche Rabe fliegt, das kann ich mir nicht einmal vorstellen" (48). Auch Fingerhut vermutet, dass das 'K' in den Werken sowohl
auf 'Krähe' als auch auf 'Kafka' hinweist (49). Auch das Hahnmotiv kann im Schloss

43) Plutarch, Vergleichende Lebensbeschreibungen. Uebersetzt von J. Kaltwasser
    (Leipzig: Reclam, 18--?), Bd. 10, S. 87-8.
44) Kafka, Erzählungen, S. 330.
45) Franz Kafka, Briefe an Milena hrsg., von Willy Haas. Lizenzausg., Schocken
    Books New York (Frankfurt: Fischer, 1965), S. 235.
46) Kafka, Erzählungen, S. 328-30.
47) Kafka, Das Schloss, S. 14.
48) Kafka, Tagebücher, S. 391.
49) Fingerhut, op. cit., S. 231.

nachgewiesen werden. Einer der Schlossherren ahmt den Ruf eines Hahnes nach, als wollte er den Landvermesser damit erschrecken (50).

Eine weitere Bestätigung wäre vielleicht die Aehnlichkeit der erfolglosen Existenz-kämpfe als Landvermesser wie auch deren tragische Folgen: K.'s Kampf mit den Herrn des Schlosses, Tiberius Gracchus' Ringen mit den Patriziern der römischen Oligarchie; beide endeten tragisch. Die Geschehnisse der Jahrhunderte, von denen der Jäger Gracchus spricht, sind vielleicht die historischen Ereignisse die "vor vielen Jahren (stattgefunden haben), es müssen aber ungemein viel Jahre" gewesen sein. Diese wiederholen, oder wie der Jäger selbst sagt "vergegenwärtigen" sich (51).

Seit Freud ist es ein wissenschaftliches Faktum, dass uns nichts zufällig einfällt, sondern dass ein jedes Wort, also auch ein jeder Name entweder bewusst oder unbewusst in unserem Gedächtnis erscheint. Dies ist in dem einzigen Frauen-namen dieser Erzählung erkennbar. Die Frau des Bootsführers heisst Julia. Dieser Name war von mehrmaliger Wichtigkeit im Leben Kafkas. Seine Mutter, seine zweite Braut, wie auch seine Tante von Vaters Seite, hiessen Julia.

Nach Pasley besteht die Erzählung aus vier separaten Versuchen; die ersten zwei stammen aus dem Jahr 1916, die zwei letzten von 1917 (52). Krock vermu-tet wohl richtig, dass die Erzählung "Der Jäger Gracchus" durchaus kein Frag-ment ist, wie bisher angenommen wurde, sondern als abgeschlossen gelten muss (53).

Für diese Namenanalyse ist das Datum von aussergewöhnlicher Wichtigkeit. Die Verlobung mit Julie Vohrysek fand im Jahre 1919 statt, man kann also annehmen, dass der Name Julia autobiographisch eher mit dem Namen der Mutter Kafkas assoziierbar ist. Nur der Merkwürdigkeit halber soll hier auf den Namen Vohrysek verwiesen werden, (nach Bauer mit 'V', (54) nach Wagenbach u.a. mit 'W' (55) geschrieben), der ein im tschechischen Jargon geschriebener Name ist und eine Wortkonstruktion wie Odradek aufweist: das Präfix $_{'od-'}^{'vo-'}$ (ab), der Wortstamm 'hrys' (das Nagen, der Biss) und das Suffix '-ek' (-chen). Der tschechischen Ortho-graphie nach kann dieser Name nur mit einem 'v' geschrieben sein, da das tsche-chische Alphabet kein 'w' kennt. Etymologisch-suggestiv bedeutet es 'das abgebis-sene Stückchen', das z.B. die Konnotation eines abgebissenen Apfels evoziert und metaphorisch-suggestiv auch mit der Ursünde assoziierbar ist. Auch Binder sieht bei der auf den Stufen des Denkmals liegenden Obstschale einen Zusammenhang mit dem Sündenfall und deutet auf eine messianische Sendung des Bürgermeisters

---

50) Kafka, Das Schloss, S. 397.

51) Kafka, Erzählungen, S. 330-2.

52) Franz Kafka, Shorter Works, ed. by Malcolm Pasley (London: Secker, 1973), S. xi und 2.

53) Krock, op. cit., S. 41.

54) Johann Bauer, Kafka and Prague (New York: Praeger, 1971), S. 147.

55) Klaus Wagenbach, "Ein unbekannter Brief Franz Kafkas", Neue Rundschau, 76 (1965), S. 426.

hin (56).

Dem Text der Erzählung nach bringt Julia dem Jäger Gracchus das Morgengetränk des Landes (57). Symbolisch betrachtet, demonstriert diese Tat eine Urpflicht, das heisst eine mütterliche Versorgung dem Kinde gegenüber. Auch Kafka verrät im Brief an den Vater, dass seine Mutter "im Wirrwarr der Kindheit das Urbild der Vernunft" war (58). Auch die Julia der Erzählung ist das hungerstillende, das nährende Urweib.

Der Bürgermeister der Stadt Riva, wo sich diese lebendig-tot-ambivalente Geschichte abspielt, hört auf den Namen Salvatore. Der Lokalität nach steht Salvatore im sprachlichen Einklang. Für den deutschen Leser ist dieser Name unverkennbar ein Lehnname, der aber zur Zeit schon als ein eindeutig redender Name betrachtet werden kann. Boesch nach, unterscheidet man am Namen zweierlei: "Seine eigentliche Bedeutung, die ihm als Gebilde einer bestimmten Sprache zukommt, und seine Funktion, einen Menschen oder eine Oertlichkeit unmissverständlich als etwas einmalig Vorhandenes zu bezeichnen" (59). Salvatore ist zur Zeit schon zu einem Begriff geworden, der symbolisch für Erlöser, Befreier, Retter oder Heiland steht. Es handelt sich hier also nicht nur um einen redenden Namen per se, sondern es geht um dessen tiefere Bedeutung.

Die Verwendung redender Namen in der Literatur nennt Dornseiff einen "Rückfall des nomen proprium in das Appellativum" (60). Um dies auf Kafkas Erzählung anzuwenden, müssen wir die Rolle des Salvatore untersuchen. Salvatore, dem Bürgermeister der Erzählung, wird in der Sekundärliteratur meistens eine religiös charakteristische Eigenschaft zugeschrieben, trotzdem er, dem Text nach, nur als ein Gesprächspartner des Jägers erscheint. Knieger sieht Salvatore als "einen Agenten Gottes" an (61), dem das Kommen des Jägers von einer Taube, als Symbol für den heiligen Geist, angekündigt worden ist. Salvatores Aufgabe ist es, den Jäger von seiner Schuld zu befreien, die darin bestand, dass er auf Wölfe "lauerte, schoss, traf und das Fell abzog." Salvatore kann die Absolution von dieser Schuld nicht erteilen. Er antwortet fast wortwörtlich wie Pontius Pilatus Christus geantwortet hat: "Doch scheint auch mir keine Schuld darin zu liegen" (62). Die primäre Aufgabe des Bürgermeisters ist also die Erlösung, die Rettung des Jägers.

56) Hartmut Binder, Motiv und Gestaltung bei Franz Kafka (Bonn: Bouvier, 1966), S. 175.
57) Kafka, Erzählungen, S. 330.
58) Franz Kafka, Hochzeitsvorbereitungen auf dem Lande und andere Prosa aus dem Nachlass, hrsg., von Max Brod, Schocken Books New York (Frankfurt: Fischer, 1953), S. 182.
59) Bruno Boesch, "Die Eigennamen in ihrer geistigen und seelischen Bedeutung für den Menschen", Deutschunterricht, 9 (1957), S. 32.
60) Dornseiff, op. cit., S. 24.
61) Bernard Knieger, "Kafka's 'The Hunter Gracchus'," The Explicator, 17 (1959), S. 39.
62) Kafka, Erzählungen, S. 331.

Nach Gordon und Tate, kann der Jäger der Seelen, (nicht der Wölfe,) nicht von Salvatore erlöst werden, sondern er lebt im "Ursymbol der Seele" als Schmetterling weiter (63), der von dem Wind der "untersten Regionen des Todes" weggeblasen wird (64).

Rothrauffs Studie verweist, dass das Wort σωτήρ oft als ein Epitheton den griechischen und römischen Götter beigegeben wurde. "Throughout the ancient Greek and Roman world it was the custom for each city to have at least one deity as its particular guardian and protector, whose function it was not only to look over the welfare of the city proper but also to come in some special way to the aid of any citizen requesting divine intervention". Weiter notiert diese Studie, dass σωτήρ wie auch σωτηρία abwechselnd in den lateinischen Schriften erscheinen. "The usage of 'Salvator' arose from a misreading of 'Servator' .... It was simply a gloss which, once having been made, was perpetuated by copyists and subsequent Christian writers". Σωτήρ war also zuerst nur ein göttliches Attribut, das erst durch den Einfluss der neoplatonischen Philosophie die theologische Konnotation σωτηρία, wie wir sie heute kennen, bekommen hat (65). Kafkas Salvatore schliesst aber beide onomastisch suggestive Deutungen mit ein: Salvatore ist in der Rolle des Bürgermeisters der 'Beschützer' wie auch der 'Retter' des Jägers.

Für das italienische Wort 'Salvatore' steht vielleicht die Uebersetzung 'der Heiland' am nächsten. Dieses Motiv kann auch mit dem Text der Erzählung belegt werden. Die Entschlüsselung ist zwar etwas ironisch, aber umso stärker vom Jäger selbst ausgedrückt: "Der Gedanke, (das heisst die Freisprechung von der Schuld) mir helfen zu wollen, ist eine Krankheit und muss im Bett geheilt werden" (66).

"Der Jäger Gracchus" gehört zu den wenigen Erzählungen Kafkas, die genaue topographische Hinweise enthalten. Der Schauplatz der Erzählung ist Riva. Diese Stadt ist für Kafka von aussergewöhnlicher autobiographischer Wichtigkeit, da er sie zweimal besucht hatte. Das erste Mal im Jahre 1909, als er dort mit Max und Otto Brod seine Ferien verbrachte, das zweite Mal im Jahr 1913 (67). In seinen Tagebüchern finden wir die folgende Aufzeichnung: "Der Aufenthalt in Riva hatte für mich eine grosse Wichtigkeit. Ich verstand zum ersten Male ein christliches Mädchen und lebte fast ganz in seinem Wirkungskreis". Weiter heisst es, "das Süsse des Verhältnisses zu einer geliebten Frau, wie in ... Riva" und bestätigt dessen Wichtigkeit noch einmal mit einem Bekenntnis: "Ich war noch niemals, ausser in Zuckmantel, mit einer Frau vertraut. Dann noch mit der Schweizerin in Riva. Die erste war eine Frau, ich unwissend, die zweite ein Kind, ich ganz

63) Caroline Gordon and Allen Tate, " 'The Hunter Gracchus'," in The House of Fiction, an Anthology of the Short Story (New York: Scribner, 1960), S. 191.
64) Kafka, Erzählungen, S. 332.
65) Conrad Rothrauff, "The Name 'Savior' as Applied to Gods and Men Among the Greeks," Names, 14 (1966), S. 11-7.
66) Kafka, Erzählungen, S. 332.
67) Klaus Wagenbach, Franz Kafka in Selbstzeugnissen und Bilddokumenten (Hamburg: Rohwolt, 1970), S. 141.

und gar verwirrt" (68). Weitere Hinweise können noch in den Briefen an Felice Bauer (69), wie auch an Max Brod (70) gefunden werden. Die Identität der Schweizerin hat Kafka nie preisgegeben. Von den Initialen G.W. (71), nach Brod aber M.M. (72), nimmt man an, dass sie für die Schweizerin stehen.

Sprachlich ist der Ortsname Riva mit Salvatore eng verflochten. Binder sieht aber gerade in dem topographischen Hinweis Kafkas einen Bruch in der Erzählung. "(Es) ... scheint in der Fabel selbst ein Bruch zu liegen, da das Motiv des bei der Jagd verunglückten Schwarzwaldjägers nicht organisch mit dem Bild der auf verschiedenen südlichen Gewässern sich vollziehenden unendlichen Seefahrt verbunden ist" (73). Referenzen zu einer Wasserstadt sind aber in der Erzählung häufig vorhanden, wie zum Beispiel "Quai", "Hafen", "Wasser", "Kajüte", "Schiffe", "Barke", "Bord", "Kahn", "Steuer", "Bootsmann" und "Bootsführer".

Riva verweist auf das lateinische Wort 'rivus', das heisst also, dass dieses Toponym eigentlich eine x-beliebige Stadt am Wasser bezeichnen kann.

Letztlich wäre noch das vierte Fragment der Erzählung zu erwähnen, in welchem ein Protagonist dreimal auf den Namen Hamburger hört. Bach weist darauf hin, dass im Deutschen in der Regel die Insassennamen von den Siedlungsnamen mit Hilfe verschiedener Endungen abgeleitet werden. Am häufigsten dient dazu die Endung '-er' (74). Die Assoziierung mit der nördlichen Hafenstadt in Deutschland und die Verbindung mit Riva muss ein ungelöstes Problem bleiben, da in dem Nachlass Kafkas zur Zeit noch kein Schlüssel für dieses Rätsel gefunden werden kann. Max Brod verweist zwar auf eine Stelle in den Tagebüchern Kafkas, die vermuten lässt, dass der Hinweis auf einen "Schwarzkäfer" möglicherweise auch "die Urzelle der Erzählung vom Jäger Gracchus" sei (75). Ob der Schwarzkäfer auch aus dem Schwarzwald stammt, muss jedenfalls noch offen bleiben.

---

68) Kafka, Tagebücher, S. 230, 329 und 361.
69) Kafka, Briefe an Felice, S. 484.
70) Franz Kafka, Briefe 1902-24, hrsg., von Max Brod. Lizenzausg., Schocken Books New York (Frankfurt: Fischer, 1966), S. 121.
71) Kafka, Briefe an Felice, S. 484.
72) Brod, op. cit., S. 209.
73) Hartmut Binder, "Der Jäger Gracchus. Zu Kafkas Schaffensweise und poetischer Topographie," Jahrbuch der deutschen Schillergesellschaft, 15 (1971), S. 379.
74) Bach, op. cit., Bd. 2, T. 1, S. 240.
75) Kafka, Tagebücher, S. 511.

HOCHZEITSVORBEREITUNGEN AUF DEM LANDE

Der Held dieser Erzählung, genauer des Romanfragments, "Hochzeitsvorbereitungen auf dem Lande" ist unverzüglich im ersten Satz als Eduard Raban identifiziert. Allem Anschein nach ein gewöhnlicher Name, der aus derselben Zahl
von Buchstaben und identischen Vokalen wie Kafka besteht und schon der Form
nach als ein dichterischer Deckname Kafkas angesehen werden kann. Emrich sieht
in dem Namen Raban eine Uebertragung des Namens Kafka, wobei das zweite 'a'
im Namen Raban an das analoge 'a' in Kafka anklingt (76).

"Ich lebe nur hier und da in einem kleinen Wort" (77) heisst es in dem Tagebuch.
Der etymologische Hintergrund dieses "kleinen" Lautbildes "Raban" verweist
auf 'Rabe', auf einen der ältesten germanischen Erbnamen. Schramm nach, kann
dieser Name schon aus dem 6. Jahrhundert (erstmals als $H^a rab^a nR$) bezeugt werden (78). Schon in der Schilderung und Beschreibung der Schlachtfelder in der
überlieferten germanischen Dichtung kommt der Wolf, Adler und Rabe als eine
häufig erscheinende Tierfigur vor (79).

Der Rabe als Tiername hat sich aus 'hraban' zu einem einstammigen Rufnamen
reduziert, indem das anlautende 'h', wie gebräuchlich bei ähnlichen Lautbildern
aus ästhetischen Gründen wegfällt (80).

Schon das Verb 'rabantern' schliesst die am meisten assoziierbaren mobilen
Eigenschaften der Raben, wie rastloses Hüpfen, dauerndes Flügelschlagen oder
unruhiges Bleiben, mit ein. Rabantern ist auch ein charakteristisches Merkmal
des Helden Eduard Rabans; er ist im Verlauf der Erzählung als eine unstete Person geschildert, die von vereinzelten trockenen Steinen wieder zu trockenen Steinen springt (81).

Auch Eduard ist ein glücklich gewählter Vorname, der ausgezeichnet zu Raban
passt. Etymologisch kann dieser Name aus dem Lateinischen 'Edvardus' und
Altenglischen 'Eadweard' bezeugt werden, das aus dem Kompound 'ead' (Besitz)
und 'weard' (Schützer, Protektor) zusammengestellt ist und semantisch suggestiv
als Besitzhüter gedeutet werden kann (82).

Aus dem Vorhergesagten kann man vielleicht schliessen, dass in der Kombination
Eduard und Raban ein Deckname des Dichters (Dohle>kavka) zu entdecken wäre.

---

76) Emrich, op. cit., S. 21.
77) Kafka, Tagebücher, S. 43.
78) Gottfried Schramm, "Der Mensch als Tier" in Namenschatz und Dichtersprache.
    Studie zu den zweigliedrigen Personennamen der Germanen (Göttingen: Vanden-
    hoeck, 1957), S. 80-1.
79) Gustav Neckel, "Die kriegerische Kultur der heidnischen Germanen", Germanisch-
    Romanische Monatsschrift, 7 (1915-19), S. 26.
80) Ernst Schwarz, Deutsche Namenforschung (Göttingen: Vandenhoeck, 1949-50),
    Bd. 1, S. 15.
81) Kafka, Erzählungen, S. 273.
82) Elizabeth G. Withycombe, The Oxford Dictionary of English Christian Names
    (New York: Oxford University Press, 1947), S. 45.

Abgesehen aber von diesem Phänomen enthält dieser Vor- und Zuname auch den Wesenskern der Erzählung in sich: Der Held, der sich vor der unbekannten Zukunft (Reise, Treffen, Hochzeitsvorbereitungen) fürchtet und sein 'Ich' vor dieser anonymen, kollektiven Macht des verallgemeinerten Begriffs 'man' behüten will. "Und solange du man sagst an Stelle von ich, ist es nichts und man kann diese Geschichte aufsagen, sobald du aber dir eingestehst, dass du selbst es bist, dann wirst du förmlich durchbohrt und bist entsetzt" (83).

Im Grunde genommen schildert die fragmentarisch gebliebene Erzählung das imaginäre Reiseerlebnis Eduard Rabans, eines dreissigjährigen städtischen Bräutigams, der die Absicht hat, seine Braut Betty auf dem Lande zu besuchen. Dieser augenscheinlich einfache Vorfall entwickelt sich im Laufe der Erzählung zu einer lästigen Pflicht, aus der der Protagonist entweichen möchte: "Ich brauche nicht einmal selbst aufs Land fahren, das ist nicht nötig. Ich schicke meinen angekleideten Körper" (84). Weiter heisst es, dass er "müde", "entsetzt", "erschrocken", "verdriesslich", "gequält", "zurückgedrängt" und sich "gänzlich fremd" fühlt und nur hofft, dass er "die lange schlimme Zeit der nächsten vierzehn Tage überstehen (werden kann). Denn es sind nur vierzehn Tage, also eine begrenzte Zeit, und wenn auch die Aergernisse immer grösser werden, so vermindert sich doch die Zeit, während welcher man sie ertragen muss" (85).

Auch die benannten Nebenfiguren drücken in ihrer Namenwahl dieselbe Atmosphäre aus. Gillemann ist aus 'gille' und aus '-mann' zusammengesetzt, und wie Kafka sich selbst im Falle Bendemanns ausdrückt, "ist 'mann' nur eine für alle noch unbekannten Möglichkeiten der Geschichte vorgenommene Verstärkung" des Namens, dem er angehört (86). Nach Grimm, steht 'gillen', unter anderem, für ein Wesen, das laut vor Schreck oder Bosheit aufkreischt, das einen scharfen, hohen Schmerzenslaut aus sich herausgibt (87). Höchstwahrscheinlich hat Kafka aber auch an die französische Konnotation dieses Wortes gedacht, da Gille(s) als Clown der Theaterwelt allgemein bekannt ist. Der französischen Etymologie nach verweist aber dieses Wort auch auf die Person, die sich heimlich davonmacht, entschlüpft oder vor etwas drückt. Dem Text der Erzählung nach, ist Gillemann nur indirekt erwähnt, er entgeht dem Hauptstrom der Erzählung. Gillemann wird eigentlich von einem jungen Bekannten Rabans, der auf den Namen Lement hört, nur erwähnt.

Auch Lement kann, wie es bei Gillemann nachgewiesen worden ist, auf mindestens zwei Ebenen erklärt werden. Als ein hybrider Name kann er aus dem lateinischen 'lamentari' (beklagen, lamentieren) abgeleitet werden, welcher, wie gillen, dem Text nach, auf einen ähnlich klagenden Schmerzenslaut verweist und

83) Kafka, Erzählungen, S. 270.
84) Ibid., S. 273.
85) Ibid., S. 272.
86) Kafka, Tagebücher, S. 212.
87) Jacob Grimm, Deutsches Wörterbuch (Leipzig: Hirzel, 1935) Bd. 4, Abt. 1, T. 4, K. 7509.

folglich im Einklang mit der Erzählung ist.

Alexiou, die die Typen der griechischen Weheklagen untersucht, vermerkt, dass sie auch zur ritualen Tradition der Hochzeitsvorbereitungen gehörten (88). Lamentieren passt sich also textlich angemessen dem Werk an.

Textanalytisch betrachtet, ist Lement ein Gesprächspartner Rabans, dem er auf seiner Reise kurz begegnet. Raban fasst dieses Treffen folgendermassen zusammen: "Er (Lement) hat mich angesprochen und mich dann begleitet, trotzdem er nichts von mir erfahren wollte und selbst ein anderes Geschäft noch hatte. Jetzt aber ist er unversehens weggegangen" (89). Auf Ungarisch heisst verschwinden, untergehen 'lement', weggehen 'elment'. Kafka übernimmt nicht nur das Wort orthographisch korrekt, sondern benützt auch die richtige Verb-Konstruktion (dritte Person des Präteriums) und das dazupassende Präfix 'le-'. Man kann annehmen, dass sich Kafka dieses Wort während seiner Reise nach Ungarn angeeignet hat.

Zusammenfassend kann also darauf hingewiesen werden, dass Lement und Gillemann Deckwörter sind, die auf gleiche Eigenschaften verweisen; einerseits aufschreiend klagende Menschen, anderseits in das Nichts verschwindende Personen bezeichnen. Beide Charakteristiken sind so möglich und im Text belegbar.

Pirkershofer, der Name einer sekundären Gestalt der Erzählung stimmt mit dem Kontext der Geschichte "auf dem Lande" als derjenige, der aus dem Birkenhof stammt, harmonisch überein. Er ist nur zweimal im Text erwähnt und verschwindet, ähnlich wie seine Vorgänger Gilleman und Lement, in das Nichts.

Etymologisch kann diese Namenbildung aus dem ahd. 'piricha' und mhd. 'birche' bezeugt werden (90). Der Mythologie nach, ist die Birke ein Baum des Werdens, die den Einzug des Frühlings symbolisiert (91). Dieser Name hat also, wenn er mit Behutsamkeit befragt wird, eine relativ bedeutende Aussagekraft, die kontextuell mit der Erzählung übereinstimmt. Von Bedeutung wäre vielleicht darauf hinzuweisen, dass die Erzählung "Hochzeitsvorbereitungen auf dem Lande" sich im Frühjahr abspielt und dass die tschechische Sprache den Namen für den Frühlingsmonat März mit dem Hervorspriessen des Birkenlaubes (březen) assoziiert. Auch wird dieser Baum oft als Wonnebaum (92) in der Literatur geschildert und kann deshalb als Symbol textlich richtig mit Frühling, Braut, Hochzeitsvorbereitungen usw., gedeutet werden.

Der letztgenannte männliche Name ist im Zusammenhang mit dem topologischen Endziel der Reise identifiziert. Er ist passend mit dem redenden Namen als Le-

---

88) Margaret Alexiou, The Ritual Lament in Greek Tradition (London: Cambridge Univ. Press, 1974), S. 118

89) Kafka, Erzählungen, S. 279.

90) Grimm, op. cit., Bd. 2, K. 39.

91) Gertrud Jobes, Dictionary of Mythology, Folklore, and Symbols (New York: Scarecrow, 1961), Bd. 1, S. 212.

92) Grimm, op. cit., Bd. 2, K. 39.

beda, dem Kartenspieler der Bahnhofstation dieses langweiligen und uninteressanten "Dreckortes", vorgestellt. Lebeda kann aber auch als Satzname klassifiziert werden, dies betont die imperative Form.

Drei Frauennamen sind in der Erzählung erwähnt: Maria, Elvy and Betty. Maria, die Frau eines der Mitreisenden, sitzt Raban gegenüber und ist mit dem Attribut 'jung' bezeichnet (93) Betty, die Braut ist als "ein ältliches hübsches Mädchen" bezeichnet (94) und Elvy, die Raban für "eine angenehme Nacht" wünschenswerter findet als das Zusammensein mit der Braut (95).

Der etymologische Hintergrund dieser drei Namen verweist auf eine präzise Namenwahl Kafkas, die textlich mit der Erzählung im Einklang steht. Maria evoziert sofort die symbolische Verbindung mit der Madonna. Dies ist auch mit der Erwähnung der blauen Farbe, ("sie stützte den linken Ellbogen auf ein blaues Bündel") (96), welche nur noch stärker die Assoziation mit dem Immakulata-Marienkult betont. Anderseits verweist die blaue Farbe auch auf einen expressionistischen Charakterzug, der seit der Ausstellung "Der blaue Reiter" (München, Thannhäuser Galerie, 1911) mit dieser Periode eng verbunden ist.

Elvy und Betty demonstrieren in ihrer verkürzten Form fremdklingende Kosenamen; beide konkludieren mit der englischen '-y' Endung. Elvy kann aus dem spanischen Namen Elvira abgeleitet werden. Dieser Name ist seit der Don Juan-Legende als moderner Mädchenname verbreitet (97). Elvy ist der Erzählung nach das städtische Mädchen, über dessen sexuellen Reiz Eduard Raban reminisziert und sie sogar gegenüber Betty bevorzugt. Beicken meint, dass Elvy ein Prototyp der Frauengestalten Kafkas ist (98).

Betty ist eine Kurzform von Elisabeth, die in ihrer Urform auf das hebräische אלישׁבע (Elischeba) verweist und für 'Gott ist mein Eid' (Ex., 6.23) steht (99). Der semantische Hintergrund dieses Namen passt sich richtig dem Text der Erzählung an. Sollte Raban seine Braut Betty heiraten, müsste er sich vor Gott und Menschen mit einem Schwur zur Treue verpflichten. Die Hure-Madonna-Dichotomie (Elvy-Maria) Rabans wird durch das sich ständig stärker aufdrängende Pflichtgefühl der Braut gegenüber bedeutend betont. Die drei Frauennamen der Erzählung demonstrieren mit ihren suggestiven Bedeutungen, dass sie im Text korrekt integriert erscheinen: Die Maria bewundert der Held nur, die Elvy begehrt er und der Betty verweigert er sich.

---

93) Kafka, Erzählungen, S. 281.
94) Ibid., S. 286.
95) Ibid., S. 285.
96) Ibid., S. 281.
97) Withycombe, op. cit., S. 49.
98) Beicken, op. cit., S. 236.
99) James Hastings, A Dictionary of the Bible (New York: Scribners, 1898), Bd. 1, S. 693.

Jungbunzlau ist als der einzige Ortsname der Erzählung identifiziert. Da ein so benannter Ort de facto existiert (100), erscheint dieses Toponym allem Anschein nach minderbedeutend. Eine toponomastisch-suggestive Untersuchung enthüllt aber auch in diesem Ortsnamen eine Bedeutung, die integriert der Erzählung angehören kann. Jungbunzlau ist ausschliesslich nur in einem Kapitel erwähnt, in welchem Maria identifiziert und mit dem Attribut "jung" gekennzeichnet ist (101). Diese doppelte Benennung des Adjektivs betont die Wichtigkeit der Charakterisierung der "ältlichen" Betty. Auch in Kafkas Tagebuch (9. Oktober, 1911) ist die folgende Aufzeichnung vorhanden: "Sollte ich das vierzigste Lebensjahr erreichen, so werde ich wahrscheinlich ein altes Mädchen mit vorstehenden, etwas von der Oberlippe entblössten Oberzähnen heiraten" (102).

Bach nach, ist 'lau' ein topologisches Attribut, das auf sumpfig verweist (103). 'Bunz' ist onomastisch nicht eindeutig erklärbar; als hybrider Name schliesst er möglicherweise die Konnotation 'brunst' mit ein und kann im syntaktischen Zusammenhang etwa so gedeutet werden, da Ortsnamen oft durch Zusammenrückung, durch echte oder unechte Zusammensetzungen gebildet worden sind (104). Dem Text der Erzählung nach kann also Jungbunzlau suggestiv als 'die junge Lust, die auf sumpfigem Boden steht' oder als 'die neue Brunst, der der Held noch mit Unbestimmtheit gegenüber steht', erklärt werden.

Sturmfels nach, wurde Bunzlau von Herzog Boleslav I. im Jahre 1190 befestigt und ihm zu Ehren Boleslavia benannt (105). Onomastisch suggestiv verweist 'bolest' auf Schmerz. 'Slav' kann zumindest auf zwei Ebenen ausgelegt werden: Erstens, kann dieser Name von 'slava' (Ruhm) abgeleitet werden, das in der Kombination Boleslav am besten als schmerzensreich oder wehmutvoll gedeutet werden kann; zweitens, verweist insbesondere Boleslau, die deutsche Variation dieses Namens, auf 'sumpfig', auf das schon oben zitierte Attribut hin. Dem Text der Erzählung nach, kann Bunzlau aber auch als der drohende "Dreckort" interpretiert werden, in dem dem Helden ein schmerzensreiches Versinken droht.

Hinzugefügt sei noch, dass das Raben-Motiv häufig in den Kafka Notierungen vorkommt. Nur eine Stelle sei hier zitiert, die aus den posthum gefundenen Miszellen stammt: "Du Rabe, sagte ich, du alter Unglücksrabe, was tust du immerfort auf meinem Weg. Wohin ich gehe, sitzt du und sträubst die paar Federn. Lästig! Ja, sagte er und ging mit gesenktem Kopf vor mir auf und ab wie ein Lehrer beim

---

100) Westermann Lexikon der Geographie, hrsg., von W. Tietze (Braunschweig: Westermann, 1968), Bd. 1, S. 574.
101) Kafka, Tagebücher, S. 64.
102) Kafka, Erzählungen, S. 281.
103) Bach, op. cit., Bd. 2, T. 1, S. 297.
104) Ibid., Bd. 2, T. 1, S. 121.
105) Sturmfels, Etymologisches Lexikon deutscher und fremdländischer Ortsnamen, 2. Aufl. (Berlin: Dummler, 1931), S. 29.

Vortrag, es ist richtig; es ist mir selbst schon fast unbehaglich" (106). Diese Unbehaglichkeit spiegeln auch die Namen dieses Romanfragments wider.

---

106) Kafka, Hochzeitsvorbereitungen, S. 132.

DIE VERWANDLUNG

Wie Eduard Raban, ist Gregor Samsa, der Protagonist der Erzählung "Die Verwandlung", gleich im ersten Satz benannt. Ein weiterer Zusammenhang dieser Namen ist, dass beide aus der gleichen Zahl der Konsonanten wie auch der Vokale der Nachnamen bestehen. Samsa kann aber noch eindeutiger als ein Kryptogramm Kafkas betrachtet werden, in dem das 'a', 'k', respektive 's' der beiden Namen konstruktuell den identischen Platz einnehmen. Auf dieses Phänomen verweist unter anderem Luke (107) und Rochefort (108); auch Janouch glaubt sich in seinen Gesprächen mit dem Dichter zu erinnern, dass es Kafka eine Indiskretion nannte (109).

Lexikalisch kann Samsa als eine Zusammenschiebung zweier slawischer Wörter gedeutet werden. 'Sam' ist ein tschechisches Wort, das als 'allein' oder 'selbst' übersetzt werden kann; 'sa' ein slowakisches Wort, das für 'sich' steht. Tschechisch korrekt müsste 'sich selbst' als 'sam se' geschrieben werden. Das fremdklingende 'e' hätte das analoge 'a' des Modells ohne Zweifel zu sehr verfremdet. Auch Weinberg verweist auf diese Kontraktion, er verbindet aber 'sam' mit dem tschechischen 'jsem' (ich bin) (110); Whites Interpretation dagegen entschlüsselt 'sam' als 'verlassene Einsamkeit' ("lonely solitary") (111).

Aehnlich wie der Name Raban regte auch Samsa zu religiös orientierten Interpretationen an, als Beispiel sei wieder Weinberg erwähnt (112), dessen Theorien ich oft für verfehlt halte. Hollands interessante Namendeutung versucht eine Korrelation zwischen Samsa und der hebräischen Samson-Figur herzustellen. Etymologisch kann ן שׁמשׁ als Sonnenmann abgeleitet werden (113). Weiter nimmt Holland an, dass die Aegypter den Mistkäfer verehrten, weil dieser eng mit dem Sonnengott verbunden war und dass er biologisch zu der Käfergruppe gehört, welche eine totale Metamorphose durchmachen (114).

Morphologisch verweist der Name 'sam-sa' auf eine Konstruktion einfacher Lexeme, die in den Werken Kafkas häufig vorkommt (wie z.B. Od-rad-ek, Le-ment, Lebe-da, Lobt-er, Er-lang-er, Bürg-el usw.,) Wie auch auf die unverkennbare Annahme, dass der Dichter diese Namentypen nicht wahllos ausgewählt hatte, son-

107) F.D. Luke, "Kafka's 'Die Verwandlung'," Modern Language Review 46 (1951), S. 232.
108) Robert Rochefort, Franz Kafka (Wien: Amandus, 1948), S. 27.
109) Janouch, op. cit., S. 26.
110) Kurt Weinberg, Kafkas Dichtungen; die Travestien des Mythos (Bern: Francke, 1963), S. 238.
111) John J. White, "Franz Kafka's 'Urteil', an Interpretation," Deutsche Vierteljahrsschrift für Literaturwissenschaft und Geistesgeschichte, 38 (1964), S. 213.
112) Weinberg, op. cit., S. 235.
113) Hastings, op. cit., Bd. 4, S. 377.
114) Norman Holland, "Realism and Unrealism: Kafka's 'Metamorphosis'," Modern Fiction Studies, 4 (1958), S. 149.

dern, dass diese gerade in ihren eigentümlichen Konstruktionen eine dichterisch bewusste Schöpfung reflektieren. Das onomastisch suggestive 'sam se', das heisst 'sich selbst' ist auch schon in der vorher zitierten Raban-Käfer-Figur vorhanden: "Wenn ich aber selbst unterscheide zwischen man und ich ... sobald du aber dir eingestehst, dass du selbst es bist" (115). Der Käfer dieser in der 'Ich-Form' geschriebenen Passage demonstriert auch eine Aenderung in der point-de-vue Perspektive, indem das i c h   s e l b s t   s i c h   z u   s i c h   s e l b s t verwandelt. Folglich erscheint Samsa grammatisch korrekt integriert in der Erzählung "Die Verwandlung". Symbolisch lebte bereits das Samsa-Ungeziefer in einer Urform in der Raban-Käfer-Gestalt: "Ich habe wie ich im Bett liege, die Gestalt eines grossen Käfers, eines Hirschkäfers oder eines Maikäfers, glaube ich .... Eines Käfers grosse Gestalt, ja. Ich stellte es dann so an, als handle es sich um einen Winterschlaf und ich presste meine Beinchen an meinen gebauchten Leib" (116). Wir finden diese Metapher in dem Brief an den Vater wieder: "Es gibt zweierlei Kampf. Den ritterlichen Kampf, wo sich die Kräfte selbständiger Gegner messen, jeder bleibt für sich, verliert für sich, siegt für sich. Und den Kampf des Ungeziefers, welches nicht nur sticht, sondern gleich auch zu einer Lebenserhaltung das Blut saugt" (117).

Da sich die Metamorphose Samsas eigentlich schon vor der Handlung vollzogen hat, gibt Kafka die nötige Distanz, indem er die reflektierende 'Er-Form' anwendet. "Als Gregor Samsa eines Morgens aus unruhigen Träumen erwachte, fand er sich in seinem Bett zu einem ungeheueren Ungeziefer verwandelt" (118). Weiter heisst es in verschiedenen Variationen, dass Samsa sich selbst "sah", "schaukelte", "streckte", "schwang", "drehte", "machte", "verbiss" usw., bis "er sich nun überhaupt nicht mehr rühren konnte". Diese reflektierende 'sam sa' (sich selbst) Konstruktion kann in der Erzählung beobachtet werden und verweist erst auf eine stilistische Aenderung, wenn die Turmuhr die "dritte Morgenstunde schlug ... Dann sank sein Kopf ohne seinen Willen (d.h. ohne sein 'sich selbst') gänzlich nieder, und aus seinen Nüstern strömte sein letzter Atem schwach hervor" (119).

Politzer (120) und Schubiger (121) vermuten, dass Kafka höchstwahrscheinlich Gregorius, den Helden Hartmanns von der Aue, als Modell für den Vornamen Samsas gewählt hatte, da Kafka im Jahre 1902 an der Prager Universität Professor Detters Vorlesung über den Dichter besuchte. Schon der etymologische Hintergrund des Namens Gregor demonstriert eine selbstverräterische Bedeu-

---

115) Kafka, Erzählungen, S. 272-3.
116) Ibid., S. 273.
117) Kafka, Hochzeitsvorbereitungen, S. 222.
118) Kafka, Erzählungen, S. 64.
119) Ibid., S. 109.
120) Politzer, op. cit., S. 121.
121) Jürg Schubiger, Franz Kafka 'Die Verwandlung', eine Interpretation (Zürich: Atlantis, 1969), S. 28.

tung, der textlich integriert der Erzählung angehört. Gregor kann aus dem griechischen Verbum γρηγορέω (wachsam sein) bezeugt werden, das von ἐγρείρω hergeleitet wird (122). Gregor, der Protagonist der Erzählung, beobachtet nicht nur mit pedantischer Wachsamkeit seine Metamorphose, sondern auch alle Aenderungen, die in dem Samsa-Haushalt stattfinden. Gregor Samsa 'bewacht' wortwörtlich 'sich selbst' und alle Konsequenzen dieser Umgestaltung.

Gregor Samsa reflektiert mit seinem Namen den Wesenskern der Erzählung "Die Verwandlung". Die Lautgestalt Gregor Samsa kann onomastisch suggestiv als der, der eine Verwandlung an sich selbst - so wie die Ausstrahlungen derselben, die er an seiner Umgebung wachsam und behutsam beobachtet - gedeutet werden. Aus dieser Hypothese folgt notwendigerweise, dass Kafka Gregor, den Vornamen, und Samsa, den Zunamen, nicht zufällig für die Erzählung wählte, sondern dass er diese Namen sorgfältig erwogen hat, da sie schon in ihrer morphologischen Selbstständigkeit den Wesenskern der Erzählung in sich einschliessen und mit dem Text ständig verbunden bleiben.

Diese Erzählung enthält auch zwei Frauennamen: Anna, das Dienstmädchen, und Grete, die Schwester Gregors.

Dem ersten Anschein nach ist Anna ein völlig üblicher Vorname ohne jede tiefere Bedeutung. Etymologisch verweist dieser Name auf das hebräische אנה (die Liebliche) (123). Weinberg vermerkt, dass dieser Name auch als Huld oder Gnade übersetzt werden kann (124).

Autobiographisch kann der Name Anna möglicherweise mit Frau Anna Bauer, der Mutter der Braut Felice, in Verbindung gebracht werden. Kafka lernte Felice am 13. August 1912 kennen. "Die Verwandlung" entstand im selben Jahr, erschien aber erst 1915. Kafka verweist oft auf diese Erzählung in seinem Briefwechsel mit Felice. Frau Anna Bauer wird unter anderem als die "beste und lustigste Freundin" der Braut bezeichnet (29. Oktober 1912), aber im Verlauf eines Monats als die besorgte Mutter, die ihre Tochter vor "Enttäuschungen bewahren will" (26. November 1912). Dieses negative Verhalten Franz Kafka gegenüber kann fast leitmotivisch in dem Briefwechsel verfolgt werden. Sie wird als "unangenehm", "tyrannisch" und sogar als "feindselig" beschrieben; und nur in den offiziellen Briefen, der Konvention entsprechend, als "liebe Frau Mutter" angesprochen. Ein Brief Kafkas an Felice, der eine Karte mit der Unterschrift der Mutter bestätigt, lautet wie folgt: "Wie heisst die Mutter mit dem Vornamen? Anna? Weisst Du, dass es sehr streng ausschaut ..." (125).

---

122) Eric Partridge, Name this Child. A Dictionary of Modern British and American Given or Christian Names, 3rd. ed. (London: Hamilton, 1951), S. 132.
123) Withycombe, op. cit., S. 14.
124) Weinberg, op. cit., S. 281.
125) Kafka, Briefe an Felice, S. 63, 129 und 284.

Freud betont in seiner Namenstudie, dass die Verwendung bestimmter Namen
zur Herstellung der Verknüpfung zwischen unbewussten Gedanken geschieht, also,
dass willkürlich gewählte Namen meistens eine Verbindung aufweisen mit der
Person, für welche dieser Name ausgewählt worden ist (126). Auch Anna, das
Dienstmädchen der Erzählung, und Frau Anna, die Mutter der Braut, im Verhältnis zu Kafka, weisen auf verschiedene Uebereinstimmungen. Anna erscheint
als ein liebenswürdiges Dienstmädchen, die dem Prokuristen hilfsbereit die Tür
öffnet, sich aber sogleich zurückzieht und bald darauf ihre Entlassung verlangt.
Auch Frau Anna heisst den Freund der Tochter willkommen; binnen kurzer Zeit
verwandelt sich aber diese Liebenswürdigkeit in Sorge und schlägt ins Negative
um. Sie tadelt ihre Tochter, sie gibt Kafka als die Ursache für deren Schlaflosig-
keit und Müdigkeit an und trägt offensichtlich zur Auflösung der Verlobung bei.
Kafka verweist selbst auf diese Voreingenommenheit: "Ich höre immer den Fluch
Deiner Mutter: 'Das ist Dein Ruin' " (127)!

Anna, das Mädchen, kann mit "einem ungeheuren Ungeziefer" (128) nicht in einem gemeinsamen Haushalt leben; Frau Anna kann ihre Tochter nicht unter
"verwandelten" Umständen unter einem Dach mit diesem "Ungeheuer" sehen;
eine Entlassung, in beiden Fällen, ist unvermeidlich.

Das Autobiographische wird auch in dem Namen der Schwester Samsas wichtig.
Binder meint, dass "Die Verwandlung" die Familiensituation Kafkas "mit
seismographischer Genauigkeit" widerspiegelt. Höchstwahrscheinlich stellt
Grete Kafkas Schwester Ottla dar (129).

Der Name Grete kann mit mindestens fünf Personen aus dem Kafka-Kreis identifiziert werden: Frau Grete Baum, die, wie das Brodsche Ehepaar, zu dem in-
timsten Freundeskreis Kafkas gehörte, Grete Ottinger, der Kafka während seiner Weimarer Reise im Sommer 1912 begegnete, und die in Kafkas Reisetage-
buch vom 6. Juli 1912 zweimal mit diesem Vornamen genannt wird (130); Grete
Wiesenthal, mit der Kafka am 16. Februar 1912 an einer Veranstaltung teilgenommen hat (131), Margarethe Kirchner, die in der Korrespondenz mit Max
Brod erwähnt wird (132), und Grete Bloch, die Kafka am 1. November 1913 kennenlernte (133) und in einem Brief an sie sich über diese Namenwahl sogar äus-
serte: "Uebrigens heisst die Heldin Grete und macht Ihnen wenigstens im ersten

---

126) Freud, op. cit., Bd. 7, S. 411.
127) Kafka, Briefe an Felice, S. 251.
128) Kafka, Erzählungen, S. 98.
129) Hartmut Binder, "Kafka und seine Schwester Ottla. Zur Biographie der Fa-
     miliensituation des Dichters unter besonderer Berücksichtigung der Erzäh-
     lung 'Die Verwandlung' und 'Der Bau'," Jahrbuch der Deutschen Schiller-
     gesellschaft, 12 (1968), S. 403 und 421.
130) Kafka, Tagebücher, S. 477.
131) Ibid., S. 180.
132) Kafka, Briefe, S. 97.
133) Kafka, Briefe an Felice, S. 768.

Teil keine Unehre. Später allerdings, als die Plage zu gross wird, lässt sie ab
und fängt ein selbständiges Leben an, verlässt den, der sie braucht. Eine alte
Geschichte übrigens, mehr als ein Jahr alt, damals wusste ich den Namen Grete
noch nicht zu schätzen, lernte es erst im Laufe der Geschichte" (134). Wer als
Modell der Grete der Erzählung "Die Verwandlung" vorgeschwebt hat, ist aus
den bisher vorhandenen Dokumenten nicht beweisbar.

Der etymologische Hintergrund dieses Namens stellt dar, dass Grete die Kurzform des Namens Margarethe ist, das auf das Wort Perle, auf Griechisch
μαργαρίτης erweist (135).

Nach Wentscher ist angeblich eine der hl. Margarethen als die Patronin des
Bauernstandes bekannt (136). Wenn diese Theorie richtig ist, könnte auch hier
ein weiterer Zusammenhang entdeckt werden, der symbolisch den Namen dieser Patronin mit der der Familie Bauer verbindet. Ein weiteres symbolisches
Beispiel des Namens Bauer kommt auch im Zusammenhang mit der Erzählung
"Das Urteil" in der Gestalt Georg vor, auf welches noch ausführlich verwiesen wird.

Politzer bemerkt, dass die Assonanz zwischen Gregor und Grete indikativisch
auf eine Vertrautheit hindeutet (137). Ich würde hier aber eher von einer engen
sprachlichen Verbindung sprechen (Gre-te = Gre-gor), die durchaus nicht positiv sein muss.

Auch Wentschers Studie der deutschen Namen demonstriert, dass eine langsame
Verkümmerung in der deutschen Namenwahl auch geschichtlich verfolgbar ist.

> Dieses Phänomen geht wohl davon aus, dass man
> sehr frühe schon versuchte, das Fehlen erblicher
> Namen auszugleichen und den Personennamen einen
> Familiencharakter beizulegen. Das genealogische
> Prinzip wirkte sich in unserer Namengebung viel
> früher und kräftiger aus als in der griechischen.
> Man diente ihm, indem man die Namen eines Ge-
> schlechtes möglichst ähnlich formte und dadurch
> den Zusammenhang betonte. Die Glieder eines Ge-
> schlechtes erhielten dann Namen mit gleichem
> Anlaut und stabreimartiger Verbindung (Günther,
> Gernot, Giselher) oder vererbten einander einen
> gleichen Wortstamm (Siegmund, Sieglinde, Sieg-
> fried) oder nutzten auch beide Möglichkeiten
> gleichzeitig (Heribrand, Hildebrand, Hadubrand) (138).

---

134) Kafka, Briefe an Felice, S. 5€1-2.
135) Partridge, op. cit., S. 192.
136) Erich Wentscher, Die Rufnamen des deutschen Volkes (Halle: Waisenhaus,
     1928), S. 49.
137) Politzer, op. cit., S. 112.
138) Wentscher, op. cit., S. 7.

Auch in Karl – Klara, in der Namenswahl des Romans Amerika kann dieses Phänomen verfolgt werden. In der Namenformung der Helden Gregor – Grete kommt diese Namenverwandtschaft noch stärker zum Ausdruck, da ja die ersten drei Buchstaben beider Namen identisch sind.

Ein einziger toponymischer Hinweis kommt in der Erzählung "Die Verwandlung" vor. Das Fenster Gregors schaut auf die Charlottenstrasse, deren Gebäude, von Gregors Standpunkt aus gesehen, eine ähnliche Verwandlung mitgemacht haben. Die vertraute Aussicht erscheint Gregor fremd und wird sogar als "Einöde" geschildert. Diese äussere Veränderung kommt mit dem fremdklingenden Namen Charlotte verstärkter zum Vorschein und steht konsequent im Einklang mit der einödischen Vereinsamung des Helden. Charlotte kann aus Charles‹Karl hergeleitet werden. Von Wichtigkeit wäre hier zu betonen, dass die deutsche Variation dieses Namens (d.h. Karl IV.) in der Geburtsstadt Kafkas von Bedeutung ist, der auch in der Erzählung "Beschreibung eines Kampfes" häufig vorkommt.

Es soll noch inzugefügt werden, dass sich der Dichter in seiner Korrespondenz beklagt, dass so wenige der Oertlichkeiten in Prag Beziehungen zu Felice haben (139). Erich Heller weist aber darauf hin, dass im April 1913 die Familie Bauer nach Berlin–Charlottenburg übersiedelt ist (140). Die Voraussetzung, dass hier ein Zusammenhang besteht, scheint nicht zu weit hergeholt zu sein. Auch Kafkas Bemerkungen zum Toponym der Erzählung "Das Urteil" bestätigt dies.

Weinberg, dessen Interpretationen meistens sehr subjektiv sind, behauptet auch hier, dass neben der pseudo-etymologischen Spielerei (Charlotte, i.e. Karl) dieses Toponym mit 'carol', mit dem italienischen 'singen' und hier in der stillen, städtischen Strasse dieser Erzählung Charlotte auch mit 'Christmas carols' verbunden werden kann (141). Diese Namendeutung scheint zu forciert zu sein und stimmt textlich mit der Erzählung nicht überein.

Corngold weist richtig darauf hin, dass eigentlich nicht eine einzige Interpretation als vollwertig betrachtet werden kann. Dies bedeutet aber nicht, dass Kafkas Werke unentzifferbar sind, oder dass alle Auslegungen annehmbar sind: "The fact that no single reading of Kafka escapes blindness does not mean that Kafka is indecipherable or that all plausible interpretations are equally valid" (142). Dies bezieht sich auch auf die Flut der Sekundärliteratur über die Erzählung "Die Verwandlung", die vielleicht mehr als irgend eine andere Dichtung Kafkas zur Interpretation inspirierte. Es liegt gerade in dieser Vielschichtigkeit, dass sich die Ausschweifungen in der Sekundärliteratur an so vielen Stellen widersprechen.

---

139) Kafka, Briefe an Felice, S. 234.
140) Ibid., S. 353.
141) Weinberg, op. cit., S. 284.
142) Stanley Corngold, The Commentators' Despair. The Interpretation of Kafka's 'Metamorphosis' (Port Washington: Kennikat, 1973), S. V.

"Gestern bekam ich den Korrekturbogen Deiner kleinen Geschichte (Das Urteil).
Wie schön im Titel unsere Namen sich aneinander schliessen" (143)! heisst es
in einem Brief Kafkas an Felice Bauer. Auch die Widmungen, die in den verschiedenen Fassungen entweder als "Eine Geschichte für Fräulein Felice B."
oder "Eine Geschichte von Franz Kafka. Für Fräulein Felice B." aber auch
einfach "Für F." lauten, verraten eine unmittelbare Verbindung zwischen Frl.
F. Bauer und Kafka.

Auch Kafkas Tagebucheintragung vom 11. Februar 1913 bestätigt, dass ihn diese
Namengebung eingehend beschäftigte.

> Georg hat so viel Buchstaben wie Franz. In Bende-
> mann ist "mann" nur eine für alle noch unbekann-
> ten Möglichkeiten der Geschichte vorgenommene Ver-
> stärkung von "Bende". Bende aber hat ebenso viele
> Buchstaben wie Kafka und der Vokal e wiederholt
> sich an den gleichen Stellen wie der Vokal a in
> Kafka.

> Frieda hat ebensoviel Buchstaben wie F. und den
> gleichen Anfangsbuchstaben, Brandenfeld hat den
> gleichen Anfangsbuchstaben wie B. und durch das
> Wort "Feld" auch in der Bedeutung eine gewisse Be-
> ziehung. Vielleicht ist sogar der Gedanke an Ber-
> lin nicht ohne Einfluss gewesen und die Erinnerung
> an die Mark Brandenburg hat vielleicht eingewirkt (144).

Ein weiterer Brief (2. Juni 1913) demonstriert, dass sich der Dichter mit der
Merkwürdigkeit der Namenwahl dieser Geschichte sogar eingehender beschäftigt
hat.

> Sieh nur die Namen! Es ist zu einer Zeit geschrie-
> ben wo ich Dich zwar schon kannte und die Welt
> durch Dein Dasein an Wert gewachsen war, wo ich
> Dir aber noch nicht geschrieben hatte. Und nun
> sieh, Georg hat so viel Buchstaben wie Franz,
> "Bendemann" besteht aus Bende und Mann, Bende hat
> so viel Buchstaben wie Kafka und auch die zwei
> Vokale stehn an gleicher Stelle, "Mann" soll wohl
> aus Mitleid diesen armen "Bende" für seine Kämpfe
> stärken. "Frieda" hat so viel Buchstaben wie Fe-
> lice und auch den gleichen Anfangsbuchstaben,
> "Friede" und "Glück" liegt auch nah beisammen.

---

143) Kafka, Briefe an Felice, S. 298 und 53.
144) Kafka, Tagebücher, S. 212-3.

"Brandenfeld" hat durch "Feld" eine Beziehung zu
"Bauer" und den gleichen Anfangsbuchstaben. Und
derartiges gibt es noch einiges, das sind natürlich lauter Dinge, die ich später herausgefunden
habe. Im übrigen ist das Ganze in einer Nacht geschrieben von 11 bis 6 Uhr früh (145).

Feldmanns Namenanalyse formuliert richtig, dass "gleichviel, ob der Mensch
bei der Uebertragung des Geländenamens auf die Niederlassung noch an die Ur-
bedeutung des Wortes 'Feld' oder bereits an eine der Bedeutungsverengungen
dachte - immer war es ein dem bäuerlichen Menschen nahestehender Teil seiner Umwelt und Wirkwelt, der namengebend wurde" (146). Dies bezieht sich
hier auch auf Kafkas Namenwahl Brandenfeld. Wie der Dichter ja selbst kommentiert hat, verweist 'Feld' schon in der Bedeutung auf eine gewisse Beziehung zu Bauer.

Da Kafkas ausführlicher Hinweis selbstredend wirkt, wäre hier eine Namendeutung überflüssig, statt dessen wäre von Bedeutung zu betonen, dass sich diese
zwei Namenanalysen mindestens in zwei Punkten wesentlich unterscheiden. In
den Aufzeichnungen steht "mann" noch für eine Möglichkeit offen, die sogar
zur "Verstärkung" des Helden beitragen könnte; das Wort "Mitleid" evoziert
aber sofort ein Gefühl der Sympathie, welches eine Anteilnahme an einem Leid
oder Schmerz ausdrückt. Im ersten Falle ist eine positive Möglichkeit miteingeschlossen, im zweiten handelt es sich bereits um ein erlebtes Ereignis, ein
Erlebnis, denn nur was man besitzt, kann man teilen! Dies verlangt wiederum
eine negative Interpretation. Weinberg meint, dass "Bende" aus mhd. 'bende',
'gebende' (Fesseln) stammt und den gebundenen Menschen darstellt (147). Auch
Kafkas Tagebuch aus dieser Zeit bemerkt, dass seine Mutter auf das berühmte
Zitat Schillers ("Drum prüfe, wer sich ewig bindet") hinwies (148).

Es ist jedoch wichtig zu bemerken, dass Georg aus dem Griechischen γῆ (Land)
und ἔργω (ich arbeite) stammt und aus γεωεργόs (Landmann) geformt wurde.
Die englische Uebersetzung wäre hier vielleicht noch massgebender, da sie
"georgos" als Landmann, das heisst buchstäblich als einen 'husband-man' bezeichnet (149). Ein lexikalischer Zusammenhang zwischen Land, Feld und Bauer
ergibt sich daraus von selbst.

---

145) Kafka, Briefe an Felice, S. 394.
146) Reiner Feldmann, Das Grundwort '-feld' in Siedlungsnamen des Nordost-
Sauerlandes. Ein Beitrag zur Frage seines Sachbezuges und seines Aussagewertes für die Siedlungsgeographie (Bad Godesberg: Bundesanstalt für Landeskunde, 1964), S. 78.
147) Weinberg, op. cit., S. 325.
148) Kafka, Tagebücher, S. 217-8.
149) Partridge, op. cit., S. 125.

Auch wäre vielleicht ein Hinweis auf Vergils Georgica, das Kafka sicher kannte, nicht verfehlt. (Der englische Titel Song of Husbandry betont vielleicht diese Beziehung noch stärker.)

Der Tradition nach werden die Hände des Brautpaares während der Hochzeitszeremonie vom Priester mit einer Binde, das heisst einer Stola, symbolisch zum obligatorischen Ehebund verbunden. Im textlichen Zusammenhang kann "Bende" augenscheinlich auf die Tatsache verweisen, dass Georg seinem anonym gebliebenen Freund die glückliche Nachricht mitteilen will, dass er sich mit Frieda Brandenburg, "einem Mädchen aus wohlhabender Familie", verlobt hatte (150).

Demmers Studie stellt fest, dass für Kafka der Zusammenhang zwischen der Erzählung und Frl. Felice Bauer selbstverständlich gewesen sein musste, auch wenn der Dichter erst nachträglich sich des Namenzusammenhanges bewusst wurde (151).

Auch ein eingehenderer Beleg für Frieda scheint hier überflüssig zu sein. Dass aber Kafka von diesem Namen fasziniert war, bestätigt auch ein Brief an Felice, in dem sich der Dichter erkundigt, wie Frl. Bauer eigentlich zum Namen Felice kam (152). Der Name wird noch in der Analyse des Romans Das Schloss eingehender kommentiert.

Es ist vielleicht angebracht, hier auf den anonymen Helden der Erzählung "Entlarvung eines Bauernfängers" hinzuweisen. Diese Erzählung gehört zu der Sammlung Betrachtung und wurde im Dezember 1912 veröffentlicht (153). Die nur als 'Ich' identifizierte anonyme Gestalt reflektiert ein Gespräch mit einem Begleiter, der als "Bauernfänger" charakterisiert wird. Dieser anonym gebliebene Bauernfänger "fügt sich in seinem und - nach einem Lächeln - auch in meinem Namen", auch als es sich herausgestellt hatte, dass "es also längst nichts mehr zu fangen gab" (154)! Es soll hier nicht unerwähnt bleiben, dass ein weiterer Zusammenhang, nämlich der mit dem Zunamen von Frl. Felice und dem Titel vorhanden ist. Diese anscheinend harmlose "Entlarvung eines Bauernfängers" erhält in diesem Zusammenhang eine wohl von niemandem geahnte Bedeutung.

---

150) Kafka, Erzählungen, S. 29.
151) Jürgen Demmer, Franz Kafka - der Dichter der Selbstreflexion, ein Neuansatz zum Verstehen der Dichtung Kafkas. Dargestellt an der Erzählung 'Ein Urteil' (Fink: München, 1973), S. 124.
152) Kafka, Briefe an Felice, S. 93.
153) Malcolm Pasley und Klaus Wagenbach, "Datierung sämtlicher Texte Franz Kafkas, " in Kafka Symposion, hrsg. von Jürgen Born (Berlin: Wagenbach, 1965), S. 93.
154) Kafka, Erzählungen, S. 12-3.

Von aussergewöhnlicher Wichtigkeit ist der von Kafka selbst bestätigte toponymische Zusammenhang, welcher Brandenfeld mit Brandenburg verbindet (155). Da solche Hinweise in Kafkas Schriften nur selten vorkommen, sind die vorhandenen von Bedeutung. Diese Namenverwandtschaft vermerkt unter anderem auch Carrouges (156) und Dentan (157).

Ob Brandenburg die Namenwahl für Petersburg beeinflusst hatte, kann als Möglichkeit angenommen werden. Es ist jedoch wichtig zu bemerken, dass im textlichen Zusammenhang dieses Toponym von Bedeutung ist. Der onomastisch suggestiven Bedeutung nach verweist Peter auf das Griechische πέτρος (Stein) und πέτρα (Fels) (158) und kann in dieser Bedeutung als wichtiger Anhaltspunkt der Erzählung betrachtet werden. Schon im Evangelium Matthäi (XVI, 18) heisst es: "Du bist Petrus und auf diesen Felsen will ich meine Kirche bauen". Auch Georg klammert sich an seinen Freund in Petersburg. Am liebsten möchte Georg, wie sein Briefpartner, auswandern; er beneidet ihn um seine Lebensweise, hauptsächlich aber um seine Einsamkeit. Für Kafka, den Dichter, war das Alleinsein unentbehrlich. "Deshalb kann man nicht genug allein sein, wenn man schreibt, deshalb kann es nicht genug still um einen sein, wenn man schreibt" lautet die kompromisslose Aussage Kafkas (159). Seine menschliche Existenz hängt ja von dem Anklammern an die Dichterexistenz ab, d.h. ein 'Anklammern' an den sogenannten Freund, dessen Lebensweise eigentlich seinem Wunschbild entspricht. Petersburg kann also vielleicht auch als eine versteckte Erklärung dieses onomastisch symbolischen 'Anklammerns' betrachtet werden.

Auch Ruhleders Analyse weist darauf hin, dass die Toponyma Petersburg und Russland eine "absolute Isolation" bezeichnen (160). Diese Namenwahl trägt, von diesem Standpunkt betrachtet, zur Erhellung der Grundstimmung der Erzählung bei, die Zimmermann als eine "zunehmende Verfremdung der Wirklichkeit" beschreibt (161). Auch Kafka charakterisiert seine Einsamkeit innerhalb seiner Familie mit dem Attribut "russisch" (162). Auf diese "russische Einsam-

---

155) Kafka, Tagebücher, S. 212-3.
156) Michel Carrouges, Franz Kafka (Paris: Labergerie, 1948), S. 102.
157) Michel Dentan, Humour et création littéraire dans l'oeuvre de Kafka (Genève: Droz, 1961), S. 48.
158) Partridge, op. cit., S. 225.
159) Kafka, Briefe an Felice, S. 250.
160) Karl H. Ruhleder, "Franz Kafka's 'Das Urteil': An Interpretation," Monatshefte, 55 (1963), S. 19.
161) Werner Zimmermann, "Franz Kafka: 'Das Urteil'," in Deutsche Prosadichtungen der Gegenwart (Düsseldorf: Schwann, 1958-60), Bd. 3, S. 94.
162) Kafka, Tagebücher, S. 166.

keit" verweist auch Sokels Studie (163). Demgegenüber nennt Ellis dieses Russ-
land-Motiv "primarily a symbol of openness, as opposed to the closedness of an
existence at home. Home and Russia are contrasted as place of safety and unenter-
prisingness on the one hand, as opposed to danger and opportunity on the other.
Both sides of the opposition have positive and negative aspects" (164).

Neben Petersburg ist noch Kiew als Ortsname verzeichnet. Der etymologische
Hintergrund Kiews verweist auf Ний (Stock, Prügel, Knüttel usw.) (165) Vielleicht ist ein historischer Vorfall in neuerer Zeit der äussere Anlass für die Wahl
dieser Stadt gewesen. Kiew war der Mittelpunkt des Ritualmordprozesses gegen
Mendel Beiliss, der sich von 1911 bis 1913 hinzog. Dass Kafka als Doktor der
Rechte diesen Prozess, der einen internationalen Widerhall gehabt hat, mit
Interesse verfolgte, ist anzunehmen. Kiew ist ein einziges Mal in dieser Erzählung von Georg als Reminiszenz eines schauderhaften Erlebnisses des Freundes
erwähnt: "Wie er ... in Kiew bei einem Tumult einen Geistlichen auf einem Balkon gesehen hatte, der sich ein breites Blutkreuz in die flache Hand schnitt,
diese Hand erhob und die Menge anrief" (166). Die Schilderung des "Tumults",
die Verwendung des religiösen "Blutkreuzes" in einer Massenszene kann als
Grund für eine politisch-religiöse Neurose, als Anreiz für einen Pogrom gedeutet werden.

Bridgwater, der die Parallelen zwischen Nietzsche und Kafka systematisch un-
tersucht, nimmt an, dass die Anspielung auf das "Blutkreuz" ein äusserliches
Symbol der Askese ist. Er vermutet, dass Kafka hier vielleicht an Nietzsches
"Petersburger Metapolitik" gedacht hatte (167). Nietzsche nennt diesen Typ
"species anarchistica". Es handelt sich also um den, "der schon mit hohem
Falsett seines Beifalls verrät, was ihm abgeht, wo es ihm abgeht, wo in diesem
Falle die Parze ihre grausame Schere ach! allzu chirurgisch gehandhabt hat" (168)!

Politzer vermutet, dass der Geistliche der Erzählung G.A. Gapon sei (169).
Sein autobiographisches Werk История моей жизни (Die Geschichte meines
Lebens, das schon in Englisch 1905 in London bei Chapman erschien), enthält
aber keinen Hinweis auf ein Kreuz, das in die Hand geschnitten worden war. Deutsch
betont aber in seiner Studie, dass Gapon am 22. Januar 1905 mit einem Kreuz

163) Walter H. Sokel, Franz Kafka - Tragik und Ironie. Zur Struktur seiner Kunst
     (München: Langen, 1964), S. 51.
164) John M. Ellis, Narration in the German Novelle. Theory and Interpretation
     (Cambridge: University Press, 1974), S. 197.
165) Max Vasmer, Russisches etymologisches Wörterbuch (Heidelberg: Winter,
     1950-8), Bd. 1, S. 555-6.
166) Kafka, Erzählungen, S. 33.
167) Patrick Bridgwater, Kafka and Nietzsche (Bonn: Bouvier, 1974), S. 18.
168) Friedrich Nietzsche, "Zur Genealogie der Moral", in Werke (München:
     Hanser, 1966), Bd. 2, S. 895.
169) Politzer, op. cit., S. 91.

in der rechten Hand die Menge vor das Winterpalais in Petersburg führte. Gapon
kam blutbespritzt, kaum sein Leben rettend, davon (170). Eine markierte blu-
tige Hand kommt auch im Roman Das Schloss vor, wo K., der Landvermesser,
sie den Schulkindern zeigt.

---

170) Leo Deutsch, Der Pope Gapon und seine Rolle in der russischen Revolution (Berlin: Vorwärts, 1909), S. 15.

BLUMFELD, EIN AELTERER JUNGGESELLE

Die Namengebung ist P. von Polenz nach, im Unterschied zur Wortschöpfung "eine willkürliche, sich nicht immer an die Gesetze des allgemeinen Wortgebrauchs haltende 'Setzung' sprachlicher Zeichen ..." (171) Dies bezeugt auch Kafkas Namenbildung Blumfeld. Die Konstruktion des Zunamens des Helden Blumfeld bestätigt, dass auch Kafka sich nicht immer an die grammatischen Regeln gehalten hat.

Ein Brief des Dichters enthält die folgende Namenanalyse, die eine bestimmte Anwendbarkeit auf diesen Namen verweist: "... übrigens gefällt mir der Name Blumstein als solcher: das Sanfte und das Harte nebeneinander, und ausserdem hat das Sanfte zwei seiner Buchstaben geopfert, um sich weiter an das Harte zu legen" (172). Dieser Hinweis demonstriert, erstens, dass der Dichter für Namenskonstruktionen Interesse gehabt hat; zweitens, dass er sie in seinem Namengebungsakt bewusst verwendet haben wollte.

Morphologisch-lexikalisch verweist der Name Blumfeld auf eine Komposition die aus zwei Bestandteilen besteht, d.h. aus dem Bestimmungswort 'Blum (-e, -en)' und aus dem Grundwort 'Feld'. Textlich kann aber dieser zusammengesetzte Name nicht als redender Name, der über den Charakter des Helden etwas vorausahnen lässt, in Betracht kommen. Die Frage, die hier aufgestellt werden muss, lautet, warum gerade Blumfeld der Name dieses Helden ist und warum gerade in dieser verstümmelten Form?

Kafkas Tagebücher weisen darauf hin, dass der Dichter an einer Versammlung teilgenommen hat, an der der Sekretär der zionistischen Weltorganisation sich mit dem Namen Kurt Yehudah Blumenfeld (1884-1963) vorgestellt hat (173).

Ein weiterer Hinweis Kafkas bestätigt, dass dieser Name auch mit dem Kischinever Pogrom in Verbindung steht, über den der Dichter informiert war (174). Eine der wichtigsten Personen des Kischinewer Prozesses war der russisch-jüdische Advokat Hermann Fadeevich Blumenfeld (1861-1920), dessen Bericht den Verlauf des Prozesses positiv beeinflusst hatte. Eine weitere autobiographische Analyse demonstriert ebenso, dass diese Gestalt, ähnlich wie die des Gracchi, auch als eine Selbstcamouflage entschlüsselt werden kann. Blumenfelds Spezialgebiet, auch seine Doktorarbeit miteingeschlossen, war die Landvermessung jüdischer Agrargebiete. Er konnte aber nur als Beamter fungieren, da er wegen seiner Abstammung nicht zum Advokatenstand zugelassen worden war. Erst

---

71) Peter von Polenz, "Namentypen und Grundwortschatz" in Landschafts- und Bezirksnamen im frühmittelalterlichen Deutschland. Untersuchungen zur sprachlichen Raumerschliessung (Marburg: Elwert, 1961), Bd., 1, S. 22.
72) Kafka, Briefe an Felice, S. 748.
73) Kafka, Tagebücher, S. 180.
74) Ibid., S. 75.

nach dem günstigen Verlauf des Prozesses im Jahr 1906, (welches gleichzeitig auch Kafkas Jahr der Promotion war!) erhielt Blumenfeld seine Bestallung als Advokat (175). Auch Kafka nennt sich oft bescheiden nur Beamter. Auch auf den Landvermesser wird in der Analyse zum Roman Das Schloss noch eingehender verwiesen.

Das 'e' und das 'n', das heisst die fehlenden Buchstaben dieser Lautgestalt, können vielleicht als die zwei unerklärbaren Zelluloidbälle der Erzählung betrachtet werden. Sie verfolgen den Helden ständig, sie hüpfen hinter seinen Rücken, entschlüpfen aber sofort, wenn sie mit Blumfeld konfrontiert werden. Sie repräsentieren etwas Rätselhaftes, ähnlich wie die Zwirnspule in der Erzählung "Die Sorge des Hausvaters", welche in ihren spukhaften Erscheinungen dem Helden nachspringen, als wollten sie sich an ihn anklammern und den ihnen gehörigen logischen Platz in dem Namen einnehmen.

Kafka verweist im Zusammenhang mit einer bestimmten Namenwahl, dass ein Name, wenn er einmal feststeht, bezwingend wirkt (176). Das 'e' und das 'n' erscheinen visierend der Gestalt wie mit unsichtbaren Fäden anzugehören, die sich von einer zwingenden inneren Macht getrieben, zwischen das 'Blum' und das 'Feld' einbetten wollen. Als verschollene Bestandteile dieser Namenbildung trennen sie aber diesen in zwei symmetrische Teile, die aus der gleichen Zahl der Konsonanten und Vokale bestehen. Dieser Name fängt mit zwei Konsonanten an und endet mit einem. Zwischen diese schiebt sich auf der gleichen Stelle der Vokal ein. Dies verweist auf einen Aufbau, der ein symmetrisch konstruiertes Spiegelbild ergibt:

$$K\,K\,V\,K = K\,V\,K\,K$$

Schon vom morphologischen Standpunkt her betrachtet, spiegelt dieser Name mit seiner Konstruktion den Text der Erzählung wider. Der Wortstamm 'Blum' wird mit der Zugabe des Singulars oder Plurals vervollständigt und gewinnt erst dann das zu ihm passende Geschlecht. Auch diese Erzählung scheint aus zwei Teilen konstruiert zu sein. Zum ersten Teil gehört das unerklärbare Erscheinen der zwei Bälle in Blumfelds Junggesellenzimmer und dessen Kampf mit ihnen. Der zweite Teil spielt in der Wäschefabrik, wo Blumfeld vergeblich versucht, sich eine Existenz zu erringen. Das private Leben erscheint zuerst von Blumfelds Berufsleben getrennt. Eine analytische Untersuchung entschlüsselt aber, dass eine solche Trennung unmöglich ist und dass beide, symbolhaft wie die Bälle, einen unentrinnbaren Existenzkampf mitmachen müssen. Sie sind also nicht trennbar. Beide sind, wie schon die Konstruktion dieser Gestalt demonstriert, aus selbstständigen Elementen geformt, die sich aber erst in einer richtigen Konstellation zu einer harmonischen Form entwickeln können. Der fehlende Teil im Blumfeld bestätigt überzeugend, dass der Held dieser Erzählung diesen ausgeglichenen Zustand nie erreicht hat. Collins sieht in Blumfeld

---

175) D(avid) B(ar) - R(av) -H(ay), "Hermann Fadeevich Blumenfeld" Encyclopaedia Judaica (Jerusalem: Macmillan, 1971), Bd. 4, S. 1140.
176) Kafka, Briefe, S. 98.

das Symbol einer "Doppel-Figur", die im Verlauf der Erzählung als eine mani-
pulierte 'tour de force' betrachtet werden kann (177). Auch Bergels Analyse
betont den zentralen Konflikt dieser Geschichte im Kampf zwischen "Routine"
und dem sogenannten "Gesetz der Natur" (178).

Wie immer auch die Standpunkte der einzelnen Interpretationen sein mögen,
so verweisen sie doch übereinstimmend auf einen Kampf zweier gegeneinander-
stehender Mächte, die diese Erzählung am meisten charakterisieren. Dieses
Phänomen spiegelt auch die Konstruktion des Namens des leitenden Helden wider. Auch der letzte Satz der Erzählung bestätigt dies: "Aber sie sind überängst-
lich und suchen immer und ohne jedes Zartgefühl ihre wirklichen oder schein-
baren Rechte zu wahren" (179).

Das 'Feld' ist zwar ein selbstständiges Grundwort. Es ergibt aber erst in der
Kombination mit einer anderen Erscheinung, wie z.B. in dem Namen Brandenfeld, ein spezifisches Bild, das gerade durch diese Zugabe einen vollständig
anderen Charakter bekommt. Auch die Verbindung von Feld und Blume erzeugt
eine besondere Namenbildung, die in der verstümmelten Form 'Blumfeld' noch
eingehender zum Vorschein kommt. Zur Bestimmung des Wortes 'Feld' muss
also ein weiteres charakterisierendes Wort, das das Feld näher bezeichnet,
hinzugefügt werden. Aus dem Appellativum 'Feld' geht, zum Unterschied von
ähnlich bezeichneten Geländetypen mit der Zugabe des Nomen proprium ein
näher bezeichnetes Feld, wie z.B., Brandenfeld, Blumfeld usw., hervor.

Neben Blumfeld, dessen Vorname uns für immer verschwiegen geblieben ist,
sind noch zwei Figuren namentlich erwähnt: Alfred, ein zehnjähriger, hässli-
cher Junge und Ottomar, Blumfelds Chef.

Ottomar, wie Alfred, können als übernommene Namen betrachtet werden, beide
kommen in der Kafka-Korrespondenz vor, beide waren Künstler: Ottomar Starke
war Illustrator, der z.B. mit dem Titelblatt zur "Verwandlung" beauftragt wurde (180) und Alfred Kubin, mit dessen Werken Kafka vertraut war (181). Ob irgendein Zusammenhang mit der Namenwahl der Erzählung möglich ist, bleibt zur Zeit
noch fraglich. Interessant ist aber, dass auch die fragmentarisch gebliebene
Aufzeichnung über den Junggesellen Gustav Blenkelt auf einen Verkehr mit einem
jungen Ehepaar namens Strong verweist (182).

---

177) Platzer H. Collins, "Kafka's 'Double-Figure' as a Literary Device,"
    Monatshefte, 55 (1963), S. 8.
178) Lienhard Bergel, " 'Blumfeld, an Elderly Bachelor'," in The Kafka Problem,
    ed. by Angel Flores (New York: Octagon, 1963), S. 172.
179) Kafka, Erzählungen, S. 327.
180) Kafka, Briefe, S. 135-6.
181) Ibid., S. 117-8.
182) Kafka, Erzählungen, S. 211.

Weinbergs Namenstudie gibt dem Namen Ottomar eine ganz andere Deutung.
Er vermutet, dass 'Otto'='Berg' und 'mar' auf das mhd. 'Nachtalp' andeutet
und stellt Ottomar als einen 'Alptraum' dar, das sogar die Vorstellung eines
Bergpredigers miteinschliesst (183). Dies scheint textlich zu forciert zu sein
und kann kaum akzeptiert werden.

Alfred kann unter anderen aus 'aelf' (Elf) und aus 'raed' (Rat) hergeleitet werden (184). Schon die Konstruktion dieses Namens verweist auf eine Zweiteilig-
keit, ähnlich wie die des Haupthelden. Das widerspenstig Irrationale ist in der
ersten Hälfte des Lautbildes vertreten, das logisch Rationale in der zweiten.
Dieser Name demonstriert eine Schrumpfung ähnlich wie bei Blumfeld; in voller
Form musste diese Lautgestalt 'Elfenrat' heissen.

Alfred, dessen Name "lächerlich ist wie alles, was mit dem Jungen in Verbindung gebracht wird" (185), ist der Sohn von Blumfelds Bedienerin. Ihm will der
Junggeselle seine spukhaft herumhüpfenden, eigentümlich unangenehmen Zelluloidbälle, die aber nichtsdestoweniger "dem sie beherrschenden Gesetz" unterlie-
gen, verschenken (186). Dieser paradoxe Ton ist auch in dieser Gestalt vorhanden, in der aus diesem Namen eine phantasievolle – sinngemässe Wirkung hervorgeht. In diesem Sinne ist auch Alfred ein präzis erdachter Name.

Ottomar verweist auf eine bewusst gewählte Namengebung, die textlich eng mit
dem Inhalt der Erzählung verbunden ist. Es handelt sich wieder um eine Namenbildung, die aus zwei segmentierbaren Grundwörtern zusammengestellt ist. Otto
verweist auf das ahd. 'ot' (Besitz, Reichtum) und auf 'mari' (berühmt) (187).
Ottomar der Held der Erzählung wird unverzüglich als der Herr Fabrikant vorgestellt, dessen Wäschefabrik sich ständig "entwickelt" und "vergrössert". Er
ist nicht nur der Chef von Blumfeld, sondern auch der von fünfzig bis sechzig
Näherinnen, Heimarbeiterinnen, Praktikanten, Dienern usw. Dieser Name erscheint
in seiner eindeutigen Form passend und kann deshalb nicht als willkürliche Namengebung betrachtet werden.

Es wäre hier jedoch wichtig zu bemerken, dass bei jeder Namenwahl der Namengeber mit dem Namenträger unlösbar miteinander verbunden ist. Bei Kafka aber
sind sie noch in gesteigerter Form eng mit dem Text verknüpft. Dies bestätigen
auch die Namen der Erzählung "Blumfeld, ein älterer Junggeselle". Diese Erzählung bezieht sich vielleicht auch auf Kafkas eigenen Existenzkampf. Wie Politzer richtig konstatiert, ist der Junggeselle eine "Grundfigur" der Dichtung
Kafkas (188). Als Prototyp entblösst Blumfeld vielleicht die erzwungene Teilnahme des Dichters in der Fabrik seines Schwagers, hier als Wäschefabrik ver-

---

183) Weinberg, op. cit., S. 78-9.
184) Partridge, op. cit., S. 33.
185) Kafka, Erzählungen, S. 316.
186) Ibid., S. 310.
187) Brockhaus Enzyklopädie, 17. Aufl. (Wiesbaden: Brockhaus, 1972), Bd. 14,
    S. 72.
188) Politzer, op. cit., S. 81.

schleiert, deren Routine er hasst und aus deren Verpflichtungen er sich so schnell wie möglich befreien möchte. Auf dies wird noch im Zusammenhang mit der Erzählung "Der Schlag ans Hoftor" verwiesen.

Kafka promovierte, wie schon erwähnt, 1906 zum Doktor der Rechte. Dr. Bucephalus ist der Name des Helden, der von einer anonymen Person im einleitenden Satz als der neue Advokat vorgestellt wird. Diese parodistische Verbindung
des Advokatenstandes mit dem Streitross Alexanders von Macedonien ist ein
geistreiches Versteckspiel, dessen Entschlüsselung wieder auf Kafka hindeutet.
Krafts Studie vermerkt, dass sich die Erzählung zwar in Macedonien abspielt,
nichtsdestoweniger kann man Prag als das richtige Topikon annehmen (189). Ob
Macedonien oder Prag ist eigentlich gleichgültig, es geht ja nicht um das Problem
des Ortes oder der Zeit, es sei denn, dass das Autobiographische damit betont
werden soll.

Kafkas Quelle war höchstwahrscheinlich Michail Kusmins Taten des Grossen
Alexander, auf deren Merkwürdigkeiten Tagebuchaufzeichnungen des Dichters
verweisen (190). Kusmin beschreibt Bucephalus als ein noch unberittenes Pferd,
"das von dem Fleisch zum Tod verdammter Verbrecher genährt wurde", auf
dessen lastungewohnten Rücken Alexander sprang und dieses "ungeheuerliche
Pferd" zähmte. Philipp, der dies beobachtete, begrüsste seinen Sohn knieend
und nannte ihn "Beherrscher der Welt" (191).

Auf die Existenz des Pferdes Alexanders des Grossen und auf dessen Namen
verweist unter anderen Anderson (192). Der Name Bucephalus ist griechischen
Ursprungs. Er wird aus βόος (βοῦs) und κεφαλή (Ochskopf abgeleitet. Plutarch erwähnt, dass es zwischen Alexander dem Grossen, auf Griechisch Αλέξανδρος (Beschützer des Mannes) und dessen Vater Φίλιππος
(Pferdefreund) zu einer Auseinandersetzung wegen Bucephalus kam, die mit dem
Erwerb des Pferdes für Alexander endete. Plutarch und Onesicritus behaupten,
dass Bucephalus angeblich dreissig Jahre alt wurde (193).

Der häufige Hinweis Kafkas in den Briefen, wie auch in den Tagebüchern auf dieses Lebensalter oder indirekt in den wichtigsten Gestalten seiner Werke (Josef
K., Odradek, Blumfeld usw.) demonstriert, dass dieses Jahr für den Dichter
von aussergewöhnlicher Bedeutung gewesen sein musste. Autobiographisch ist
dieses Lebensalter von Wichtigkeit, da er als Dreissigjähriger Felice Bauer
kennenlernte, und die unvermeidliche Auseinandersetzung mit seinem Vater
sich in dieser Periode verschärfte, und wie in dem Brief an den Vater geschildert, der sich auch auf diese Krisenzeit bezieht, seinen Kulminationspunkt er-

---

189) Werner Kraft, Franz Kafka. Durchdringung und Geheimnis (Frankfurt:
Suhrkamps, 1968), S. 14.
190) Kafka, Tagebücher, S. 23.
191) Michail Kusmin, Taten des Grossen Alexander (München: Hyperion, 1910),
S. 24-5.
192) Andrew Runni Anderson, "Bucephalus and his Legend," American Journal
of Philology, 51 (1930), S. 1.
193) Ibid., S. 3.

reichte. Darauf verweist auch die Grundstimmung der Erzählung "Der neue Advokat": Die Aufnahme des Bucephalus wurde zwar "gebilligt", der neue Advokat ist aber "bei der heutigen Gesellschaftsordnung in einer schwierigen Lage". Weiter heisst es, dass "vielen ... Macedonien zu eng (ist), so dass sie Philipp, den Vater, verfluchen" und sich resignierend zurückziehen: "Vielleicht ist es deshalb wirklich das Beste, sich, wie es Bucephalus getan hat, in die Gesetzbücher zu versenken" (194). Das "damals" liefert zwar die Gestalt Alexanders und mit ihm sind Macedonien wie auch Bucephalus gegeben; das "heute" muss aber auf die Gegenwart Kafkas bezogen werden, d.h. dass zwar auch heute vielen 'ihr' Macedonien zu eng ist, d.h. 'Ihre' Welt, so dass auch sie 'ihren' Philipp, d.h. 'ihren' Vater verfluchen. Das Fazit, das hier von einem Erzähler gemacht wird, betont durch seine Anonymität noch stärker die "schwierige Lage", in der sich Dr. Bucephalus befindet.

Auch Kafkas Selbstanalyse demonstriert diesen Lebenskampf. Im Brief an den Vater heisst es ja: "(Eine) eigentliche Freiheit der Berufswahl gab es für mich nicht .... Ich studierte also Jus .... Jedenfalls zeigte ich hier erstaunliche Voraussicht, schon als kleines Kind hatte ich hinsichtlich der Studien und des Berufes genug klare Vorahnungen. Von hier aus erwartete ich keine Rettung, hier hätte ich schon längst verzichtet" (195).

Auch Flachs Analyse verweist richtig darauf, dass es sich in dieser Erzählung "um eine interne Problematik der Advokatenschaft" handelt (196). Es wäre hier wieder von Bedeutung zu betonen, dass sich Kafka zwischen dem juristischen Beruf und der für ihn einzig möglichen dichterischen Berufung, in einem ständigen Konflikt befunden hat.

Zwischen den Skizzen des ersten Oktavhefts befindet sich eine Variation dieser Erzählung, die folgendermassen lautet: "Der Advokat Dr. Bucephalus liess eines Morgens seine Wirtschafterin zu seinem Bett kommen und sagte ihr: 'Heute beginnt die grosse Verhandlung im Prozess meines Bruders Bucephalus gegen die Firma Trollhätta. Ich führe die Klage ...'" Hinzugefügt sei noch, dass der Bruder des Advokaten von Beruf "ein kleiner Gemüsehändler" war, der den Namen Adolf Bucephalus trug (197). Diese posthum veröffentlichte Aufzeichnung ist in der 'Ich-Form' geschrieben. Dagegen fängt die vom Dichter selbst veröffentlichte Erzählung mit dem neutral persönlichen Auftakt an: "Wir haben einen neuen Advokat, den Dr. Bucephalus" (198).

Trost bemerkt, dass der Name Bucephalus vielleicht durch einen Dr. jur. Rindskopf aus Prag veranlasst worden ist (199). Es sei noch hinzugesetzt, dass auch

---

194) Kafka, Erzählungen, S. 139-40.
195) Kafka, Hochzeitsvorbereitungen, S. 57-8.
196) Brigitte Flach, Kafkas Erzählungen. Strukturanalyse und Interpretation (Bonn: Bouvier, 1967), S. 132.
197) Kafka, Hochzeitsvorbereitungen, S. 57-8.
198) Kafka, Erzählungen, S. 139.
199) Trost, op. cit., S. 30.

Wagenbachs biographische Studie vermerkt, dass Kafka während seiner Jura-studien Vorlesungen über das Römische Recht, die von einem gewissen Prof. Pfersche vorgetragen wurden, belegt hatte (200). Ob zwischen dem Streitross Bucephalus und den Namen dieser Personen etwa ein Wortspiel mitklingt, kann zur Zeit nur vermutet werden.

----

200) Wagenbach, Franz Kafka. Eine Biographie, op. cit., S. 243.

DER NACHBAR

Harras, der Nachbar des anonym gebliebenen Geschäftspartners, ist der einzig
benannte Name, der in dieser in der 'Ich-Form' geschriebenen Erzählung vorkommt. Grimm vermutet, dass 'harras' aus dem mhd. 'arraz', 'arras' usw.,
stammt, welches ein leichtes Wollgewebe aus der Stadt Arras bezeichnet. Ein
weiterer Hinweis Grimms deutet an, dass dieses Wort höchstwahrscheinlich
aus dem Französischen 'haras' (Stuterei, Marstall) entlehnt worden ist (201).
In der letzten Bedeutung möchte diese Namenbildung dem Tierbild Kafkas angehören, welches in seinen Werken von aussergewöhnlicher Bedeutung ist. Dies
bestätigt auch Fingerhuts Studie, die die Funktion der Tierfiguren bei Kafka
systematisch untersucht (202).

Die Lautgestalt Harras, als Tierfigur, kann hier vielleicht nur als symbolisches
Bild in Betracht kommen. Und auch das nur dann, wenn das Tierbild als Entfrem-
dungsprozess dienen darf.

Der Name des schon erwähnten Advokaten Dr. Bucephalus ist von dem berühmten
Streitross Alexanders des Grossen übernommen; auch Harras, der junge Nachbar, kann als ein weiteres Synonym für das Pferd betrachtet werden. Die Gestalt Harras erscheint fast wie ein Gegenstück, ein Spiegelbild des Dr. Bucephalus.

Das mhd. Verb 'harren' demonstriert einen textlichen Zusammenhang, der auf
Ausdauer, Verweilen, das heisst auf Ausharren verweist. Der Kern der Erzählung ist, dass der namenlose Geschäftspartner in Beständigkeit auf irgendwel-
che Information über diesen jungen Nachbar v e r h a r r t, sei sie auch noch so
trivialer Natur. Harras verschwindet aber "wie der Schwanz einer Ratte" geheimnisvoll hinter seiner Kanzleitür. Der anonyme Nachbar ist sogar gezwun-
gen, die Namen seiner Kunden am Telephon zu verschweigen: "Es gehört natürlich nicht viel Schlauheit dazu, aus charakteristischen, aber unvermeidlichen
Wendungen des Gesprächs die Namen zu erraten" (203) lautet seine Begründung.
Er leidet und verharrt aber in Agonie.

Das menschliche Verfremdungsmotiv dieser Erzählung demonstriert eine grosse
Aehnlichkeit mit Rilkes Werk Die Aufzeichnungen des Malte Laurids Brigge: "Ich
könnte einfach die Geschichte meiner Nachbaren schreiben; das wäre ein Lebens-
werk. Es wäre vielleicht mehr die Geschichte der Krankheitserscheinungen, die
sie in mir erzeugt haben; daber das teilen sie mit allen derartigen Wesen, dass
sie nur in den Störungen nachzuweisen sind, die sie in gewissen Geweben hervor-
rufen" (204). Rilke kommentiert noch weiter: "(Es) sind seine (Brigges) Nach-

201) Grimm, op. cit., Bd. 4, Abt. 2, K. 492.
202) Fingerhut, op. cit., S. 32.
203) Kafka, Erzählungen, S. 346.
204) Rainer Maria Rilke, Sämtliche Werke (Frankfurt: Insel, 1966), Bd. 6,
     S. 864.

baren gewesen, die ihn aufbrauchten, und die Stimmen im Nebenzimmer, die ihn versuchten. Sie haben die Dinge aufgereizt gegen ihn, dass sie lärmten und ihn übertönten" (205). Rilkes Brigge wie Kafkas Held sind ihrem Nachbarn ausgesetzt; sie haben ja nur die Wand gemeinsam, die sie verbindet, gleichzeitig aber auch in zwei Welten scheidet. Auch Kafkas persönlicher Hinweis bestätigt dies: "Von einem Nachbarn trennt mich nur eine sehr dünne Wand" (206).

Harras, als Konstruktion, verweist auf ein weiteres Kryptogramm Kafkas. Die Konsonanten, wie auch die Vokale, die sogar identisch mit denen von Kafka sind, wiederholen sich wie die beim Dichter. Das '-s' dieses Namens verweist auf die grammatische Flexion, die den Genetiv ausdrückt:

K A F K A

H A R R A - s

Auch Hájek weist richtig darauf hin, dass jedes Element Kafkas sprachlicher Gestalt eine Chiffre ist und dass hinter dieser "maskierten Welt" meistens Kafka selbst steckt (207).

Hinter diesen Namen, die mit dem Begriff Pferd in Verbindung stehen - von Bucephalus bis Rossmann - kann fast eine Pferdphobie Kafkas entdeckt werden, die auf Freuds Präzedenzfall des 'kleinen Hans' anspielt; in beiden Fällen spiegelt sich diese Vorliebe für Pferde in einem Oedipus-Komplex, in einem Angstsymptom wider. Freud betont, dass im Fall von Hans "die Triebregung, die der Verdrängung unterliegt, ... ein feindseliger Impuls gegen den Vater (ist)" (208). Auch Kafkas Verhältnis zu seinem Vater ist von ähnlicher Natur.

---

205) Rilke, op. cit., Bd. 6, S. 879-80.
206) Kafka, Briefe an Felice, S. 751.
207) Siegfried Hájek, "Franz Kafka 'Der Nachbar'," Der Deutschunterricht, 7 (1955), S. 8-9.
208) Freud, op. cit., Bd. 14, S. 130.

EIN LANDARZT

Nach Cooperman, ist die Erzählung "Ein Landarzt" ein "microcosm of symbolism" (209). Auch in Rosa, dem einzig angeführten Namen in der Gestalt des Dienstmädchens des Landarztes, verbirgt sich eine reiche Metapher.

Dieser, auf den ersten Blick schlichte, fast alltäglich klingende Name, wird meistens mit der Blume, das heisst, der Rose assoziiert. Diese Darstellung ist auch in dieser unrealistisch-realistischen Erzählung Kafkas vorhanden: "... an dieser Blume ... gehst du zugrunde".

Von grösserer Wichtigkeit wäre aber Kafkas Wortspiel, in dem er den Namen Rosa mit genialer Simplizität als ein homonymisches Lexem zur Assoziierung ganz verschiedener Inhalte verwendet. Er lässt in der Hauptwort-Adjektiv-Parallele, mit der er die Wunde beschreibt, den Namen der Protagonistin mitklingen: "Rosa, in vielen Schattierungen, dunkel in der Tiefe, hellwerdend zu den Rändern, zartkörnig, mit ungleichmässig sich aufsammelndem Blut, offen wie ein Bergwerk obertags". Diese Symbolsprache wird noch gesteigert, indem sich in dieser Wunde "rosige" Würmer winden (210). Den Zusammenhang der Gestalt Rose als Blume, wie auch als Name notiert auch Spahrs Studie (211).

Die Entstehungsgeschichte der Erzählung "Ein Landarzt" versucht Alberts Studie zu analysieren (212). Er verweist auf autobiographische, wie auch auf andere Einflüsse, die auf Kafka höchstwahrscheinlich eingewirkt haben. Er vergleicht Kafkas Erzählung mit denen von Balzac, Flaubert, Turgenjew und Carossa und demonstriert, dass in Kafkas Erzählung "Ein Landarzt" und Carossas Werk Die Schicksale Doktor Burgers die gleichen Mädchennamen vorkommen. Carossas Heldin, die an Tuberkulose leidet, heisst Rosa Eger (213).

In einem Brief an Max Brod und Felix Weltsch (5. September 1917) teilt Kafka mit, dass sich sein "irdischer Besitz ... auf der einen Seite um die Tuberkulose vergrössert, allerdings auch auf der andern Seite etwas verkleinert" hat und verweist auf diese Erzählung, die seine Erkrankung vorausgesagt hat: "Aber ich klage ja nicht, heute weniger als sonst. Auch habe ich es selbst vorausgesagt. Erinnerst Du Dich an die Blutwunde im 'Landarzt' " (214)? Rosa kann hier

---

209) Stanley Cooperman, "Kafka's 'A Country Doctor', Microcosm of Symbolism," The University of Kansas City Review, 24 (1957), S. 75.
210) Kafka, Erzählungen, S. 143.
211) Blake Lee Spahr, "Franz Kafka: The Bridge and the Abyss," Modern Fiction Studies, 8 (1962), S. 6.
212) Erich A. Albrecht, " Zur Entstehungsgeschichte von Kafkas 'Landarzt'," Monatshefte, 46 (1954), S. 208.
213) Hans Carossa, Gesammelte Werke (Stuttgart: Insel, 1949), Bd. 1, S. 122.
214) Kafka, Briefe, S. 160.

vielleicht auch als autobiographische Verschlüsselung betrachtet werden. Auch Levis Namenstudie betont, dass das Pferdemotiv bei Kafka von aussergewöhnlicher Bedeutung ist. Sie assoziiert sogar die Pferdeknecht-Gestalt mit Rossmann, dem Haupthelden des Romans Amerika (215).

Etymologisch weist Rosa auf einen Ursprung hin, der aus 'hruod' (Ruf oder Ruhm) (216), aus 'horen' (Hören oder Folgen), wie auch aus 'hross' (Ross, Pferd) (217) bezeugt werden kann. Textlich sind alle diese Bedeutungsmöglichkeiten von aussergewöhnlicher Wichtigkeit: Der Landarzt wurde zu einem Kranken gerufen; der mysteriöse Ruf des Pferdeknechtes zaubert die unirdischen Pferde herbei; das Hören wie auch das Folgen auf die fehlläutende Nachtglocke usw., alle diese Elemente bilden den Wesenskern der Erzählung und sind in dem einzig genannten Namen miteinbegriffen.

Wie immer auch diese Erzählung in den Einzelaussagen gedeutet wird, das heisst vom autobiographisch realistischen Gesichtspunkt bis zum symbolisch surrealistischen, ändert nichts an der Tatsache, dass diese Motive zentrale Bausteine der Erzählung "Ein Landarzt" sind. Auch der Name Rosa schliesst diese verschiedenen Deutungsmöglichkeiten mit ein.

Poseidon ist in der griechischen Mythologie als Gott der Pferde bekannt. Der Legende nach erschuf Poseidon das Pferd, indem er mit seinem Dreizack an einen Felsen schlug, aus der ein Ross entsprang. Auch Kafkas Erzählung "Poseidon" verweist auf dieses Motiv: "Am meisten ärgert er (Poseidon) sich – und dies verursachte hauptsächlich seine Unzufriedenheit mit dem Amt – wenn er von den Vorstellungen hörte, die man sich von ihm machte, wie er etwa immerfort mit dem Dreizack durch die Fluten kutschiere" (218). Auch hier klingt der so typische ironische Ton Kafkas mit. Hinzugefügt sei noch, dass eine der Töchter Poseidons den Namen 'Ρόδη trug (219). Das 's' in Rosa verweist auf das frikative δ des griechischen Namens 'Ρόδη und bestätigt zugleich, dass die schon erwähnte etymologische Anname, die Rosa aus 'hross' ableitet, plausibel ist.

Sewards Studie, die sich hauptsächlich mit der englischen Literatur befasst, versucht den Ursprung des Symbols der Rose nachzuweisen. Sie untersucht die Reichweite dieses Symbols vom Altertum bis zur Gegenwart: "Since the flower has flourished wherever symbolism flourished, a history of the rose becomes a

---

215) Levi, op. cit., S. 5.
216) Partridge, op. cit., S. 243.
217) Charlotte M. Yonge, History of Christian Names (London: Parker, 1863), Bd. 2, S. 278.
218) Kafka, Erzählungen, S. 354.
219) Ernst Wüst, "Poseidon", Pauly-Wissowa Realencyclopädie der klassischen Altertumswissenschaft. Neue Bearb., hrsg., von K. Ziegler (Stuttgart: Metzler, 1953) Halbbd., 23, K. 478.

history of symbolism" (220). Die Rose ist also ein universales Ursymbol, das Leben und Tod, Freude und Schmerz miteinschliesst.

Goldsteins Studie vermerkt richtig, dass Kafka Rosa als ein sexuelles Objekt darstellt. "Throughout the story the doctor's thoughts dwell on Rosa as a sexual object ... In psychoanalytic literature the rose and the wound have often been associated with the female organ, ans here the rose-wound, inhabited by worms and also 'blutbespritzt', certainly characterizes the primal and perhaps even deadly nature of sexuality" (221). Da ja Kafka selbst die Vielschichtigkeit dieses Namens integriert mitklingen lässt, sind die erwähnten Konnotations-Deuungen im Namen Rosa durchaus möglich.

Man sollte hier noch betonen, dass Kafka 'equestrische' Gestalten sehr häufig in seinen Werken anführt. Seine Werke enthalten nicht nur einen Bucephalus, eine Rosa, einen Rossmann, sondern auch andere, oft verschlüsselte Gestalten, wie z.B. Harras, die mit einem Pferdemotiv assoziiert werden können. Auch in den Skizzen und Fragmenten, die aus dem Nachlass stammen, können noch weitere Paradigmen, die zu dieser Kategorie gehören, gefunden werden. Ein menschenähnliches Pferd wäre die Anspielung auf eine Dame namens Isabella mit dem gleichnamigen Apfelschimmel. Blumenstock nimmt an, dass in den Namen Isabella eine Art von Milena Jesenská-Polak Anagramm enthalten ist (222). Ein weiteres Beispiel ist eine Aufzeichnung Kafkas, die über die Unterrichtsstunden eines Pferdes namens Eleonor berichtet. Blumenstock verbindet diesen Namen mit Eleanor Marx, der ältesten Tochter von Karl Marx. Auch im Paradigma der Pferde von Elberfeld entschlüsselt er ein Wortspiel, as auf Friedrich Engels hinweist, der aus Barmen stammt, das an Elberfeld angrenzt (223).

Auch Kafkas Tagebücher enthalten noch weitere Pferdenamen. Eine Stelle wäre z.B. die, die auf die fünf benannten Pferde (Famos, Grasaffe, Tournemento, Rosina, Brabant) des Herrn von Grusenhofs verweisen (224), wie auch die Gestalt Atro, die der Dichter mit einem Pferd assoziiert (225). Rosina kann vielleicht als eine weitere Anspielung auf Don Quixotes Rosinante betrachtet werden. Sancho Pansa und dessen Meister beeinflussten den Dichter tief, beide Namen gehören ja zum vertrauten Gesamtbild der Gestalten Kafkas.

---

20) Barbara Seward, The Symbolic Rose (New York: Columbia Univ. Press, 1960), S. 2.

21) Bluma Goldstein, "A Study of the Wound in Stories by Franz Kafka", The Germanic Review, 41 (1966), S. 216.

22) Konrad Blumenstock, "Pferde bei Kafka, Erläuterungsversuche", Duitse Kroniek, 16 (1964), S. 92.

23) Ibid., S. 85-6.

24) Kafka, Tagebücher, S. 266.

25) Ibid., S. 369.

Eine hoffnungslose Verlorenheit und ein rettungsloser Untergang sind die leitenden Motive dieser Erzählung. Schon das Wort "Schlag" in dem Titel evoziert
etwas Unausweichliches. Es hört sich fast wie die drohenden Schicksalstöne
zu Beginn der Fünften Symphonie Beethovens an. Der Schlag des Fatums be-
schwört ein Kampfgetümmel herauf, in das die menschliche Existenz rücksichts-
los hineingerissen wird.

Auch Assmann, der einzig genannte Name trägt mit seiner Deutung zu diesem
unentrinnbaren Geschick bei. Ein 'Ass' bedeutet, hauptsächlich in der österreichischen Umgangssprache, ein Geschwür und 'mann', wie im Falle Bendemann schon kommentiert wurde, soll nach Kafka entweder zur "Verstärkung"
oder zum "Mitleid" dienen. Mauer sieht diese Erzählung als einen Traum an,
der sich aber nicht ins Unwirkliche verflüchtet, sondern "mit schmerzhaft
visionärer Deutlichkeit eine in ihrer Gefährlichkeit vernebelte Existenzwirklich-
keit" enthüllt (226).

Schon die folgenden Schlüsselwörter, die aus der Erzählung "Der Schlag ans Hoftor" entnommen sind, unterstützen die Annahme, dass es sich hier um eine heim-
tückisch schwelende Krankheit, metaphorisch als 'Ass' bezeichnet, handelt:
"Untersuchung", "gegenwärtiger Zustand", "Beweis", "Operationstisch", "keine
Aussicht auf Entlassung" usw. Auch die Attribute, die in dieser Erzählung vorkommen, verstärken diese Diagnose: "warnend", "drohend", "ängstlich", "er-
schreckend" usw.

Eine weitere Analyse des Namens Assmann entschlüsselt aber noch auffallender,
dass Kafkas Namenwahl auf einer tatsächlich vorkommenden Person beruht.

Zu Kafkas Schaffenszeit war Dr. Herbert Assmann (1882-1950) die leitende me-
dizinische Autorität auf dem Gebiet der Tuberkulose. "Als klinischer Lehrer
und Wissenschaftler hat er sich besonders um die Einbeziehung der Röntgendiagnostik in die innere Medizin Verdienste erworben, wesentliche Entdeckungen
in der Pathogenese der Tuberkulose gemacht", die in der Fachliteratur als
"Assmann-Herd" bekannt wurde (227). Die Geschichte der Tuberkuloseforr-
schung ist also mit Dr. Assmanns Namen untrennbar verbunden (228).

Schon 1914 erschien eine wichtige Arbeit Dr. Assmanns, die unter dem Titel
Erfahrungen über die Röntgenuntersuchung der Lungen unter besonderer Berück-

---

226) Otto Mauer, "Kommentar zu zwei Parabeln von Franz Kafka ('Eine kaiserliche Botschaft' und 'Der Schlag ans Hoftor'), " Wort und Wahrheit, 1 (1946),
S. 31.
227) Leo Hantschmann, "Herbert Assmann, Arzt", Neue deutsche Biographie.
Hrsg. von der Historischen Kommission bei der Bayerischen Akademie
der Wissenschaften (Berlin: Duncker, 1953), Bd. 1, S. 419-20.
228) Kayser-Petersen, "Herbert Assmann, Nachruf", Zeitschrift für Tuberkulose,
97 (1951), S. 63.

sichtigung anatomischer Controllen (Jena: Fischer) herausgegeben wurde.

Im Jahre 1921, also zu der Zeit als Kafka über seine ernste Erkrankung schon vollkommen im Bilde war, erschien Dr. Assmanns bedeutendste Arbeit Die Röntgendiagnostik der inneren Krankheiten (Leipzig: Vogel). Dass sich Kafka mit den medizinischen Fakten seiner Erkrankung intensiv befasst hatte, beweisen zahlreiche Stellen in seiner Korrespondenz. An seinen Freund Robert Klopstock, einen Studenten der Medizin, schreibt der Dichter über seine Behandlung, die z.B. aus "Alkoholinjektionen in den Nerv" wie auch "einer Resektion" bestand (229).

Der Zusammenhang mit Assmann, der Gestalt der Erzählung "Der Schlag ans Hoftor" und dem medizinischen Wissenschaftler basiert zwar auf Spekulation, die obigen Fakten sind jedoch zu auffallend, um nur blosser Zufall zu sein. Auch die in der 'Ich-Form' diagnostizierte Aussage des unbekannten Helden der Erzählung kann als ein ärztliches Urteil betrachtet werden: " 'Dieser Mann tut mir leid'. Es war aber über allem Zweifel, dass er damit nicht meinen gegenwärtigen Zustand meinte, sondern das, was mit mir geschehen würde" (230).

Der Name Assmann kann aber vielleicht auch im autobiographischen Zusammenhang belegt werden. In den Tagebuchaufzeichnungen befindet sich eine Stelle, die folgendermassen lautet: "Ich heisse hebräisch Amschel, wie der Grossvater meiner Mutter" (231). Kluge vermutet, dass die nordische Bezeichnung der germanischen Götter, der Asen, auf das anord. Wort 'ass' zurückgeht, das sich lautgesetzlich aus dem germanischen 'ans-' (Gott) entwickelt hat und in Namen wie z.B. im ahd. Anshelm erscheint (232). Auf dies verweist auch Bachs Studie, er fügt aber noch hinzu, dass theophore Namen im Hebräischen häufig mit אל gebildet wurden (233). Theophor bezieht sich hier auf Namenbildungen, die den Namen eines Gottes als stammbildendes Element oder als Bestimmungswort enthalten (234).

Auch Thomas Mann war von diesem Namen fasziniert. Die Entstehungsgeschichte zum Doktor Faustus enthält eine Aufzeichnung, die notiert, dass Leverkühn entweder Anselm, Andreas oder Adrian hätte heissen sollen (235).

Eine weitere Analyse dieses Namens demonstriert, dass אמשל (Amschel), in den Onomastiken orthographisch auch als Amshel, Anshelm, Anschel, Anshel, Anselm, Ashalm und Unshelm aufgeführt (236), hauptsächlich in dem westlichen,

229) Kafka, Briefe, S. 480.
230) Kafka, Erzählungen, S. 345.
231) Kafka, Tagebücher, S. 152.
232) Friedrich Kluge, Etymologisches Wörterbuch der deutschen Sprache, 17. Aufl., bearb., von W. Mitzka (Berlin: Gruyter, 1957), S. 34.
233) Bach, op. cit., Bd. 1, S. 207.
234) Witkowski, op. cit., S. 82.
235) Thomas Mann, Die Entstehung des Doktor Faustus. Roman eines Romans (Amsterdam: Bermann, 1949), S. 31.
236) Max Gottschald, Deutsche Namenkunde, 3. Aufl. (Berlin: Gruyter, 1954), S. 131.

das heisst deutschsprachigen Teil Europas ein populärer Name war, der aber
weder in der jiddischen noch in der hebräischen Sprache belegt werden kann.
Amschel kann nur mit dem hebräischen אשר (Asher) assoziiert werden.

Der Name Assmann kann aber noch aus einer weiteren Perspektive betrachtet
werden. Grimm kommentiert, dass die Amsel (auf Lateinisch merula) bei Al-
berus, wie auch bei H. Sachs orthographisch als die Amschel geschrieben vorkommt (237). Ob theriophore Namen, d.h. Namen, die eine Tierbezeichnung
als Namenwort enthalten (238), die Namenwahl der Ahnen Kafkas beeinflussten,
ist sicher nicht so weit hergeholt. Eine weitere Analyse wäre aber doch zu spekula-
torisch. Es sei hier nur erwähnt, dass Juden oft von den Behörden gewählte
Namen, die ihnen oktroyiert wurden, erhalten haben. Sie wurden je nach finan-
zieller Möglichkeit erworben. Nach Kleinpaul kauften "klingende Münzen klingende
Namen". Er erwähnt aber auch, dass Tiernamen häufig vorkommende Typen
des jüdischen Namenbestandes waren (239). Man kann also theoretisch annehmen,
dass des Dichters Vorfahren auf diese Weise zu dem Namen Kafka, das heisst
zu Dohle, kamen.

Zusammenfassend kann darauf hingewiesen werden, dass der Name Assmann
auf zweierlei Weise gedeutet werden kann. Erstens kann dieser Name als ein weiteres Kryptogramm Kafkas bezeichnet werden, das entweder als ein theophorer
oder als ein theriophorer Name gedeutet werden kann. Zweitens kann dieser Name
entweder aus dem Wort 'Geschwür' abgeleitet werden oder als Paradigma einer
Gleichnamigkeit aus der Umwelt Kafkas betrachtet werden.

Die Wurzeln aller dieser Bedeutungsmöglichkeiten entspringen aber aus einem
einzigen Stamm, der in autobiographischen Gegebenheiten wurzelt. Jedenfalls
demonstriert die Vielseitigkeit dieser Lautgestalt, dass sie nicht nur, wie Reiss
kommentiert, einen flüchtigen Eindruck, ein nebensächliches Moment der Erzählung unterstreicht (240).

Das Wort 'As' ist auch die höchste Karte im Spiel und im übertragenen Sinn bezeichnet es den Spitzenkönner, den Besten seiner Art; hier vielleicht die medizi-
nische Autorität Assmanns.

Von Bedeutung wäre aber noch zu betonen, dass Kafka, nach langer Ueberredung,
dem Druck der Familie nachgab und Geschäftspartner in den 'Ersten Prager
Asbestwerke' wurde, die Karl Hermann, dem Schwager (Mann der Elli) gehörten. Die Firma bestand von 1911 bis 1917. Kafkas Teilnahme in der Fabrik bestätigen einige Dokumente, wie auch zahlreiche Tagebucheintragungen. Nur ein
beliebiges Beispiel soll dies veranschaulichen: "Die Qual, die mir die Fabrik
macht. Warum habe ich es hingehen lassen, als man mich verpflichtete, dass

237) Grimm, op. cit., Bd. 1, K. 280.
238) Witkowski, op. cit., S. 82.
239) Rudolf Kleinpaul, Menschen- und Völkernamen. Etymologische Streifzüge
     auf dem Gebiete der Eigennamen (Leipzig: Reissner, 1885), S. 127-8.
240) H.S. Reiss, "Zwei Erzählungen Kafkas ('Der Schlag ans Hoftor' und 'Die
     Prüfung'), eine Betrachtung", Trivium, 3 (1950), S. 224.

ich nachmittags dort arbeiten werde. Nun zwingt mich niemand mit Gewalt, aber der Vater durch Vorwürfe, Karl durch Schweigen und mein Schuldbewusstsein" (241).

Die Fabrik verarbeitete das gesundheitsschädliche Material, welches unter dem Namen Asbest bekannt ist. Kafka war also seit 1911 dieser Gesundheitsgefährdung ausgeliefert. Wie die neuesten wissenschaftlichen Studien bestätigen, greift dieser schädliche Stoff unzweifelhaft die Lunge an und verursacht in den meisten Fällen Lungenkrebs. Seit 1914, da der Schwager während der Mobilisierung zum Militärdienst einberufen wurde, musste Kafka jeden Nachmittag in dieser Fabrik verbringen. Auch dies bestätigen zahlreiche klagende Tagebucheintragungen.

"Der Schlag ans Hoftor" kann also buchstäblich als 'Schicksalsschlag' gedeutet werden, der die heimtückische Erkrankung Kafkas mit Nachdruck prophezeit. Diese Annahme verstärkt noch die Datierung Pasleys, die vermutet, dass diese Erzählung 1917 entstanden ist. Kafka entdeckte die ersten Symptome der Tuberkulose 1917. ("Es begann ... mitten in der Nacht mit einem Blutsturz") (242). Noch im selben Jahr erklärt ihn der Arzt offiziell als Lungenkranken, wie es Kafka selbst in seiner Korrespondenz bestätigt.

---

241) Kafka, Tagebücher, S. 155.
242) Kafka, Briefe an Milena, S. 12.

EIN BRUDERMORD

Dieser eigentümlich, fast biblisch klingende Titel (die frühere Version dieser
Erzählung war einfach "Der Mord" betitelt) schliesst das menschliche Ausgeliefertsein als den Wesenskern der Erzählung mit ein: Wese, das Opfer, wird
von Schmar, dem Mörder, mit einem Messer erstochen. Dieser anscheinend
einfache Vorfall wird von Pallas, als Augenzeuge, beobachtet. Pallas, anstatt
als Belastungszeuge zu fungieren, entzieht sich dieser offensichtlichen Ver-
pflichtung. Damit wird aber Pallas, der Schuldlose, durch sein passives Verhalten zum Schuldigen.

Der Name Wese verweist auf das Substantiv 'Wesen', auf das ahd. 'wĕsan',
mhd. 'wesen', das sich bis in die heutige Umgangssprache in dem Präteritum
'war, waren, gewesen' erhalten hat (243).

Im übertragenen Sinn, besonders im österreichischen Sprachgebiet, verweist
'Schmarrn' auf etwas Wertloses. In der Konstruktion der beiden Namen, bei Wese
wie bei Schmar, sind konsequent die Endungen, (ähnlich wie die bei Blumfeld)
weggelassen. Das essentielle Wesen und der absurde Schmarrn leuchten trotz
dieser bewussten Mutilation kompromisslos durch.

Die philosophische Lehre des Universalismus betrachtet das Konzept 'Wesen'
als ein konstitutives Prinzip des Seienden, das durch das Sein, das heisst Wesen, seine Existenz bestimmt. Aus dieser Perspektive betrachtet, bilden das
Wesen und die Existenz das Grundproblem der Ontologie. Demgegenüber bestrei-
tet der Nominalismus jede Unterschiedlichkeit dieser Bestandteile als sinnlose
Wortspielerei, d.h. als Nichts (244). Diese Doppeldeutigkeit des Universalismus wie auch des Nominalismus, stellt Kafka durch seine Namenwahl dar.

Auf ontologischen Ansatz verweist vor allem Emrichs Studie. Er stellt fest,
dass, obwohl bei Kafka die Darstellung "auf der Basis einer untrüglichen, feh-
lerfreien Gesetzmässigkeit (beruht)", diese trotzdem oft den Charakter neuer
Verrätselungen annimt. "Die Darstellung s e l b s t vermittelt als G a n z e s
Wahrheit, Universalität" (245). Diese Ganzheit kommt mit der Entschlüsselung
der Bedeutung beider Namen, besonders aber nach der Ausführung des Mordes,
stark zum Vorschein. Wese wird ja zum "alten Nachtschatten" degradiert, der
"im dunklen Strassengrund versickert". Diese Gegenüberstellung der Wesen-
Schmarrn Dichotomie erscheint noch verschärfter in der folgenden Metapher,
in der Schmar Wese am liebsten eskamotieren möchte: "Warum bist du (Wese)
nicht einfach eine mit Blut gefüllte Blase, dass ich (Schmar) mich auf dich setzte
und du verschwändest ganz und gar" (246). Wese sinkt noch weiter bis auf das
Niveau der Wasserratten herunter (247). Diese so typische Tiermetapher, die häufig
in der expressionistischen Dichtung, besonders aber bei Trakl und Heym vor-

---

243) Kluge, op. cit., S. 856.
244) Brockhaus Enzyklopädie, op. cit., Bd. 20, S. 247.
245) Emrich, op. cit., S. 84.
246) Kafka, Erzählungen, S. 163-4.
247) Ibid., S. 163

kommt, demonstriert eine weitere Juxtaposition des Seins und des Nichtseins.
Wese und Schmar, die in ihrer Substanz so vertauscht erscheinenden Namen,
gehören der Paradoxsprache Kafkas an, da sie gegen das anscheinend Gegebene
einen Einwand anführen, es aber andererseits auch entlarven. Die beiden Figuren stehen also zueinander im Widerspruch: Wese, d.h. das Wesen, steht
Schmar, d.h. dem Nicht-Wesen, gegenüber.

Politzer vermutet aber, dass Schmar von einem hebräischen Stamm abgeleitet
werden kann und 'wachsen' oder 'aufpassen' bedeutet und ins Deutsche durch
den Gaunerjargon eingedrungen und als 'Schmiere stehen' interpretiert werden
kann (248). Eine weitere Deutung wäre vielleicht noch ein symbolischer Zusammenhang mit Schmarre, d.h. Wunde, die ja textlich sofort mit einem "Mord"
übereinstimmt. Auch das Verb 'schmarotzen' schliesst weitere Deutungsmöglichkeiten mit ein. Aus diesen vielen Deutungen scheint aber das hebräische שׁמר
(bewachen, behüten) am eindeutigsten zu sein. Dieser Name verweist sofort
auch auf den Türhüter, also auf einen weiteren Zusammenhang der Gestalten
Kafkas, der zwar innerhalb einer Vielschichtigkeit eine ganz spezifisch kafkaesche Eindeutigkeit bestätigt.

Der Name Pallas kann als eine Dichotomie betrachtet werden. Erstens bezeugt
dies schon die Konstruktion des Namens selbst. Pallas ist aus zwei segmentierbaren Teilen (Pal-las) zusammengesetzt, die fast ein Palindrom bilden, das nur
durch den Konsonanten am Anfang oder am Ende verstellt erscheint. Zweitens
ist diese Synthese der Pallas-Gestalt auch im Text akzentuiert. "Pallas, alles
Gift durcheinander würgend in seinem Leib, steht in seiner zweiflügelig auf-
springenden Haustür" (249). Symbolisch spiegelt dieses Bild das zentrale Motiv
der Erzählung wider: Pallas muss sich entweder auf die Seite des ermordeten
Wese begeben und als Zeuge gegen Schmar auftreten, oder, wie es implizite in
der Erzählung dargestellt ist, sich aller menschlichen Verpflichtungen entziehen.
In der Erzählung ist sogar ein moralisches Fazit miteingeschlossen, das von
einer namentlich nicht bezeichneten Person ausgesagt wird: "Ergründe die Men-
schennatur!" (250)

Die Gleichgültigkeit, wie die Welt, d.h. Pallas, diesem Vorfall gegenübersteht,
zeigt auch der Kommentar von Anders.

> In der entfremdeten Welt wird die Natur zur 'natura morte'
> und selbst der Mitmensch oft zum blossen Ding ... Wenn uns
> heute der Mensch als 'unmenschlich' erscheint, so nicht, weil
> er eine 'tierische' Natur besässe, sondern weil er in 'Dingfunk-
> tionen' zurückgedrängt ist .... Nicht die Gegenstände und Ereig-
> nisse als solche sind bei Kafka beunruhigend, sondern die Tat-
> sache, dass seine Wesen auf sie wie auf normale Gegenstände

---

248) Politzer, op. cit., S. 148.
249) Kafka, Erzählungen, S. 164.
250) Ibid., S. 163.

oder Ereignisse - also unerregt - reagieren (251).

Diese Gleichgültigkeit kommt in der Namenanalyse dieser Gestalt als ironische Parodie stark zum Vorschein. Seel verweist in seiner Studie, dass der Name Πάλλας höchstwahrscheinlich einen vorgriechischen Gott bezeichnete. Pallas kann aber auch aus der griechischen Sprache abgeleitet und als 'Erderschütterer' oder 'Erdbeweger' gedeutet werden (252). Also schon dem Namen nach hätte Pallas 'erregt' reagieren sollen.

Ein weiteres Paradigma dieser ironischen Verschlüsselung wäre z.B., dass Pallas auch der Beiname der Göttin Athene ist, die als die 'schützende Göttin', wie auch als die 'Ueberwinderin des Ungeheuers' bekannt ist. Der Pallas der Erzählung beschützt aber weder Wese, noch verhindert er den Brudermord. Pallas ist auch der Name eines Gerichtshofes in Athen, wo die Epheten über Mord richteten. Kafkas Pallas beobachtet zwar aus seinem Fenster die Ermordung, er wird aber weder deren Zeuge noch deren Richter.

Da Kafka seinen Helden als einen "Privaten", d.h. einen, der nicht arbeitet, vorstellt, kann vielleicht dieser Held mit Pallas, dem Freigelassenen des Kaisers Claudius, verglichen werden. Eine autobiographische Projektion dieser historischen Gestalt legt klar, dass Pallas mit Narcissus an einer Ermordung teilgenommen hat. Der Mord wurde zwar von Narcissus ausgeführt, Pallas war aber dessen Zeuge und entzog sich jeglicher Verantwortung (253). Da dieser historische Vorfall viel Aehnlichkeit mit der Erzählung Kafkas enthält, und der Dichter über römische Rechtsprozesse informiert war, kann eine Möglichkeit des Zusammenhangs angenommen werden.

Es sei noch bemerkt, dass Pallas im Jahre 52 A.D. der Verfasser eines Gesetzes war, das die Bestrafung der Frau vorsah, die sexuell mit Sklaven verkehrte. Pallas wurde dafür von Cornelius Scipio, auf den schon im Zusammenhang mit der Erzählung "Der Jäger Gracchus" verwiesen wurde, ausgezeichnet (254). Auch Kafkas Auffassung von der sexuellen Abstinenz kann aus seinen Schriften bezeugt werden. Nur ein Beispiel aus den Tagebüchern sei hier angeführt: "Der Coitus als Bestrafung des Glückes des Beisammenseins" (255).

Dieser sexuelle Hinweis soll als Anknüpfungspunkt zur Analyse des letzten Namens dieses Werkes dienen. Frau Julia Wese ist die einzige erwähnte Frauengestalt dieser Erzählung. Sie erwartet ihren Mann, den "fleissigen Nachtarbeiter" in passender Kleidung, indem sie im "Fuchspelz über ihrem Nachthemd"

---

251) Gunther Anders, Kafka pro und contra. Die Prozess-Unterlage. (München: Beck, 1951), S. 12-3.
252) Otto Seel, "Pallas," Pauly-Wissowas Realencyclopädie der klassischen Altertumswissenschaft. Neue Bearb., hrsg. von K. Ziegler (Stuttgart: Metzler, 1953), Halbbd., 36, T. 2, S. 238.
253) L(eonhard) S(chmitz), "Pallas", A Dictionary of Greek and Roman Biography and Mythology, hrsg., von W. Smith (London: Murray, 1880), Bd. 3, S. 100.
254) Ibid., S. 101.
255) Kafka, Tagebücher, S. 226.

erscheint. Nachdem Wese als Opfer von Schmar gefallen ist, eilt Julia, szenisch-dramatisch eindrucksvoll dargestellt, "mit vor Schrecken ganz gealtertem Gesicht herbei. Der Pelz öffnet sich, sie stürzt über Wese, der nachthemdbekleidete Körper gehört ihm, der über das Ehepaar sich wie der Rasen eines Grabens schliessende Pelz gehört der Menge" (256). Diese genaue Beschreibung der äusserlichen Erscheinung Julias, deren seelischer Schock nur im gealterten Gesicht erkennbar ist, deutet symbolisch mit der Oeffnung des Pelzes an, dass sie als Ehegattin Weses zur sexuellen Vereinigung bereit ist. Wie schon in der Erzählung "Der Jäger Gracchus" darauf hingewiesen wurde, war Julia der Vorname von Kafkas Mutter. Der Autobiographische Zusammenhang erscheint gerade mit der Gestalt Julias zu auffallend, um ihn hier zu ignorieren. (Es sei hier auch auf die wichtige Rolle der Mutter in den Werken Kafkas verwiesen, die im Vergleich mit dem Vater in der Sekundärliteratur aber selten erwähnt wird.) Dieser autobiographische Zusammenhang ermöglicht sogar das Postulat, dass hinter der Maske dieser Namen, besonders im Falle von Pallas, als Konstruktion kongruent auch mit Harras, (betont mit der Namen-Konstruktion derselben Vokale wie die des Dichters), auf die auch Kraft verweist (257), Kafka selbst steckt, und dass auch hier ein weiteres Kryptogramm des Dichters entschlüsselt werden kann. Es hätten sicher noch weitere Deutungen der Namen berücksichtigt werden können. Eine Stelle der Erzählung verweist mit schwarzem Humor auf Shakespeares Romeo and Juliet. Auch eine Analyse der verschlüsselt vorhandenen biblischen Figuren Kain und Abel wäre eine weitere Möglichkeit gewesen.

Dietz bezeichnet diese vielschichtige Erzählung als eine symbolisch-mythologische (258). Auch die Namenwahl Kafkas stimmt mit dieser These überein, da ja auch die benannten Gestalten dieser Erzählung in diese zwei Namentypen klassifizierbar sind.

Kafkas Prosa Er enthält vielleicht die am meisten massgebende Entschlüsselung.

> Er hat zwei Gegner: Der erste bedrängt ihn von hin-
> ten, vom Ursprung her. Der zweite verwehrt ihm den
> Weg nach vorn. Er kämpft mit beiden. Eigentlich
> unterstützt ihn der erste im Kampf mit dem Zwei-
> ten, denn er will ihn nach vorn drängen und eben-
> so unterstützt ihn der zweite im Kampf mit dem
> ersten; denn er treibt ihn doch zurück. So ist
> es aber nur theoretisch. Denn es sind ja nicht
> nur die zwei Gegner da, sondern auch noch er
> selbst, und wer kennt eigentlich seine Absichten?
> Immerhin ist es sein Traum, dass er einmal in ei-

---

256) Kafka, Erzählungen, S. 164.
257) Kraft, op. cit., S. 24.
258) Ludwig Dietz, "Franz Kafka. Drucke zu seinen Lebzeiten. Eine textkritische-bibliographische Studie", Jahrbuch der deutschen Schillergesellschaft, 7 (1963), S. 456.

nem unbewachten Augenblick – dazu gehört allerdings eine Nacht, so finster wie noch keine war – aus der Kampflinie ausspringt und wegen seiner Kampfeserfahrung zum Richter über seine miteinander kämpfenden Gegner erhoben wird (259).

---

259) Franz Kafka, Er, hrsg., von Martin Walser (Frankfurt: Suhrkamp, 1970), S. 217-8.

JOSEFINE, DIE SAENGERIN ODER DAS VOLK DER MAEUSE

Diese Erzählung stammt aus dem Jahre 1924 und gehört zu den letzten Arbeiten Kafkas. Sie wurde noch zu Lebzeiten des Dichters gedruckt. Loužíl nach, erschien dieses Werk zuerst unter dem gekürzten Titel "Josefine, die Sängerin" in der Prager Presse (Osternummer 110, Beilage Dichtung und Welt, 20. April 1924, S. 4-7) (260).

Schon der Titel enthält den Namen der Protagonistin. Uebrigens ist Josefine die einzige weibliche Gestalt, die Kafka unverzüglich im Titel vorstellt, wie auch die einzige Heldin, die eine besondere Stellung in den Werken Kafkas einnimmt. Die Erzählung "Eine kleine Frau", die angeblich Kafkas Wohnungsvermieterin in Berlin darstellen soll (261), ist das einzige Gegenstück; in diesem Werk bleibt aber die Heldin namenlos. Weiter verrät der vollständige Titel, dass es sich hier um eine aussergewöhnliche Komposition handelt, die von Kafka selbst folgendermassen beschrieben wurde: "Solche Oder-Titel sind zwar nicht sehr hübsch, aber hier hat es vielleicht besonderen Sinn. Es hat etwas von einer Waage" (262).

Der einzig erwähnte Name dieser Erzählung kann aus dem Hebräischen יוסף (soll sich vermehren, soll nachfolgen) als weibliches Diminutiv von Josef, orthographisch auch Joseph, abgeleitet werden (263). Dieser Name ist hauptsächlich mit dem biblischen Held, dem Sohn Jakobs und Rachels, dem Traumdeuter, und dem Mann Marias assoziierbar und verweist auf biblisches Gedankengut. Wegen dieser Namenverwandtschaft und auch wegen des oft erwähnten Wortes "Volk" wurde diese Erzählung in der Sekundärliteratur mit dem Judentum verglichen, obgleich es von Kafka in der Erzählung nie als solches beschrieben worden ist. Die Spannweite dieser Interpretationen reicht von Brod (264) bis Weinberg; dieser meint sogar, dass Josefine "eine der durchsichtigsten Judentumsfiguren des Dichters (sei)" (265). Nach Sorgel-Hohoff ist Josefine "eine Metapher für den alttestamentarischen Gott, und 'unser Gott' (der Mäuse) ist das jüdische Volk in seinem Verhältnis zu jener Musik, welche Josefine singt .... (Sie) ist eine Legende von der Dialektik zwischen Jahwe und seinem Volk" (266).

---

260) Jaromir Loužíl, "Ein unbekannter Zeitungsabdruck der Erzählung 'Josefine' von Franz Kafka", Zeitschrift für deutsche Philologie, 86 (1967), S. 318.
261) Francis C. Golffing, "Franz Kafka: 'A little Woman', " Accent (Summer, 1943), S. 223.
262) Brod, op. cit., S. 179-80.
263) Hastings, op. cit., Bd. 2, S. 767.
264) Brod, op. cit., S. 249-51.
265) Weinberg, op. cit., S. 440.
266) Albert Soergel und Curt Hohoff, Dichtung und Dichter der Zeit. Vom Naturalismus bis zur Gegenwart (Düsseldorf: Bagel, 1961-63), Bd. 2, S. 500.

Dem kann unter anderem Anders Studie gegenüber gestellt werden, die betont,
dass Kafka der jüdischen Religion kritisch gegenüberstand, und dass gerade
in dieser Erzählung der Dichter "eindeutig die jüdische Religion als einen Zwi-
schenfall in der Geschichte des jüdischen Volkes darstellt" (267). Auch Politzer
unterstreicht, dass "Josefine, die Sängerin oder Das Volk der Mäuse" keine
reine Allegorie des Judentums ist (268).

Das zentrale Motiv der Erzählung, das schon mit der Zugabe des Wortes "oder"
im Titel prägnant zum Ausdruck kommt, ist die Auseinandersetzung mit der sogenannten 'Künstlerschaft', in der die Rolle der Sängerin, das heisst des Künstlers per se, im Kreise seines Publikums geschildert wird. Schon allein aus
dieser Perspektive betrachtet, kann dieses Werk nie nur als eine jüdische Allegorie angesehen werden.

Bridgwater behauptet, dass diese Erzählung multidimensional ist und auf
Nietzsches Die Geburt der Tragödie aus dem Geiste der Musik zurückgeht. Er
demonstriert aber, dass Kafka auch diese Gestalt nach seinem eigenen dichterischen Konzept darstellt. "The crux of the matter is that Josefine's 'Gesang'
is Dionysian, whereas the mousefolk prefer Apolline art" (269).

Woodring betont, dass Kafka in der Gestalt der Sängerin vielleicht Frau Tschissik oder Frau Kluge darstellt (270). Auf dies verweist auch Becks Studie (271).
Beide Schauspielerinnen gehörten der jüdischen Theatergruppe an, deren Vorstellungen Kafka häufig beiwohnte. Demgegenüber meint Binder, dass das Modell für Josefine die Sängerin Puah Bentorim war, die in Prag hebräische Lie-
der in der Originalsprache vorgetragen hatte (272). Caspel nimmt an, dass Josefine den Propheten Jeremias repräsentiert und vermerkt sogar, dass beide
Namen "sowohl in der Zahl der Silben wie auch in der Zahl der Buchstaben
genau übereinstimmen, dass sie beide mit 'J' anfangen, und dass überdies der
Pänultima-Akzent in beiden Namen auf 'i' fällt" (273). Weiter notiert er, dass
Kafka vielleicht seine Josefine in erster Linie als Totem konzipiert und ihr dann
aber einige Züge des Propheten Jeremias geliehen hatte (274).

Wer immer auch Kafka als Modell für Josefine vorschwebte, ist zur Zeit aus

---

267) Anders, op. cit., S. 94.
268) Politzer, op. cit., S. 446.
269) Bridgwater, op. cit., S. 143–4.
270) Carl R. Woodring, " 'Josephine the Singer, or the Mouse Folk'," in Franz
Kafka Today, ed. by Angel Flores and Homer Swander (Madison: Univ. of
Wisconsin Press, 1964), S. 72.
271) Evelyn Torton Beck, Kafka and the Yiddish Theater. Its Impact on his Work
(Madison: The Univ. of Wisconsin Press, 1971), S. 204–5.
272) Hartmut Binder, "Kafkas Hebräischstudien: Ein biographisch interpretatorischer Versuch," Jahrbuch der deutschen Schillergesellschaft, 11 (1967),
S. 552.
273) J.J.P. van Caspel, "Josefine und Jeremias", Neophilogus, 37 (1953),
S. 245.
274) J.J.P. van Caspel, "Totemismus bei Kafka", Neophilogus, 38 (1954), S. 126.

der Hinterlassenschaft des Dichters nicht belegbar. Zahlreiche Tagebuchnotierungen bestätigen aber, dass Kafka durch Frau Tschissik, deren Namen er "so gerne aufschreibt" (275) und sie sogar gegenüber Frau Kluge "bevorzugt", fasziniert war (276). (Ihr Name ist sogar in die Erzählung geschickt einbezogen: "Sonderbar, wie falsch sie rechnet, die Kluge" (277).

Die folgende Beschreibung der Vortragskunst der Frau Tschissik verweist auf eine grosse Verwandtschaft mit der Sängerin Josefine.

> Ihr Spiel ist nicht mannigfaltig: das erschreckte
> Blicken auf ihren Gegenspieler, das Suchen eines
> Auswegs auf der kleinen Bühne, die sanfte Stimme,
> die in geradem kurzem Aufsteigen nur mit Hilfe
> grösseren innerlichen Widerhalls ohne Verstärkung
> heldenmässig wird, die Freude, die durch ihr sich
> öffnendes, über die hohe Stirn bis zu den Haaren
> sich ausbreitendes Gesicht in sie dringt, das
> Sichselbstgenügen beim Einzelsang ohne Hinzunahme
> neuer Mittel, das Sichaufrichten beim Widerstand,
> das den Zuschauer zwingt, sich um ihren ganzen
> Körper zu kümmern; und nicht viel mehr. Aber das
> ist die Wahrheit des Ganzen und infolgedessen die
> Ueberzeugung, dass ihr nicht die geringste ihrer
> Wirkungen genommen werden kann, dass sie unabhän-
> gig ist vom Schauspiel und von uns (278).

Gerade diese 'Unabhängigkeit', die den Vortrag der Frau Tschissik charakterisiert, die auch als ein zentrales Motiv der Erzählung betrachtet werden kann, darf als Grundlage einer Zusammenhangsmöglichkeit angenommen werden. Der Künstler und das Publikum sind die elementaren Komponenten der Gleichgewichte, die sich in dieser Waage-Konstellations-Erzählung ganz präzise ausbalancieren. Hätte Kafka das Bindewort "und" statt "oder" im Titel eingeführt, könnte diese Hypothese nicht berechtigt sein und angenommen werden. Diese Gegenüberstellung betont auch Neumeister, der meint, dass Josefine "mit der Absolutheit ihrer Forderungen ... den Nebel, in dem Künstler und Publikum bisher zu einer trügerischen Einheit verschwimmen konnten", zerreisst (279).

Auch dieser Name mit seiner onomastisch suggestiven Deutung betont den Wesenskern der Erzählung. Wie schon darauf hingewiesen wurde, bedeutet die männliche Version dieses Namens 'sich vermehren'. Josefines Gesang, der als

275) Kafka, Tagebücher, S. 79.
276) Ibid., S. 95.
277) Kafka, Erzählungen, S. 208.
278) Kafka, Tagebücher, S. 80.
279) Sebastian Neumeister, Der Dichter als Dandy. Kafka, Baudelaire, Thomas Bernhard (München: Fink, 1973), S. 35.

"singen", "zischen", "pfeifen" charakterisiert wird, verbreitet und vermehrt sich zu einer solchen Stärke, dass er "Prozessionen" von Zuhörer "walzend", "weiterrollend", "laufend", "strömend" und "fortreissend" hypnotisiert. Auch nach dem Gesetz der Physik kann diese These belegt werden. Ein Ton vibriert, indem er sich in Schallwellen ausbreitet, das heisst sich bewegt und entweder longitudinal ausläuft oder sich in einem Echo vermehrend widerhallt. Auch Josefines "Gesang" demonstriert, wie ja schon angedeutet, beide Charakterzüge.

Josefine, als Name, verweist noch auf einen weiteren Zusammenhang, der sie mit den anderen Josef-Gestalten der Werke Kafkas verbindet. Nur Josef K., der Hauptprotagonist des Prozess-Romans sei hier als eines der wichtigsten Beispiele erwähnt. Politzer nimmt an, dass Josefine zwar in den Fusstapfen Josef K.s wandelt, als Mäusin ist sie lediglich Kafkas Gliedkusine. (280).

Auch die Erinnerung an ein persönliches "Mäuseerlebnis", das Kafka in seinen Briefen aus Zürau von November 1917 bis Mitte Januar 1918 beschreibt, hat möglicherweise zum Konzept dieser Erzählung beigetragen: "Eine Mäusenacht, ein schreckliches Erlebnis ... Was für ein schreckliches stummes lärmendes Volk das ist ... Ernst nämlich wird es erst dann werden, bis Du die Mäuse wirklich hörst. Ich glaube nicht, dass es einen Schriftsteller- und Musikerschlaf gibt, der ihnen widerstehen könnte" (281).

Dieser "schreckliche stumme" Ton gleicht auch der Erzählung "Der Bau", in ihr aber ist dieses Geräusch meistens als Zischen klassifiziert.

---

280) Politzer, op. cit., S. 438.
281) Kafka, Briefe, S. 197-221.

EIN BERICHT FUER EINE AKADEMIE

Der Name der Firma Hagenbeck, den Kafka in dieser Affen-Erzählung erwähnt, korrespondiert mit dem des berühmten Tierparks in Hamburg. Karl Hagenbeck (1844-1913) war einer der grössten Tierhändler der Welt, der Tierfangexpeditionen rüstete, völkerkundliche Schaustellungen arrangierte, einen Zirkus leitete und 1907 seinen Zoologischen Garten in Hamburg dem Publikum übergab (282). Im Jahr 1909 erschien Hagenbecks reichhaltiges Werk, in dem er ein ganzes Kapitel den Menschenaffen widmet. Unter anderem beschreibt er detailliert die Lebensweise der Anthromorphen und erwähnt, dass die Affen auch "guten Rotwein" zeitweise zur Mahlzeit erhalten haben (283). Dieses Werk enthält Photographien aus dem Leben der Menschenaffen; eine Aufnahme stellt sogar anschaulich einen Affen mit einer halbleeren Flasche dar (284).

Auch Kafkas Erzählung "Ein Bericht für eine Akademie" enthält als Toponym Hamburg; einen Hinweis der von bedeutender Rotwein-Konsumierung des Helden spricht, wie auch eine eingehende Beschreibung der Schnapsflaschen-Dressur.

> Eine Jagdexpedition der Firma Hagenbeck - mit dem Führer habe ich übrigens seither schon manche gute Flasche Rotwein geleert - lag im Ufergebüsch auf dem Anstand, als ich am Abend inmitten eines Rudels zur Tränke lief. Man schoss; ich bekam zwei Schüsse.

> Einen in die Wange; der war leicht; hinterliess aber eine grosse ausrasierte rote Narbe, die mir den widerlichen, ganz und gar unzutreffenden, förmlich von einem Affen erfundenen Namen Rotpeter eingetragen hat, so als unterschiede ich mich von dem unlängst krepierten, hier und da bekannten, dressierten Affentier Peter nur durch den roten Fleck an der Wange (285).

Hagenbecks Buch bezieht sich etliche Male auf den Namen Peters, der vielleicht zur Entschlüsselung der Gestalt Peter beitragen könnte. Prof. Wilhelm Karl Hartwig Peters (1815-83) war Direktor des Zoologischen Gartens zu Berlin (286). Hagenbeck betont in seinem Buch, dass er mit Prof. Peters gut befreundet war und an ihn öfters Tiere verkaufte (287).

---

282) Brockhaus, op. cit., Bd. 8, S. 46.
283) Carl Hagenbeck, Von Tieren und Menschen. Erlebnisse und Erfahrungen (Berlin: Vita, 1906), S. 406.
284) Ibid., S. 397.
285) Kafka, Erzählungen, S. 167.
286) Meyers Lexikon, 7. Aufl. (Leipzig: Bibliographisches Institut, 1928), Bd. 9, K. 644.
287) Hagenbeck, op. cit., S. 46 und 427.

Namen wie Hagenbeck, Peters, Assmann usw. bestätigen, dass Kafka nicht nur fiktive Namen in seine Werke einführte, sondern dass sich seine Namenwahl auch an Personen anlehnt, die er aus der realen Umwelt bewusst einbezog.

Rotpeter, der von einem Affen erfundene Name, weist auf grosse Aehnlichkeit mit dem Schwarzen Peter hin, der, wenn er im Kartenspiel verliert, den Spielregeln nach, mit schwarzen Zeichen auf der Wange gekennzeichnet wird, wie es auch Kaiser interpretiert (288). Das so typisch schuldlos-schuldbeladene Motiv Kafkas erscheint in parodistischer Variation in der Rotpeter-Gestalt wieder.

Trotz des scherzhaften Tons hat die Erzählung "Ein Bericht für eine Akademie" beinahe einen wissenschaftlichen Charakter: Ein Affe beobachtet sich selbst und die ihn umgebende Umwelt. Es handelt sich hier nicht um eine Aussage über Rotpeter, sondern um einen Bericht, der auf Selbstporträtieren beruht, indem die Tierwelt aber auch in die Menschenwelt übergreift. Diese Kreuzung wird mit einer Mischung von sachlichen und humorvollen Aussagen erreicht, die von Kafka selbst betont wurde: "An der Ferse aber kitzelt es jeden, der hier auf Erden geht: den kleinen Schimpansen wie den grossen Achilles" (289). Ob als Tier oder als Mensch benannt, der Daseinskampf ist derselbe.

Auch dieses Werk wurde, ähnlich wie die Josefine-Erzählung, in der Sekundärliteratur häufig mit dem jüdischen Problem assoziiert. Rubinstein sieht z. B. im Affentum eine Korrelation zum europäischen Judentum (290); Kaug meint, dass die Wunde Rotpeters eine Allusion zur alttestamentarischen Jakobs-Episode sei (291), mit der auch Ides Studie übereinstimmt (292).

Noch auf einen autobiographischen Hinweis Kafkas wäre zu verweisen: "Als Erstgeborener bin ich viel photographiert worden und es gibt also eine grosse Reihenfolge von Verwandlungen .... Gleich im nächsten Bild trete ich schon als Affe meiner Eltern auf" (293).

---

288) Hellmuth Kaiser, "Franz Kafkas Inferno. Eine psychologische Deutung seiner Strafphantasie," Imago, 17 (1931), S. 42.

289) Kafka, Erzählungen, S. 167.

290) William C. Rubinstein, "Franz Kafka's 'A Report to an Academy'," Modern Language Quarterly, 13 (1952), S. 375.

291) Robert Kauf, "Once again: Kafka's 'A Report to an Academy'," Modern Language Quarterly, 15 (1954), S. 362.

292) Heinz Ide, "Existenzerhellung im Werk Kafkas", Jahrbuch der Wittheit zu Bremen, 1 (1957-8), S. 73.

293) Kafka, Briefe an Felice, S. 138.

BESCHREIBUNG EINES KAMPFES

'' 'Gott sei Dank, Mond, du bist nicht mehr Mond, aber vielleicht ist es nachlässig von mir, dass ich dich Mondbenannter noch immer Mond nenne. Warum
bist du nicht mehr so übermütig, wenn ich dich nenne 'Vergessene Papierlaterne
in merkwürdiger Farbe' . Und warum ziehst du dich fast zurück, wenn ich dich
'Mariensäule' nenne und ich erkenne deine drohende Haltung nicht mehr Mariensäule, wenn ich dich nenne 'Mond, der gelbes Licht wirft' '' (294). Ein Revidie-
ren der Gegenstände in ihrer für selbstverständlich gehaltenen Bedeutung kann
vielleicht als das zentrale Motiv dieser Erstlingserzählung Kafkas, deren Entstehung Pasley-Wagenbach auf 1904-5 datieren (295), betrachtet werden. Es
handelt sich hier also buchstäblich um einen Kampf mit Gegenständen, die intim
zur menschlichen Existenz gehören, die aber von jetzt an aus einer neuen Perspektive betrachtet werden sollen.

Auch Hofmannsthals "Brief an Lord Chandos" enthält eine ähnliche Auseinandersetzung, die das menschliche Dasein nicht mehr als "eine grosse Einheit" wer-
:et: "Es zerfiel ... alles in Teile, die Teile wieder in Teile, und nichts mehr
liess sich mit einem Begriff umspannen", Worte zerfielen im Munde wie modrige
Pilze (296).

Auch die Namen, die in dieser Erzählung Kafkas erwähnt sind, reflektieren diese
Trennung der Dinge. Im Grunde genommen handelt es sich hier um einen Dialog,
der zwischen einer namenlosen 'Ich-Figur' ("ich habe noch keinen Namen" (297)
und einem Komplex von Gesprächspartnern (Bekannter, Beter, Betrunkener usw.)
stattfindet, indem sich sogar die unbenannte Person identifiziert: "Mein Name
ist Jerome Faroche" (298). Die Figuren der Erzählung wechseln ihre Rollen,
das Ich wird zum Gesprächspartner, dieser wieder wird zum Ich, sie erscheinen identisch, sie stimmen untereinander überein. Nach Walser darf sich "die unver-
brüchliche Kongruenz von Autor und Held ... eher ins Gegenteil verkehren, dass
der Autor den Helden sich selbst zum Rätsel werden lässt, als dass der Autor
sich irgendwie interpretierend einmischt" (299).

Auch die Handlung der Erzählung schwinkt peripatetisch zwischen der explizite
genannten Stadt Paris und der implizite angedeuteten Topographie, die auf die
Umwelt der Geburtsstadt Kafkas, auf Prag hindeutet. Auf das Letztere verweisen
der Laurenziberg, wo, während eines nächtlichen Spazierganges, von Venus,
dem Abendstern, beleuchtet, sich der ganze Vorfall abspielt, die Moldau mit

294) Kafka, Erzählungen, S. 259.
295) Pasley-Wagenbach, "Datierung", op. cit., S. 58.
296) Hugo von Hofmannsthal, Ausgewählte Werke (Frankfurt: Fischer, 1957),
     Bd. 2, S. 342.
297) Kafka, Erzählungen, S. 259.
298) Ibid., S. 261.
299) Martin Walser, Beschreibung einer Form (München: Hanser, 1961), S. 35.

ihrem Kettensteg, und die mit Statuen verzierte Karlsbrücke, wo auch die Statue der hl. Ludmila, wie auch das Standbild Karl IV. zu finden ist, der Brückenturm und der Quai, die Kreuzherrenkirche, die Karlsstrasse, der Ring mit dem Altstädter Rathaus und Mariensäule, die Ferdinandstrasse und der berühmte Wenzelsplatz. Die texteditionelle Parallelausgabe, die nach der Handschrift Kafkas von Brod und Dietz herausgegeben worden ist, demonstriert eine Abweichung auch in den Namen. So ist z.B. in der Fassung B. Afrika als ein Vergleichsbild erwähnt: "In Deinem Bett warst Du und Afrika war nicht entfernter als Dein Bett" (300). Die Fassung B. erwähnt auch noch die Seminarkirche (301). Auf weitere Topographie und Realien Prags verweist Eisners Studie, die noch die folgenden dazuzählt: Postgasse, Franzensquai, Schützeninsel und Mühlenturm (302). Da spezifische Ortsnamen in den späteren Werken Kafkas kaum vorkommen, verleihen sie hier der Erzählung ein spezifisches Lokalkolorit, das eindeutig mit Prag assoziiert werden kann.

Die erwähnten französischen Toponyma, die höchstwahrscheinlich als Reflexionen der Reise Kafkas nach Frankreich gedeutet werden können, betonen noch mehr die Zerrissenheit, wie auch die Vielschichtigkeit dieser Erzählung.

Jerome Faroche ist die einzig genannte Gestalt dieser Erzählung, die mit einem Vor- und Zunamen ausgestattet ist. Kafkas Anmerkung, dass dieser Held "Gewürzkrämer ... in der rue de Cabotin" ist (303), betont die Vielgestaltigkeit dieser Namenwahl noch stärker.

Der Vorname Jerome ist an sich ein üblicher französischer Männername. Dieser Vorname kann aus dem Griechischen ιερός (heilig) abgeleitet werden. Yonge kommentiert, dass dieses Wort in der geschichtlichen Vergangenheit hauptsächlich für die Absonderung, das heisst Abtrennung von Personen oder Dingen vom Profanen, verwendet worden ist (304).

Faroche kann aus dem französischen Wort 'farouche' abgeleitet werden, das wild, feurig, heftig aber auch sich nicht anpassend, ungesellig und isoliert, bedeutet. Für den Eigentümer eines Gewürzladens scheinen diese Bedeutungen parodistisch passend zu sein. Dies kann auch mit dem Text belegt werden: "Sie aber kommen sicher mit erstaunlichem, ja mit singbarem Namen aus dieser grossen Stadt Paris. Der ganze unnatürliche Geruch des ausgleitenden Hofes von Frankreich umgibt sie" (305). In dem Namen Faroche ist möglicherweise auch der Geruch des wildduftenden roten 'farouche' (Klees) miteinbezogen.

300) Franz Kafka, Beschreibung eines Kampfes. Die zwei Fassungen, Parallelausg. nach den Handschriften hrsg. von Max Brod, Texted. von Ludwig Dietz (Frankfurt: Fischer, 1969), S. 23.
301) Ibid., S. 33.
302) Pavel Eisner, "Franz Kafkas 'Prozess' und Prag", German Life & Letters, 14 (1960-1), S. 24.
303) Kafka, Erzählungen, S. 261.
304) Yonge, op. cit., Bd. 1, S. 210.
305) Kafka, Erzählungen, S. 259-60.

Cabotin, ähnlich wie der Name Gillemann der Erzählung "Hochzeitsvorbereitungen auf dem Lande", verweist auf theatralischen Zusammenhang und trägt textlich zur fast impressionistisch, kulissenhaft geschilderten Szenerie dieser Erzählung bei. Cabotin in der Bedeutung eines flüchtig erscheinenden Schauspielers betont die Verschränkung der vorgegebenen und realen Existenz. Die Trennung der Dinge, der der leitmotivische Ton der Erzählung ist, ist also auch in den Namen miteingeschlossen. Die Fragwürdigkeit der Gegenstände wird von dem Gesprächspartner und dem in vielen Gesichtern erscheinenden Protagonisten fast wie in einem Dialog folgendermassen erklärt: "Dass ihr den wahrhaftigen Namen der Dinge vergessen habt und über sie jetzt in einer Eile zufällige Namen schüttet ... Die Pappel in den Feldern, die ihr den 'Turm von Babel' genannt habt, denn Ihr wüsstet nicht oder wolltet nicht wissen, dass es eine Pappel war, schaukelt wieder namenlos und Ihr musst sie nennen 'Noah, wie er betrunken war' " (306). Ryan schildert dies passend als ein "wandelndes Gesicht der Dinge" (307).

Anna ist der einzig benannte Mädchenname, der in dieser Erzählung, die in zwei Fassungen vorliegt, vorkommt. In den meisten Fällen verweist Kafka auf diese Heldin im volkstümlichen Ton, er nennt sie das "liebe Annerl". Er evoziert damit aber eine unmittelbare Assoziation mit der Protagonistin Brentanos, die, ähnlich wie Kafkas Heldin, zwischen zwei Welten verschlungen wird. Auch Kafkas Annerl ist die Geliebte, die "auf ihren Mund, ihr Ohr, ihre Schulter" geküsst wird (308), sie wird aber auch zum Essen "zwischen den Worten" aufgefordert (309) und ist diejenige, die ein wenig lacht, sich aber auch ein wenig fürchtet vor dieser Liebesbegegnung (310).

Wie schon in der Namenanalyse der Erzählung "Die Verwandlung" hingewiesen worden ist, kann dieser Rufname aus dem Hebräischen abgeleitet werden, der auf Deutsch 'die Liebliche' bedeutet. In dieser Interpretation gehört also auch dieser Name textlich der Erzählung an und trägt zu deren Wesenskern bei.

Bemerkt sei hier noch, dass der anonym gebliebene "Edelmann" Kafkas Freund, Franz Blei darstellen soll (311). Max Brod vermutet, dass der Gesprächspartner Kafkas Freund, Ewald Přibram sei (312).

Kafka beschreibt in dieser Erzählung die wirkliche Umwelt Prags, er benennt sogar spezifische Prager Toponyma. Bauer meint, dass Kafkas Werke in ihrer

---

306) Kafka, Erzählungen, S. 251-2.
307) Judith Ryan, "Die zwei Fassungen der 'Beschreibung eines Kampfes'. Zur Entwicklung von Kafkas Erzähltechnik", Jahrbuch der deutschen Schillergesellschaft, 14 (1970), S. 560.
308) Kafka, Erzählungen, S. 230.
309) Ibid., S. 255.
310) Ibid., S. 233.
311) Ludwig Dietz, "Datierungen von Kafkas 'Beschreibung eines Kampfes' ", Jahrbuch der deutschen Schillergesellschaft, 17 (1973), S. 501.
312) Kafka, Briefe, S. 497.

Komplexität ein tiefes Verständnis der Geographie und Geschichte dieser alten Stadt reflektieren (313), und dass eigentlich alle Wege zu Kafka durch Prag führen müssen (314). Am immanentsten ist dies mit den genau benannten Strassen und Plätzen der Stadt Prags in dieser Erzählung bestätigt. Von Interesse wäre hier noch darauf hinzuweisen, dass Kafka in seinen Tagebüchern einen Traum beschreibt, der sich ähnlich wie die Erzählung "Beschreibung eines Kampfes" in Paris und Prag abgespielt hat (315).

Um klarzumachen, wie wichtig für Kafka Prag als ein zentraler Bestandteil seines Gedankens war, identifiziert die folgende graphische Darstellung die Toponyma Prags, die in dieser Erzählung vorkommen:

---

313) Bauer, op. cit., S. 33.
314) Ibid., S. 15.
315) Kafka, Tagebücher, S. 108–9.

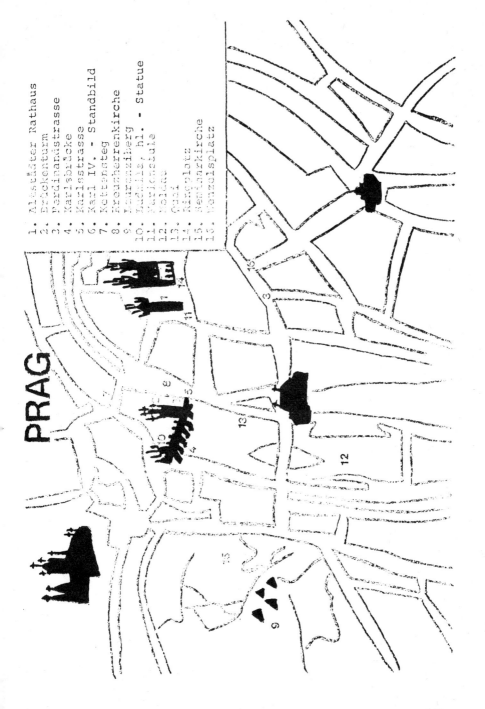

PRAG

1. Altstädter Rathaus
2. Brückenturm
3. Ferdinandstrasse
4. Karlsbrücke
5. Karlsstrasse
6. Karl IV. - Standbild
7. Kettensteg
8. Kreuzherrenkirche
9. Laurenziberg
10. Ludmilla, hl. - Statue
11. Marienbild
12. Moldau
13. Quai
14. Ringplatz
15. Seminarkirche
16. Wenzelsplatz

101

Kafkas Tagebuchaufzeichnung notiert, dass diese Erzählung schon im November 1911 geschrieben worden ist. Sie erschien mit kleinen Korrekturen als Erstdruck in der Oktobernummer 1912 der Herderblätter (316). Sie enthält nur einen Mädchennamen, der mit dem einer der drei Schwestern Kafkas (Ottla, Elli und Valli) übereinstimmt (317). Valli ist also nicht ein vom Dichter geprägter Name und benötigt deshalb keine weitere Interpretation.

Hinzugefügt sei nur, dass diese Tatsache zur autobiographischen Entschlüsselung der Namen stark beiträgt, indem wiederholt darauf hingewiesen werden kann, dass hinter der anonymen 'Ich-Figur' meistens Kafka selbst steckt. Das Plädieren um Ruhe, die ihm für sein dichterisches Schaffen so unentbehrlich war, hört sich hier wie der verzweifelte Kampf Gregor Samsas in der Erzählung "Die Verwandlung" an: "Schon früher dachte ich daran ... ob ich nicht die Tür bis zu einer kleinen Spalte öffnen, schlangengleich ins Nebenzimmer kriechen und so auf dem Boden meine Schwestern ... um Ruhe bitten sollte (318).

Auch Pasley betont, dass diese Erzählung die private Welt Kafkas preisgibt: "This is a case of direct private reference made public" (319).

---

316) Pasley-Wagenbach, "Datierungen", op. cit., S. 61.
317) Wagenbach, Franz Kafka in Selbstzeugnissen, op. cit., S. 18.
318) Kafka, Erzählungen, S. 222.
319) Malcolm Pasley, "Kafka's Semi-private Games", Oxford German Studies, 6 (1972), S. 120.

EIN TRAUM

Diese Erzählung gehört zu der Sammlung "Ein Landarzt", die noch zur Lebens-
zeit Kafkas erschien. Der Vor- wie auch der nur mit einem Initial bezeichnete
Zuname des Helden dieser Erzählung (Josef K.) ist mit dem Helden der Romane
Der Prozess und Das Schloss identisch. Da eine Namenanalyse für die beiden
Werke vorliegt, wäre eine Interpretation hier überflüssig.

Hinzugefügt sei aber, dass auch in dieser Chiffre das Autobiographische entschlüsselt werden kann. Kafka vermerkt in seinem Tagebuch: "Ich finde die
'K' hässlich, sie widern mich fast an und ich schreibe sie doch, sie müssen
für mich sehr charakteristisch sein" (320). Es wäre hier vielleicht die richtige Stelle, auf eine andere Tagebuchnotierung Kafkas hinzuweisen, in der der
Dichter einen Satz zitiert, den die Familie Kleist zum hundertsten Todestag
des Dichters Heinrich von Kleist gewidmet hat: "Dem Besten ihres Geschlechts"
(321). Das Tanzen der Goldbuchstaben, die über dem Grab, in das Josef K.
versinkt, wie eine Fata Morgana flimmern, kann als eine Traumerscheinung
des Unterbewusstseins Kafkas betrachtet werden: "Während er aber unten,
den Kopf im Genick noch aufgerichtet, schon von der undurchdringlichen
Tiefe aufgenommen wurde, jagte oben sein Name mit mächtigen Zieraten über
den Stein. Entzückt von diesem Anblick erwachte er" (322). Adorno sieht in
dieser Traumvision, dass der Name von aussergewöhnlicher Wichtigkeit ist:
"Der Name allein, der offenbar wird durch den natürlichen Tod, nicht die le-
bendige Seele steht ein fürs unsterbliche Teil" (323). Tauber betont, dass "hier
die Sehnsucht nach dem Versinken in einen anderen Bereich und zugleich die
Hoffnung, aus der Anonymität eines ungemässen Daseins, aus dem 'Man' sich
zur Verwirklichung seiner selbst zu erheben und damit erst eigentlich zu einem
eigenen Namen zu kommen" miteinbeschlossen ist (324). Nach Freud ist die
Wunscherfüllung der Sinn jedes Traumes (325). Auch Kafkas Erzählung bestätigt dies.

---

320) Kafka, Tagebücher, S. 268.
321) Ibid., S. 123.
322) Kafka, Erzählungen, S. 166.
323) Theodor W. Adorno, "Aufzeichnungen zu Kafka", Die neue Rundschau, 64
(1953), S. 353.
324) Herbert Tauber, Franz Kafka. Eine Deutung seiner Werke. Diss. (Zürich:
Oprecht, 1941), S. 73.
325) Freud, op. cit., Bd. 2, S. 139.

B. DIE ROMANE KAFKAS

Die aus dem Nachlass stammenden drei Romane werden in der Reihenfolge, wie sie zur Zeit in der Sekundärliteratur angenommen, und nicht wie sie von Max Brod herausgegeben wurden, interpretiert. Vermutlich gehört der Roman Amerika (Der Verschollene, 1927) der frühesten Schaffensperiode Kafkas an, aus der mittleren stammt der Roman Der Prozess (1925), und der Roman Das Schloss (1926) ist ein Werk der Spätzeit. Die Namen, die in diesen Werken vorkommen, werden in den meisten Fällen in der Reihenfolge, wie sie in den Romanen erscheinen, analysiert. Einige Namen, wie z.B. Hasterer, Klamm usw. werden im Kapitel, wo sie zuerst erwähnt sind oder auf einen logischeren Zusammenhang verweisen, besprochen, auch wenn sie erst in den unvollendeten oder in den späteren Kapiteln von grösserer Bedeutung sind.

Kafkas fragmentarisch gebliebene Romane enthalten über hundert Vor- und Zunamen und fast dreissig Ortsnamen. Die Toponyma sind im Roman Amerika (Der Verschollene) von Wichtigkeit, im Prozess wie auch im Schloss sind nur die Strassennamen von Bedeutung.

Auch als Grundlage dieser Namenanalyse liegt die Fischer-Ausgabe vor.

AMERIKA

(DER VERSCHOLLENE)

A. Nomenklatur:

Bendelmayer
Berchtold
Bess
Brummer
Brunelda
Butterbaum
Delamarche
Eduard
Fanny
Feodor
Franz
Giacomo
Green
Grete
Isbary
Jakob (Onkel)
Jakob (Sohn)
Johanna
Josef
Kalla
Karl
Klara
Krumpal, Dr.
Line
Lobter
Mack
Mendel
Mitzelbach
Montly
Negro
Pollunder
Renell
Robinson
Rossmann
Schubal
Schwarzer Kaffee
Therese

B. Toponyma:

Amerika
Böhmen
Brooklyn
Butterford
Clayton
Colorado
East River
Europa
Frisko
Hamburg
Kalifornien
Kanada
New York
Oklahoma
Pommern
Prag
Ramses
San Franzisko
Ungarn
Vereinigte Staaten
Wenzelsplatz
Wien

C. Miszellen:

Hamburg–Amerika Linie
Hotel Occidental
Pension Brenner
(Restaurant) Zur goldenen Gans

AMERIKA

(DER VERSCHOLLENE)

Im Nachwort zur ersten Auflage dieses fragmentarisch gebliebenen Romans vermerkt Brod, dass Kafka selbst die Einteilung und die Namen für die ersten sechs Kapitel festgesetzt hat (326). Dies bestätigt auch der später herausgegebene Briefwechsel Kafkas mit Felice Bauer (327). Da aber das erste Kapitel dieses Romans auch als selbständige Erzählung noch vom Dichter selbst unter dem Titel "Der Heizer" 1913 herausgegeben worden ist und einige der wichtigsten Namen dieses Werkes enthält, kann höchstwahrscheinlich angenommen werden, dass die meisten Namen Prägungen Kafkas sind.

Der Hauptheld, wenn überhaupt von Kafka in den Werken benannt, wird gleich im einleitenden Satz hier aber mit vollständigem Vor- und Zunamen als Karl Rossmann vorgestellt, "der von seinen armen Eltern nach Amerika geschickt worden war, weil ihn ein Dienstmädchen verführt und ein Kind von ihm bekommen hatte" (328). Auch Burgums Studie betont, dass er der einzige Hauptprotagonist der Kafka-Romane ist, welcher einen vollständigen Namen hat (329).

'K', der Anfangskonsonant des Vornamens Karl verweist vermutlich auf das 'K' in Kafka und wird in der Sekundärliteratur sehr häufig so interpretiert. Weiter betonen die Einzeldarstellungen, dass das 'K' der drei Hauptthelden der Romane auf eine innere Verwandtschaft verweisen. Politzer geht sogar noch einen Schritt weiter und meint, dass das vorhandene 'K' die Namengestalt Karl zum Verwandten des Autors macht (330). Levis Studie fügt noch hinzu, dass neben der Chiffre 'K' auch der Vokal 'a' eine Namenverwandtschaft bestätigt, da ja dieser Vokal der einzige im Vornamen des Dichters ist (331).

Karl kann aus dem ahd. 'charal' und nd. 'kerl' abgeleitet werden. Ursprünglich war dies ein Beiname, der 'Karl' als eine Ablautform zu 'kerl' in der Bedeutung 'freier Mensch' bezeichnete (332). Wentscher vermerkt, dass dieser Name auch die Konnotation 'Held' einschliesst (333). Penzoldt fügt noch hinzu, dass die Germanen 'heldische' Namen bevorzugten, weil sie schon in der Namengebung dem Träger einen Vorschuss oder eine Beschwörung mitgeben wollten (334).

---

326) Franz Kafka, Amerika, hrsg., von Max Brod, Lizenzausg., Schocken Books New York (Frankfurt: Fischer, 1966), S. 357.
327) Kafka, Briefe an Felice, S. 86.
328) Kafka, Amerika, S. 9.
329) Edwin Berry Burgum, "Franz Kafka and the Bankruptcy of Faith", Accent (Spring 1943), S. 157.
330) Politzer, op. cit., S. 186.
331) Levi, op. cit., S. 4.
332) Schwarz, op. cit., Bd. 1, S. 15.
333) Wentscher, op. cit., S. 41.
334) Ernst Penzoldt, "Magie der Namen", Westermanns Monatshefte, 93 (1952-3), S. 20.

Karl, als Name, demonstriert in seiner Simplizität unverzüglich den Wesenskern des Romans, das heisst, dass der Held wortwörtlich mit diesem Namen
sein unenetrinnbar 'heldenhaftes' Schicksal, welches sich aus einem jugendlichen
zu einem männlichen entwickeln sollte, gerade mit dieser einfachen, aber desto
präziseren Namenwahl vorwegnimmt.

'Ross', als der erste Teil des Zunamens, verweist auf eine allgemein angewandte
Bezeichnung des Pferdes, die aus dem ahd. 'hros', mhd. 'ros' und nhd. 'ross'
abgeleitet werden kann; auf dies ist in der Erzählung "Ein Landarzt" schon hingewiesen worden (335). Dornseiff behauptet, dass häufig ein Unterschied zwischen gleichen Begriffen besteht, so wird z.B. das Ross in der neueren Schriftsprache als das edlere, das Pferd als das gewöhnlichere Wort empfunden; im
Mittelhochdeutschen bezeichnete 'ros' nur das Streitross (336). Es besteht aller Grund zur Annahme, dass Kafka sich dieses Unterschieds bewusst war und den
Namen des Haupthelden in diesem Sinne anwendete. Dieser Unterschied ist auffallend in der anonymen Pferdeknechtgestalt der Erzählung "Ein Landarzt".
Levi sieht sogar in diesen Gestalten eine Möglichkeit dichterischer Wiederver-
körperung (337).

'Mann', als der zweite Teil dieses Zunamens, kann auch hier, ähnlich wie bei
dem Helden der Erzählung "Das Urteil", als ein charakterisierender Beiname,
der von Kafka selbst als solcher definiert wurde, betrachtet werden. Ross ist,
wie Politzer richtig betont, ein Tiername, wie es auch beim Namen des Dichters (Kafka>kavka>Dohle) der Fall ist (338). Ross + Mann demonstrieren eindeutig, dass es sich hier um eine Kombination von zwei Elementen handelt,
in welcher sich das Tierische und das Menschliche nicht nur metaphorisch,
sondern de facto, aneinanderfügen. Bildlich können die Komponenten Ross
und Mann wie Gewichte auf einer Waage betrachtet werden, die aus derselben
Zahl der Konsonanten und Vokale bestehen und im Gleichgewicht verbleiben.

Der Name 'Rossmann' ähnelt metaphorisch auch dem 'Cowboy' oder dem 'Indianer', da diese männlichen Gestalten meistens auf einem Pferd reitend geschildert werden. Dieses Motiv kommt stark im "Wunsch, Indianer zu werden"
zum Ausdruck: "Wenn man doch ein Indianer wäre, gleich bereit, und auf dem
rennenden Pferde, schief in der Luft, immer wieder kurz erzitterte über dem
zitternden Boden, bis man die Sporen liess, denn es gab keine Sporen, bis man
die Zügel wegwarf, denn es gab keine Zügel, und kaum das Land vor sich als
glatt gemähte Heide sah, schon ohne Pferdehals und Pferdekopf" (339).

Dieses 'Ungebunden-Sein', 'Sich-ganz-mitreissen-lassen', dieser 'Drang-nach-
absoluter-Freiheit' schwingt auch in diesem Namen mit und kann in der Okla-

---

335) Grimm, op. cit., Bd. 8, K. 1237.
336) Franz Dornseiff, Bezeichnungswandel unseres Wortschatzes. Ein Blick
    in das Seelenleben der Sprechenden (Baden: Schauenburg, 1955), S. 66.
337) Levi, op. cit., S. 5.
338) Politzer, op. cit., S. 186.
339) Kafka, Erzählungen, S. 22.

homa-Szene noch gesteigerter beobachtet werden, die graphisch wie eine sich progressiv entwickelnde Perspektive erscheint, aber nach den Regeln der Gesetze in eine regressiv abnehmende Linie, in eine Verkümmerung auslaufen muss. Schon der beabsichtigte Originaltitel des Romans, der den Wesenskern der Geschichte vorherbestimmt, bestätigt dies.

Zuletzt sei hier noch bemerkt, dass der erhaltene handschriftliche Urtext der Erzählung "Der Heizer" den Namen 'Karl' öfters mit 'Georg' verwechselt, und dass die Manuskripte der Erzählungen "Das Urteil" und "Die Verwandlung" die Helden mit 'Karl' benennen. Auf diese Eigentümlichkeit verweist auch die Studie Jahns (340). Kobs nennt es einen Irrtum, bestätigt aber zugleich, dass diese Verwechslung in den Manuskripten öfters vorkommt und erst in den Korrekturen der Einzeldrucke vom Dichter selbst korrigiert wurde (341). Auch Dietz nimmt an, dass diese drei Erzählungen aus einer Zeugung und gemeinsamer Geburt stammen (342). Diese durchgängige Einstimmigkeit, die dem gedanklichen Aufbau dieser drei Erzählungen zugrundeliege, betont auch die Arbeit Rufs (343).

Es wäre vielleicht noch eine andere Annahme möglich, die vermutet, dass die in verwechselter Form erscheinende Namengebung eine absichtliche war. Kafkas jüngerer Bruder, der 1885 geboren wurde und als Zweijähriger an Masern starb, hiess Georg. Ob Kafka sich hinter der Maske seines Bruders bewusst oder unbewusst verstecken wollte, kann zur Zeit nur als Spekulation in Betracht kommen.

Kafka weist aber in seiner Korrespondenz auf den Helden des Romans Amerika als Karl hin: "Letzthin ging ich durch die Eisengasse, da sagt jemand neben mir: 'Was macht Karl'? Ich drehe mich um; ich sehe einen Mann, der ohne sich um mich zu kümmern im Selbstgespräch weitergeht und auch diese Frage im Selbstgespräch gestellt hatte. Nun heisst aber Karl die Hauptperson in meinem unglücklichen Roman" (344).

Das Dienstmädchen, im Roman auch Köchin genannt, die Karl "verführte", und deretwegen er nach Amerika "beiseitegeschafft" wurde, wird sehr treffend

340) Wolfgang Jahn, "Kafkas Handschrift zum 'Verschollenen' ('Amerika')", Jahrbuch der deutschen Schillergesellschaft, 9 (1965), S. 549.
341) Jörgen Kobs, Kafka-Untersuchungen zu Bewusstsein und Sprache seiner Gestalten, hrsg., von Ursula Brech (Bad Homburg: Athenäum, 1970), S. 48.
342) Ludwig Dietz, "Die autorisierten Dichtungen Kafkas", Zeitschrift für deutsche Philologie, 86 (1967), S. 316.
343) Urs Ruf, Franz Kafka. Das Dilemma der Söhne. Das Ringen um die Versöhnung eines unlösbaren Widerspruchs in den drei Werken 'Das Urteil', 'Die Verwandlung' und 'Amerika' (Berlin: Schmidt, 1973), S. 9.
344) Kafka, Briefe an Felice, S. 319.

mit dem Namen Johanna Brummer identifiziert. Johanna kann aus dem Hebräischen
יוחנה und Griechischen 'Ιωάννα abgeleitet werden. Als alttestamentari-
scher Name kann Johann als einer der am häufigsten vorkommenden männlichen
Namen angesehen werden; Johanna als weiblicher Name wird demgegenüber im
Evangelium des hl. Lukas (3.2 und 24.10) als eine der Frauen, die Christus
bedienten, erwähnt. Die Anname, dass in der Chiffre 'K' ein weiteres Kryptogramm (Christus>Kafka>Karl) entschlüsselt werden kann, scheint vielleicht
auch in diesem Zusammenhang annehmbar. Da dies aber im engeren Sinn nicht
zur Namendeutung gehört, wäre eine weitere Analyse zu forcieren.

'Gott soll gnädig sein und an dem Geschick Karls Barmherzigkeit üben', wäre
gewiss ein passend expressionistischer Aufschrei, der ganz einfach das Wesentliche dieses unglücklichen Schicksals sehr genau vorausdeutet.

Brummer kann als ein assoziativer Name, der eine ganz bestimmte Idee vermittelt, aber auch als ein redender Name, der über den Charakter gerade mit diesem spezifischen Namen etwas vorausahnen lässt, betrachtet werden. Nach
Majut, ist ein Brummer ein Typ der Pferdfliege, der auch als Schmeissfliege
bekannt ist (345). Diese phänomenale Namengebung bemerken auch Politzer (346)
und Levi (347). Die Benennung 'Brummer' beschreibt sehr charakterisierend
den Angriffsakt, mit der sich dieses Insekt auf einen Körper schmeisst. Die
Larven der Brummer dringen z.B. bei Menschen in die Haut ein und rufen
furunkelartige Geschwüre hervor (348). Auch heute bezeichnet noch Adelungs
Erklärung passend diese Fliege: "Sie plaget die Pferde und lässt sich daher gern
bei ihnen antreffen" (349).

Diese animalische Verhaltensweise kann auch in der Reminiszens Karls, die
Johannas Verführung schildert, beobachtet werden: "(Sie) drückt ihren nackten
Bauch an seinen Leib, suchte mit der Hand, so widerlich, dass Karl Kopf und
Hals aus den Kissen herausschüttelte, zwischen seinen Beinen, stiess dann den
Bauch einige Male gegen ihn ... Das war alles gewesen" (350).

Das Furunkelhafte Geschwür, das sich aus dieser Larve entwickelt hatte, kann
als das unentrinnbar pechvogelhafte Schicksal Karls betrachtet werden. Diesen
Schicksalsstoss empfing ja ein noch sehr naiver vierzehnjähriger Junge! Auch
die Tagebücher enthalten einen Hinweis, der bestätigt, dass dem Kafka-Haushalt
eine "ganz bestimmte Köchin" angehörte, die seiner Erziehung "in mancher
Richtung sehr geschadet hat" (351).

---

345) Rudolf Majut, Ueber hippologische Bezeichnungen (Berlin: Schmidt, 1972),
   S. 81.
346) Politzer, op. cit., S. 192.
347) Levi, op. cit., S. 5.
348) Brockhaus, op. cit., Bd. 16, S. 750-1.
349) Johann Christoph Adelung, Grammatisch-kritisches Wörterbuch, 2., Aufl.
   Nachdr. (Hildesheim: Olms, 1970), Bd. 3, K. 727.
350) Kafka, Amerika, S. 38.
351) Kafka, Tagebücher, S. 11.

Ueber das Brummererlebnis hören wir nur am Anfang der Geschichte, der eigentliche Kern des Romans ist die analytische Beschreibung der peinlichen Konsequenzen dieses Stosses, die der Protagonist 'heldenhaft' zu ertragen versucht.

Das Kind, das aus dieser unglücklichen Affäre geboren wurde, heisst Jakob und wurde nach Karls Onkel, der schon über dreissig Jahre in Amerika lebte, genannt. (Bemerkt sei, dass auch Kafkas Grossvater väterlicherseits Jakob hiess.) Jakob weist wieder auf einen hebräischen Ursprung hin. יעקב kann als Verdränger, Nachfolger übersetzt werden (352). Weinberg betont, dass Jakob auch als Ueberlister gedeutet werden kann (353). Im textlichen Zusammenhang beweist also auch dieser Name, dass er den Wesenskern des Romans, das heisst den Verdrängten, den Verschollenen in sich miteinschliesst.

Karls Onkel, der es vorzieht "Senator Jakob" genannt zu werden, wird von seinem Neffen als Edward Jakob Bendelmayer identifiziert. Eduard passt vortrefflich zur Beschreibung eines reichen Mannes, dessen Kommissions- und Speditionsgeschäfte die drittgrössten Lagerhäuser in New York sind. Nach Loose, verkörpert Karls Onkel "den aus eigener Kraft errungenen und erzwungenen Erfolg, die Wandlung des mittellosen Einwanderers Jakob Bendelmayer zum Senator Edward Jakob, dem 'tycoon', dessen Reichtum, Macht und politischer Einfluss ihn instandegesetzt haben, das Unternehmen monopolkapitalistisch auszuweiten" (354). Edward, wie ja schon im Zusammenhang mit der Erzählung "Hochzeitsvorbereitungen auf dem Lande" hingewiesen wurde, kann onomastisch suggestiv als Hüter eines Besitzes gedeutet werden. Das Besitzen eines Eigentums wird noch mit dem Zunamen '-mayer' betont, der meistens einen Mann, der aus einem Hof stammt oder einen Grund besitzt, bezeichnet (355).

Bendelmayer, ähnlich wie Rossmann, der Name des Hauptprotagonisten, ist aus zwei Teilen zusammengesetzt. Bendel evoziert sofort eine Assoziation mit dem Helden der Erzählung "Das Urteil" und verweist schon durch diese Namenwahl auf innere Verwandtschaft. Das Suffix '-l', drückt nach Bach Zugehörigkeit, Abhängigkeit und Aehnlichkeit aus (356).

Da auch der Name '-mayer' ein Besitztum bezeichnet, kann möglicherweise Bendelmayer im übertragenen Sinne als Reichtum, der dem Bende gehört, gedeutet werden. (Bende, selbstverständlich auch hier in derselben Bedeutung wie in der Erzählung "Das Urteil"). Die vorher erwähnte Hypothese, dass Karl auf einen Verwandtschaftszusammenhang mit Gregor verweist, scheint gar nicht so unmöglich zu sein.

---

352) Withycombe, op. cit., S. 79-80.
353) Weinberg, op. cit., S. 56.
354) Gerhard Loose, Franz Kafka und Amerika (Frankfurt: Klostermann, 1968), S. 43.
355) Bach, op. cit., Bd. 2, T. 2, S. 399.
356) Bach, op. cit., Bd. 2, S. 218-9.

Mit dem Namen Schubal ist der Obermaschinist des Schiffes, mit dem Karl Rossmann nach Amerika fuhr, vorgestellt. Er wird von Kafka als ein Rumäne identifiziert, was auch die Entschlüsselung dieses Namens erleichtert.

'Şuba' bedeutet auf Rumänisch ein Oberkleid, meistens einen Pelzmantel. Nach den Regeln der rumänischen Grammatik verweist 'şubăl' auf eine Dativ-Konstruktion, die Kafka, ähnlich wie z.B. bei Lement, mit dem richtigen Pronomen verbindet; hier ist es die korrekt angewendete maskuline Form des Verbs. 'Şubăl', das heisst sich also mit einem Mantel bekleiden, bemänteln, kann metaphorisch als eine Verstellung, ein Verstecken des wahren Charakters betrachtet werden, welches aber auch das Blosstellen, die Entblössung einer Individualität miteinschliesst. Auch nach Grimm, kann dieses Wort aus dem romanisch-italienischen 'giubba', das auch auf das deutsche Wort 'Schaube' verweist, belegt werden (357).

Für das tschechische Ohr klingt aber sofort auch 'sub(r)al' mit, das einen ganzen Komplex von Bedeutungsmöglichkeiten miteinschliesst. Herumbummeln, alles durcheinanderbringen, verwirren, verpfuschen, verhunzen oder verderben, wären nur einige Beispiele von möglichen Uebersetzungen dieses Wortes. Dem textlichen Zusammenhang nach können alle diese Deutungen, da sie den charakteristischen Wesenskern dieser Gestalt bezeichnen, belegt werden.

Demgegenüber meint Politzer, dass Schubal an 'Schubiak' anklingt (358). Er verweist auf Kluge, nach dem Schubiak nicht nur die Bezeichnung für einen Schurken ist, sondern auch als Charakterisierung für einen Menschen gebraucht wird, der jedermann im Wege ist (359). Alle diese Namendeutungen können eigentlich ohne Streit angenommen werden, sie widersprechen sich im Grunde genommen nicht. Die Idee einer Verhüllung, hier wortwörtlich mit einer Bekleidung ausgedrückt, beschreibt metaphorisch genau den wichtigtuerischen Schurken, den Kafka einfach als "Lumpenhund" charakterisiert. Auch dieser Name demonstriert, dass er nach seiner Entschlüsselung den Wesenskern und die Grundzüge des Charakters darstellt.

Line ist als einfaches Küchenmädchen auf dem Boot angestellt und wird nur ganz flüchtig zweimal erwähnt. Sie wird einmal vom Heizer angesprochen, und das zweitemal ist sie "lustig zuzwinkern" geschildert, indem sie von Karl Abschied nimmt (360).

Line kann als die Kurzform von Karoline betrachtet werden, die in ihrer Urform auf Charlotte, das heisst auf Karl, verweist. Da aber Karl der Vorname des Haupthelden ist, kann vielleicht auch dieser dem Anschein nach nichtssagender Name als eine weitere Kamouflage des Dichters aufgedeckt werden. Lines und Karls Existenzkampf ist sehr ähnlicher Art. Line wird von den Männern (Heizern,

---

357) Grimm, op. cit., Bd. 8, K. 2297-8.
358) Politzer, op. cit., S. 197.
359) Kluge, op. cit., S. 682.
360) Kafka, Amerika, S. 18 und 46.

Matrosen usw. - es sei beachtet, dass sie alle anonym bleiben) verfolgt und ist deren Lust preisgegeben; demgegenüber wird Karl von Frauen (Johanna, Klara, Brunelda usw.) gierig begehrt und ausgenutzt.

Zu den Sekundärgestalten des Romans gehört Franz Butterbaum, dem Karl auf dem Schiff die Aufbewahrung seines Koffers anvertraut.

Yonge vermutet, dass Franz auf das Griechische φίλη verweist und 'freier Mann' bedeutet (361). Frei, hier vielleicht im übertragenen Sinn, das heisst, dass Butterbaum sich 'frei' genug fühlt, mit dem Koffer nach seinem eigenen freien Willen zu disponieren. Kafka war in der Verwendung seines eigenen Vornamens sehr vorsichtig. Nicht ein einziger Hauptprotagonist in seinen Werken heisst Franz, nur Repräsentanten kleiner Nebenfiguren hören auf diesen Namen. Man kann also annehmen, dass Kafka diesen Namen bewusst und nur sehr zurückhaltend verwendet hat. Hier in dem Roman Amerika ist Franz fast als ein Splitter seines Spiegelbildes dargestellt. Butterbaum ist ja derjenige, der die Vergangenheit Karls und dessen Zukunft verbindet.

Butterbaum ist aus zwei Teilen zusammengesetzt und demonstriert gerade in dieser Konstruktion einen komisch klingenden, derogierenden, fast einen derivatorischen Namen. Onomastisch suggestiv akzentuiert dieser Name hier einen Baum, buchstäblich aus Butter, also eine Erscheinung, die, wenn sie den Sonnenstrahlen ausgesetzt ist, sogleich zergehen muss. Metaphorisch drückt dieser Name den Grundcharakterzug der Gestalt aus. Butterbaum wurde vom Dichter nur für eine einzige Rolle geschaffen: Er verschwindet nach der flüchtigen Identifizierung für immer in das Unbekannte dieses offengebliebenen Romans. Nur der mysteriös auftauchende Koffer bestätigt, dass er einmal mit der Vergangenheit Karls verbunden war.

Butterford, als Toponym, verweist auf eine ähnliche Konstruktion wie der Name Butterbaum. Dem geographischen Lexikon nach gibt es aber in den USA nur ein Butterfield. Butterford ist also nicht aufweisbar. Kafka hat dieses Toponym mit einem fiktiven Namen versehen und in den Roman bewusst so eingeführt.

Ford verweist auf eine Seichtigkeit, in der sich Karl Rossmann spurlos verliert. Im Kontext deuten beide Namen eine Verschmelzung, ein Verschollensein, ein Sich-in-das-Nichts-Verlieren an und tragen zum ideologischen Gesamtbild des Romans bei. Semantisch spielt dieses Toponym auf den Ortsnamen Jungbunzlau der Erzählung "Hochzeitsvorbereitungen auf dem Lande" an; beide schliessen die Konnotation eines Versinkens mit ein.

Green, der Freund des Onkels, in dem Manuskript oft nur mit der Chiffre 'G' bezeichnet (362), wird im Roman vom Dichter als ein alter, ausgepichter New Yorker Junggeselle vorgestellt. Die Bezeichnung 'grün' evoziert sofort eine Assoziation zur Entwicklung oder zur Entfaltung, die auch mit dem folgenden Satz, der aus dem Kapitel "Ein Landhaus bei New York" stammt, betont zum Vorschein kommt: Alles ist erst im Werden.

---

361) Yonge, op. cit., Bd. 2, S. 190.
362) Kobs, op. cit., S. 69.

Die charakterisierende Prägung dieser Namengestalt, die ihn als einen alten, alleinstehenden Trinker, der in einer der grössten Metropolen der Welt lebt, bezeichnet, klingt an eine negierende Idee an. Das Verb 'picheln' kann als 'saufen', 'trinken' gedeutet werden, es schwingt aber auch die Konnotation 'Pechvogel' mit (363).

Die wichtigste Rolle Greens im Roman ist, den Brief des Onkels an Karl zu übergeben, der die Zukunft, das heisst sein Werden drastisch beeinflusst. Uyttersprot nennt dies den "Kristallisationspunkt" des Romans (364). Dieser tragische Brief informiert Karl, dass sein reicher Onkel sich seiner nicht mehr annimmt, und dass er seinen eigenen Weg gehen müsse. Green projiziert vielleicht mit seinem Gegenwartszustand, dass auch Karls Werdegang scheitern muss. Green kann hier als ein Spiegelbild, eine Reflexion des Haupthelden betrachtet werden, der zwar noch vor einer unbekannten Zukunft steht, der aber in seiner Entfaltung gehindert worden ist und vielleicht sogar als unglücklicher Junggeselle, ähnlich wie Green, der nach der Uebergabe des Briefes verschwand, so wie schon vorher Butterbaum.

Borchardt sieht sogar ein makabres Wortspiel Kafkas in diesem Namen; er bemerkt, dass 'Green' dieselben Buchstaben enthält wie der vielumstrittene Name 'Neger' (365). Er kann also als ein Anagramm betrachtet, und dieser Name als ein weiterer Substitutsname für Kafka entschlüsselt werden.

Pollunder verweist auf einen redenden Namen, der die Konnotation einer Verunreinigung, einer 'Pollution' auch miteinschliesst. Die Verschmutzung der Umwelt durch Zivilisationseinflüsse ist meistens die traurige Konsequenz einer Pollution. Dies kann auch im Falle der Familie Pollunder (Vater wie auch Tochter – eine Frau Pollunder wird ja nie erwähnt) bewiesen werden, da ja deren machiavellistischer Einfluss die Zukunft des jungen Karls verschandelt. Pollution kann aber auch noch im weiteren Sinne verstanden werden. Als medizinisches Faktum wird die Pollution häufig mit sexueller Phantasie in der Pubertät als natürliche Erscheinung eines Ausgleichsvorganges betrachtet. Karl Rossmann steht ja schon als naiver Sechzehnjähriger seiner unbekannten neuen Umwelt gegenüber und landet nach der unglücklichen Verführungsaffäre wieder in den Armen der sexuell reiferen Klara Pollunder.

Klara kann aus dem Lateinischen 'clarus' (klar) und 'clarens' (berühmt) abgeleitet werden (366) und hier wortwörtlich als die Aufgeklärte, und in ihrer Reputation berühmte Verführerin, gedeutet werden. Der Anfangsbuchstabe wie auch der einzige Vokal dieses Namens, der sich in dem Namen Karl, aber auch in Kafka wiederholt, verweist auf eine Namenverwandtschaft. Klara ist aber nur im theoretischen Sinne eine ebenbürtige Partnerin Karls. Sie handelt frei, pflegt Umgang,

---

363) Kafka, Amerika, S. 74 und 96.
364) Hermann Uyttersprot, "Zur Struktur von Kafkas Romanen", Revue des langues vivantes, 20 (1954), S. 378.
365) Alfred Borchardt, Kafkas zweites Gesicht. Der Unbekannte. Das grosse Theater von Oklahoma (Nürnberg: Glock, 1960), S. 163.
366) Partridge, op. cit., S. 73.

wie es ihr und mit wem es ihr passt und lässt sich nur von ihrem eigenen Willen
antreiben; sie gehört also mit ihrem zügellosen Geschlechtsverkehr der befrei-
ten Generation an. Demgegenüber ist Karl dieser Freiheit noch nicht gewachsen.
Sein Werdegang kann ja auch als die Befreiung von seinen altmodisch moralischen,
wie auch sozialen Fesseln betrachtet werden, die er aus der alten Heimat mit in
seine neue Existenz geschleppt hat.

Pollunder ist also ein vortrefflich passender Name, der den negativen Einfluss
der Umwelt auf Karl und den Lebenskampf, den dieser mit der 'Pollution' aufnehmen muss, um nicht unterzugehen, genau bezeichnet. Karl wird ja, wie
von einem Wirbelwind erfasst, ständig weitergestossen und kann sich nicht aus
diesem schädlichen Sog befreien. Auch Pollunder nimmt mit der Namendeutung
diesen nur fragmentarisch projizierten Ausgang des Verschollenseins vorweg.

Mack wurde als einer der ersten Bekannten in der Neuen Welt vom Onkel als
"ein schlanker, junger, unglaublich biegsamer Mensch" vorgestellt, von dem
Karl – zu erwähnen sei, dass sein Name Rossmann ist – das Reiten hätte er-
lernen sollen (367). (Eine Tagebucheintragung Kafkas vermerkt humorvoll, dass
ein Freund auf seiner 'Kostfrau', die er als "eine Kostschachtel" bezeichnete,
"herumreiten musste".) (368) In den Tagebüchern befindet sich eine andere Aufzeichnung, die verrät, dass Kafka sich mit der Mack-Gestalt eingehend befasste:
"Ich pflegte während meiner Gymnasialzeit hie und da einen gewissen Josef Mack,
einen Freund meines verstorbenen Vaters, zu besuchen" (369).

Kafka betont in seinem Resümee an die Arbeiter-Unfall-Versicherungsanstalt,
dass er neben der deutschen, tschechischen und französischen auch die englische
Sprache teilweise beherrschte (370). Im englischen Slang bedeutet 'mack' Kuppler.
Auch Mack, der Protagonist des Romans, kann mit dieser Eigenschaft charakterisiert werden. Im textlichen Zusammenhang ist ja Mack derjenige, der Karl mit
Klara verkuppelt, obgleich sie seine eigene Braut ist. (Metaphorisch bezeichnet
dies augenscheinlich das Motiv des 'Pferdereitens'.)

Etymologisch kann dieser Name aus dem Irischen und Gälischen 'mac' (Sohn)
abgeleitet werden, das häufig als ein Präfix in Namenkonstruktionen erscheint
und eine gewisse Aehnlichkeit im Namenbau, z.B. mit Robinson, mit einem anderen patronymischen Namen, aufweist. Der Name Mack bestätigt wieder, dass
Kafka ihn mit präziser Konnotation im Roman eingeführt hat. (Mack, wie auch
Pollunder, erschien orthographisch in verschiedenen Variationen: Mac, Mack,
M., beziehungsweise P. und Pol. (371).

Delamarche und Robinson sind die zwei Gefährten, die Emrich treffend als
Asoziale, als Vagabunden bezeichnet (372), die Rossmann während seines Ver-
suches, sich eine neue Existenz zu erkämpfen, begleiten. Sie werden vom Dichter sehr eindrucksvoll schon mit der Namenwahl geschildert. Kafka bestätigt
hier wieder, dass er mit der Einführung dieser zwei Namen einerseits ganz

367) Kafka, Amerika, S. 55.
368) Kafka, Tagebücher, S. 182.
369) Ibid., S. 224.
370) Wagenbach, Franz Kafka. Eine Biographie, op. cit., S. 250.
371) Kobs, op. cit., S. 68-9.
372) Emrich, op. cit., S. 244.

humorvoll, andererseits ganz präzise, den Progress, den weiteren Werdegang seines Helden preisgibt.

De-la-marche bezeichnet auf Französisch nicht nur den, der marschiert, sondern schliesst auch ein Weiterziehen, also einen Fortschritt mit ein, der mit dieser exakten Namenprägung den Entwicklungsprozess des Helden betont und vielleicht auch das Verschollensein beschleunigt. Kafka gibt zwar die Nationalität der beiden korrekt als französisch, beziehungsweise irisch an, erwähnt aber nichts Weiteres über ihre Herkunft. Diese unbekannte Vergangenheit ist auch mit dem Namen Robin-son prägnant betont, da ja diese Konstruktion auf ein Findelkind, auf einen Bankert verweist, der hier wortwörtlich der Sohn irgendeiner Wanderdrossel (Robin) sein kann, und der ohne Ziel und Bestimmung von einem Ort zum anderen hüpft.

Robinson als theriophorer Name verweist auf eine Namenverwandtschaft mit der Dohle und bestätigt das vorher schon konzipierte Mosaikbild, dessen Einzelsteine, wie auch dessen Gesamtbild, immer Kafka selbst darstellen. Auch Defoes 'Robinson Crusoe' Gestalt könnte die Namenwahl für diesen Helden beeinflusst haben. Kafkas Briefe und Tagebücher enthalten spezifische Hinweise, die bestätigen, dass er sich mit Defoes Helden eingehend beschäftigt hat. Auf dies verweist auch Schillemeits Studie (373). Robinson wie auch Delamarche weisen auf eine gewandte Namenprägung hin und spiegeln die am meisten charakterisierenden Wesenskerne der Gestalten wider. (Es sei nur vermerkt, dass Max Brod in der Handschrift Robinsonerl, der Name erschien auch in dieser Form, zu Robinson transkribierte (374). Solche Kleinigkeiten mögen peripherisch wirken, für eine Namenstudie sind sie aber von aussergewöhnlicher Wichtigkeit, da so eine Aenderung den Protagonisten in einer verfälschten Weise zeigt und die Intention des Dichters verzerrt).

Der Name 'Hotel Occidental' ist ein sehr verbreiteter europäischer Hotelname und kann einfach als solcher angenommen werden. Politzer betont aber, dass der Name des Hotels wortwörtlich genommen werden sollte und dabei an Sonnenuntergang und an allgemeinen Verfall gedacht werden könnte (375). Demgegenüber erklärt Emrich diesen Namen als das "Sinnbild westlicher Zivilisation" (376). Höchstwahrscheinlich haben beide recht, da ja im Grunde genommen im Wort occidental' beide Deutungen vertreten sind. Als Wort ist es jedenfalls mit der westlichen Verwesung assoziierbar, passt sich aber als geographische Bezeichnung dem Roman an. Karl Rossmann kam aus dem Osten (Prag sowohl wie New York) und geht in die Richtung Oklahoma und San Franzisko, also seinem unbestimmten Ziel im Westen zu. Der Aufenthalt im Hotel Occidental war die erste westliche' Zwischenstufe in seinem Drang nach Westen.

---

373) Jost Schillemeit, "Welt im Werk Franz Kafkas", Deutsche Vierteljahrsschrift für Literaturwissenschaft und Geistesgeschichte, 38 (1964), S. 182.

374) Kobs, op. cit., S. 75.

375) Politzer, op. cit., S. 212.

76) Emrich, op. cit., S. 230.

Von Bedeutung scheint es aber zu sein, dass das Wort 'occidental' ein Lehnwort ist und gerade hiermit die Fremde, die unbekannte Zukunft des Protagonisten betont. Von der gefühllosen Entlassungsszene Karls bis zur brutalen Untersuchung seiner Taschen und dem Raub seiner persönlichen Gegenstände, ist schon mit dem Namen des Hotels die Idee des Untergangs vorweggenommen, und das kommende Schicksal eines namenlosen Verschollenen akzentuiert, der sich irgendwo im unbekannten Westen spurlos als anonymer Neger verliert.

Ob Kafka in dem Ortsnamen Ramses ein weiteres Kryptogramm seines Namens (Rabe⟩ Dohle⟩ Kafka) versteckt hat, kann zur Zeit wegen Mangel an Evidenz, noch nicht belegt werden. Bachs Namenkunde weist aber darauf hin, dass 'hraban' mit derselben Bedeutung auch in 'ram', wie z.B. in dem Toponym Ramsau erscheint (377).

Von grösserer Wichtigkeit wäre aber der historische wie auch der etymologische Hintergrund dieses Namens. Mit dem Namen Ramses ist vermutlich eine Stadt in Aegypten bezeichnet, deren genaue Lage aber bis heute umstritten ist. Auch in den geographischen Lexika ist keine Stadt in Amerika unter diesem Namen aufzufinden. Ramses als amerikanische Stadt erscheint als ein von Kafka erfundenes Toponym im Roman. Jedenfalls ist es eigenartig, dass Ramses örtlich nicht feststellbar ist. Als aegyptischer Name ist Ramses zerlegbar und kann aus 'ram' (Körperteil) (378) und 'ses' (Pferd) (379) abgeleitet werden. Im textlichen Zusammenhang stimmen diese Bedeutungen mit dem Roman Kafkas überein und können onomastisch suggestiv als eine Konstellation, in der Ross + Mann sich gegenseitig unterstützend, ein Gleichgewicht bildend, gedeutet werden.

Politzer nimmt an, dass der Name der Oberköchin, Grete Mitzelbach, die aus Wien stammt, auf zweierlei Weise ausgelegt werden kann. Mitzel kann hauptsächlich in der österreichischen Umgangssprache als das Diminutiv für Maria betrachtet werden. Auch im Kontext stimmt diese Deutung mit dem Roman überein, sie ist ja diejenige, die Karl in Obhut nimmt und als Muttersurrogat für die Wochen, die er im Hotel Occidental verbringt, auftritt. Auch das Wort 'Bach' verweist auf einen statisch ruhigeren Anhaltspunkt im Vergleich zu Fluss, Meer oder Ozean, wo sich Karl etwas ausruhen kann, bevor er wieder von der mitreissenden Kraft einer Flut in den Existenzkampf geschleudert wird. Politzer fügt aber noch hinzu, dass Mitzelbach an Muzenbacher anklingt, an die Heldin des pornographischen Romans von Felix Salten, der 1906 unter dem Titel Josephine Muzenbacher oder die Geschichte einer wienerischen Dirne von ihr selbst erzählt, erschien (380). Auf diese Namenverwandtschaft verweist auch Borchardt (381).

---

377) Bach, op. cit., Bd. 2, T. 1, S. 321.
378) Ernst A. Waalis Budge, An Egyptian Hieroglyphic Dictionary (New York: Ungar, 1960), Bd. 1, S. 417.
379) Ibid., Bd. 2, S. 695.
380) Politzer, op. cit., S. 212.
381) Borchardt, op. cit., S. 161.

Von Wichtigkeit wäre hier noch auf den Vornamen der Köchin hinzuweisen, der sofort einen Zusammenhang mit der Erzählung "Die Verwandlung" herstellt und im textlichen Zusammenhang mit der Rolle Grete Samsas übereinstimmt. Auch Grete Samsa nimmt sich statt der Mutter Gregors an; sie ist die 'kostbare Perle', von welcher der Protagonist seine Rettung erhofft. Auch sie, ähnlich wie Grete Mitzelbach, verlässt den unter ihrer Obhut stehenden Helden, als dieser ihre Hilfe am meisten benötigt.

Demgegenüber kann die Gehilfin der Oberköchin, die verständnisvolle Therese Berchtold, gestellt werden. Politzer unterstreicht, dass ihr Familienname mit "Berchta, der Lichten" verwandt sei (382). Yonges Namenstudie betont, dass dieser Name aus dem Griechischen $\phi\lambda\acute{\epsilon}\gamma\epsilon\iota\nu$, dem Gothischen 'bairht' wie dem atd. 'percht' abgeleitet werden kann, fügt aber noch hinzu, dass die Variation dieses Namens, wie z.B. in Bertichranmus, im Wortstamm den Vogel Rabe miteinschliesst (383). Ob Kafka dieser Zusammenhang bekannt war, kann nur als Vermutung angenommen werden, da zur Zeit noch jeglicher Beweis fehlt.

Therese Berchtold versteht den aus dem mütterlichen Haus verstossenen Karl Rossmann und ist vielleicht die einzige Frauengestalt der Dichtung Kafkas, die dem ihr gegenüberstehenden männlichen Protagonisten behilflich ist und mit Verständnis beisteht; zwar ist auch hier die Möglichkeit einer offensichtlichen Adam-Eva-Verlockung angedeutet, in dem Therese Karl einen Apfel anbietet. Karl ist aber für ein Liebeserlebnis noch nicht reif und reagiert auf die Verführung nicht. Sie zeigt trotzdem menschliches Gefühl, indem sie Verständnis für sein Verstossensein hat und ihm sogar die traurige Geschichte ihrer Kindheit anvertraut. Sie braucht ihn, wie er auch sie benötigt.

Diese selbstlose Zuneigung kommt auch in der Deutung ihres Vornamens betont zum Ausdruck, da ja dieser Name unmittelbar eine Assoziation mit der der hl. Therese evoziert. Auf diesen Zusammenhang verweist auch Braybrookes Studie, welche die Einflüsse Avilas und Prags vergleicht und feststellt, dass in beiden Fällen die besondere Umwelt mit ihrer Atmosphäre zu dieser sich-selbstlos-aufopfernden-Zuneigung stark beigetragen hat (384).

Etymologisch kann der Name Theresa aus dem griechischen Wort $\theta\acute{\epsilon}\rho\mu\acute{o}s$ (Wärme) und $\theta\acute{\epsilon}\rho os$ (Sommer) abgeleitet werden, wie auch aus dem Verb $\theta\epsilon\rho\acute{\iota}\xi\omega$ (ernten), das am stärksten in diesem Wort zum Ausdruck kommt (385). Therese Berchtold ist im Grunde genommen eine warmherzige Seele, die dem Heimatlosen behilflich beisteht.

Spilkas Studie untersucht die Parallelen zwischen Kafka und Dickens und vermutet, dass auch einige Namen, die in den Werken beider Dichter vorkommen,

---

382) Politzer, op. cit., S. 212.
383) Yonge, op. cit., Bd. 2, S. 404.
384) Neville Braybrooke, "Celestial Castles. An Approach to Saint Teresa and Franz Kafka", Dublin Review, 229 (1955), S. 438.
385) Yonge, op. cit., Bd. 1, S. 271-2.

gewisse Aehnlichkeit aufweisen. Ein solches Paradigma wäre die Erinnerung an Dr. Krumpal, Karl Rossmanns Lateinprofessor, und Mr. Creakle, David Copperfields Lehrer. Spilka nimmt an, dass beide eine Korrelation aufweisen: "Mr. Creakle, whose name corresponds rather closely to Krumpal, and whose behaviour seems almost identical" (386).

Onomastisch suggestiv kann aber dieser Name vielleicht auch aus dem Verb 'krumpeln', das heisst 'zerknittern' gedeutet werden. Wagenbachs biographische Kafka-Studie bestätigt, dass der Dichter im Gymnasium insgesamt 65 Schularbeiten und 25 Hausarbeiten abliefern musste. Diese ständigen Schularbeiten und zahlreichen Uebungen "fügten dem unsäglichen Schulbetrieb nur eine weitere crux hinzu" (387). In diesem Sinne kann Krumpal als Name des lästigen Lateinprofessors bildlich fast als ein 'Zerknittern' gedeutet werden. Dies unterstützt auch Karls Erinnerung an sein rigoroses Lateinstudium.

Die Nomenklatur der Angestellten des Hotels Occidental verweist auf eine internationale Gesellschaft. Giacomo, Bess, Renell sind z.B. Karls Mitarbeiter, die aus der Zahl der Vierzig, die als Liftjungen im Hotel angestellt und mit Namen versehen sind, identifiziert wurden.

Giacomo ist die italienische Variation Jakobs, auf dessen Namendeutung schon hingewiesen wurde. Betont sei hier aber noch, dass Kafka wieder sehr auffallend einen präzis erwogenen Namen in den Roman einführt. Giacomo kann auch hier als der 'Verdränger' gedeutet werden. Im textlichen Zusammenhang beweist dieser diese Namenwahl wieder, dass die Gestalten Kafkas, wenn benannt, nie nur zufällig mit irgendeinem Namen identifiziert werden. Kafka spielt hier sogar mit diesem Namentyp sehr aufschlussreich: "(Giacomo) bekam nun den Auftrag, Karl das für den Liftdienst Notwendige zu zeigen ... Sicher war Giacomo auch deshalb verärgert, weil er den Liftdienst offenbar Karls halber verlassen musste" (388). Später ist aber gerade Giacomo derjenige, der schadenfroh dazu beiträgt, dass Karl aus dem Dienst verdrängt wird. Fast fatalistisch erscheint er in der Oklahoma-Szene wieder.

Auf den Namen Bess hört ein anderer Liftjunge, der sofort als ein "sehr umständlicher" Charakter bezeichnet wird (389).

'Běs' bedeutet auf Tschechisch einen Dämon, einen bösen Geist. Beide Deutungen charakterisieren diese lästige Gestalt sehr passend. Textlich betont diese Namendeutung stark den Zusammenhang zwischen Karl und seiner negativen Umwelt. Auch Bess verschwört sich gegen Karl, auch er trägt mit seinem "Eindrängen" zu dessen Entlassung bei, indem er sich in die Robinson-Affäre, die im Grunde genommen eine private Angelegenheit Karls war, "störend miteinmischte" (390).

386) Mark Spilka, Dickens and Kafka, a Mutual Interpretation (Bloomington: Indiana Univ. Press, 1963), S. 132.
387) Wagenbach, Franz Kafka. Eine Biographie, op. cit., S. 41.
388) Kafka, Amerika, S. 162.
389) Ibid., S. 206.
390) Ibid., S. 208.

Ein weiterer Liftjunge wird als Renell, in der Handschrift aber auch als Renel, vorgestellt. Renell klingt wie ein einfach redender Name, der mit der Bezeichnung 'wegrennen' oder 'weglaufen' den zentralen Charakterzug dieser Person treffend beschreibt. Er wird als ein "lässiger" Junge dargestellt, der Karl oft bat, ihn in seinem Dienst zu vertreten, sodass er selbst parfümiert im eleganten Privatanzug weggehen konnte. Auch im kritischen Moment, als Karl seine Hilfe in der unangenehmen Robinson-Affäre am meisten benötigt hätte, ist Renell nicht gegenwärtig, er ist mit Delamarche, mit seinem Namenverwandten weggegangen und hat sich ganz einfach aus dem Staub gemacht.

Die Renell-Gestalt demonstriert aber noch eine Korrelation zwischen ähnlich konstruierten Namen, wie z.B. die von Mendel, Bendel usw., die alle mit dem Diminutiv etwas negierend wirken. Auch ein textlicher Zusammenhang kann hier verfolgt werden mit anderen Prototypen, wie z.B. mit den Gestalten Lement, Gillemann usw., die, wie Renell, spurlos verschwinden.

Nach Grimm bedeutet die Renne aber auch das aus dem Tiermagen gezogene Mittel, welches das Gerinnen der Milch fördert (391). Renell kann also auch auf dieser Ebene gedeutet werden, indem er das Leben Karls 'versauert'.

Der Oberkellner, der Karl kündigt und die sofortige Entlassung aus dem Hotel Occidental verlangt, weil er seinen Posten auf einige Minuten verlassen hat, hört auf den Namen Isbary. Kafka erleichtert die Entschlüsselung dieser Gestalt, indem er nicht nur den "galligen Charakter des Oberkellners" (392), sondern auch seine Herkunft preisgibt. Er beschreibt ihn als einen grossen Mann, der einen "glänzenden schwarzen Schnurrbart (hat), weit in Spitzen ausgezogen, so wie ihn Ungarn tragen" (393).

Lexikalisch morphologisch betrachtet, ist Isbary ein aus drei Teilen zusammengesetztes ungarisches Lautbild, das aus dem Adverb 'is' (auch), der Konjunktion 'bár' (wenn, gleich wenn) und dem Suffix '-y' (von, -er) besteht und als 'derjenige, der gleich', oder 'derjenige, der gleich wenn auch' übersetzt werden kann. Auch diese Namenwahl Kafkas drückt präzise den Grundgedanken der Idee, die sie repräsentiert, aus: Auch wenn Karl unschuldig ist, wird er als Schuldiger von Isbary unerbittlich aus dem Liftdienst entlassen.

Vermerkt sei hier noch, dass das ungarische Suffix '-i', ähnlich wie im Deutschen das '-er', einen Insassennamen charakterisiert, demgegenüber unterscheidet das '-y', wie das 'von', eine adelige Abstammung, was mit Namen wie Andrássy, Orczy, Eszterházy usw. belegt werden kann.

In dem Namen Isbary schwingt aber auch das Wort 'ispán' (Verwalter, Vogt) mit, das auf eine Autorität, deren Befehl unwidersprochen ausgeführt werden muss, verweist und im textlichen Zusammenhang die Macht des Arbeitgebers

---

391) Grimm, op. cit., Bd. 8, K. 807.
392) Kafka, Amerika, S. 192.
393) Ibid., S. 161.

betont. Mit der Konstruktion dieses Namens beweist Kafka, dass er mit einer
Verkettung von Morphemen, ähnlich wie es bei Odradek dargestellt wurde, den
Namen Is-bar-y zusammengesetzt hat. Morpheme sind ja, der Definition nach,
"kleine syntaktische nicht weiter auflösbare Elemente" (394). Auch die Komponente des Namens Isbary beweisen, dass sie diesen Charakterzug besitzen.

Feodor, der Name des Oberportiers, greift auf das Griechische Θεοδόρος
(Gottesgabe) und auf das Slawische Феодор zurück und demonstriert als Name,
dass das 'th', 'ph' und 'f' sich nach den Regeln der Lautverschiebung geändert
hat (395). Feodor, als Oberportier, erscheint für seine Position geeignet, mit
"goldgeschmückter" und "schwerer" Uniform, die seine Autorität betonen soll.
Feodor nennt Karl einen "ausgegorenen Lumpen", und weil Karl ihn nicht jeden
Morgen achtungsvoll und ehrerbietig seiner Position entsprechend grüsst, wird
Karl von Feodor gehasst. Statt sich Karls im kritischen Entlassungsmoment anzunehmen, ist gerade er derjenige, der rachsüchtig mit Karl abrechnet. Auch
Muschg meint, dass der Oberportier die wichtigste Person des Riesenhotels
sei (396). Mit dieser Idee stimmt auch im Kontext die Namenwahl überein. Der
Namendeutung nach verweist Feodor auf einen theophoren Namen, der den
herrschenden, respektverlangenden Charakterzug einer göttlichen Gestalt definiert. Betont sei besonders das Motiv der willkürlichen, oft auch rachsüchtigen
Macht der Götter, die sich häufig in der Mythologie der Antike offenbart. Aus
dieser Perspektive betrachtet betont dieser Name den zentralen Wesenskern
der Entlassungsszene. Auch eine Tagebuchnotiz Kafkas verweist auf ähnliche
Gefühle: "Alle Götter der Rache stürzen auf mich herab" (397).

Die Oberköchin empfahl Karl, sich in der Pension Brenner um eine Stellung zu
bewerben. Politzer nimmt an, dass der Name 'Brenner' das Gegenteil vom Hotel
Occidental unterstreicht; statt der Untergangsstimmung evoziert dieser Name
etwas von Wärme, wie z.B. "ein Gasbrenner in einer behaglichen Küche" (398).
Brennen kann aber auch als 'verbrennen' gedeutet werden und projiziert eine
weitere Gefahr, die der Held in seinem Werdegang bewältigen muss. Brenner
kann unter anderem auch aus dem keltischen Wort 'bren', 'byrin' (Berg) abgeleitet werden (399) und suggestiv als ein steiles Gebirge gedeutet werden, welches der Held nie meistern kann. Auch Karl erreicht ja die Pension Brenner nie,
er wird von seinen zwei Vagabunden woandershin verschleppt.

Auf autobiographischen Zusammenhang verweisen die Toponyma, die den Roman
mit Kafkas realer Umwelt verbinden. So ein Beispiel wäre Prag. Sie ist die Stadt

---

394) Hans-Martin Gauger, "Die Semantik in der Sprachtheorie der transformationellen Grammatik", Linguistische Berichte, 1 (1969), S. 3.
395) Yonge, op. cit., Bd. 1, S. 232.
396) Walter Muschg, Von Trakl zu Brecht. Dichter des Expressionismus (München:
Piper, 1963), S. 155.
397) Kafka, Tagebücher, S. 402.
398) Politzer, op. cit., S. 227.
399) Ludwig Steinberger, "Ueber Namen und Geschichte des Brennerpasses",
Mitteilungen des Institutes für österreichische geschichtliche Forschung
32 (1912), S. 598.

aus der nicht nur Karl Rossmann stammt, sondern auch Franz Kafka. Prag wird sogar im Zusammenhang mit der mütterlichen Gestalt der Oberköchin erwähnt, die einmal im berühmten Restaurant "Die Goldene Gans" am Wenzelsplatz, welches angeblich abgerissen wurde, angestellt war. Auch in einem Brief heisst es: "Prag lässt nicht los ... Dieses Mütterchen hat Krallen" (400). Hermsdorf stellt fest, dass "Die Goldene Gans" tatsächlich 1909 abgerissen, und der Neubau 1911 abgeschlossen wurde und schliesst daraus, dass Kafka höchstwahrscheinlich im selben Jahr dieses Werk konzipierte (401). Hinzugefügt sei noch, dass der Wenzelsplatz ursprünglich Rossmarktplatz hiess, und dass auch dieses Toponym in verschlüsselter Form mit einem weiteren Pferdebegriff in Verbindung steht.

Aus der Obhut der Oberköchin wird Karl von Delamarche und Robinson entführt und landet, anstatt in der Pension Brenner, im Dienst der Sängerin Brunelda. Sie ist als eine starke, dicke Frau beschrieben, die zum Vergnügen der Männer, die sie gern "ablecken" und "austrinken", existiert. Sie liegt meistens auf dem Kanapee und klatscht Fliegen!

Auch hier drängt sich sofort ein Vergleich mit der dicken Köchin (Brummer> Rossfliege) auf, die, um ihre Begierde zu stillen, Karl für sich gefangen hält. Karl fühlt sich in der Gegenwart Bruneldas wie in einer regelrechten Gefangenschaft, er empfindet diese mit Vorhängen überladene Wohnung beengend und will sich so schnell wie möglich aus diesem auf ihn negativ wirkenden Einfluss befreien.

Brunelda, als erfahrene Frau, will Karl, den Jüngling, sehen lernen, sie zieht ihn fest an sich und zwingt ihm einen Operngucker auf. Karl will die traumatischen Brummererfahrung nicht wiederholen, entschlüpft dieser kraftvollen Anziehungsmacht und protestiert sogar, er habe gute Augen und könne mit blossem Auge alles sehen. Er demonstriert hier eine Widerstandsfähigkeit, die eine Entwicklung, eine Reife bestätigt; er fällt hier nicht mehr einer Fliege zum Opfer, er lässt sich aber auch nicht zu einer Fliege degradieren!

Brunelda als Name verweist auf eine Korrelation mit Karl, Berchtold usw., das heisst auf Namen, die zum germanischen Namenschatz gehören. Die Komposition dieses Namens ist auf der von Brunhilt begründet. Das ahd. 'byrnie' und das 'hiltia' sind die zwei Elemente, aus denen sich dieser Name zusammensetzt und onomastisch suggestiv als die 'valkyrie' (Appellativ für 'hildr') im Panzerkampf gedeutet werden kann (402). Betont sei hier das humorvolle, aber auch skurrile Wortspiel Kafkas: Brunelda erscheint fast immer in ein Mieder eingeschnürt, als ob dieses sie von einer ständigen sexuellen Aktivität, hier als Kampf der Geschlechter gedeutet, zurückhalten könnte. Als Diva-Typ kann sie auch mit einer wagnerischen Gestalt assoziiert werden. Sie singt aber kaum, sie schreit nur launenhaft.

---

400) Kafka, Briefe, S. 14.
401) Klaus Hermsdorf, Kafka - Weltbild und Roman (Berlin: Rütten, 1961), S. 31.
402) George T. Gillespie, A Catalogue of Persons Named in German Heroic Literature (Oxford: Clarendon, 1973), S. 15.

Leider ist auch diese Gestalt, wie fast alle anderen, fragmentarisch geblieben. Sie ist aber die am humorvollsten geschilderte Figur, zu der die treffend charakterisierende Namenwahl vorteilhaft beigetragen hat. (Die Möglichkeit, dass Paul Ernsts gleichnamiges Trauerspiel, orthographisch aber als Brunhild genannt, die Namenwahl Kafkas beeinflusste, ist annehmbar; auch die Tagebücher deuten darauf hin) (403).

Die politische Demonstration, die Karl Rossmann von dem Balkon Bruneldas ohne Operngucker beobachtet, führt neue Gestalten in den Roman ein. Der politische Kandidat wird von dem Nachbarn, dem Studenten Josef Mendel, als ein gewisser Lobter identifiziert: "Er ist kein unfähiger Mensch, und seiner politischen Vergangenheit nach wäre gerade er der passende Richter für den Bezirk. Aber kein Mensch denkt daran, dass er gewählt werden könnte, er wird so prachtvoll durchfallen, als man durchfallen kann, er wird für die Wahlkampagne seine paar Dollars hinausgeworfen haben, das wird alles sein" (404), lautet die belehrende aber auch ironisch sarkastische Meinung Mendels über das amerikanische Wahlsystem.

Lobter scheint ein einfacher Satzname zu sein, der gut zur Beschreibung eines Politikers passt. Dieser Name definiert buchstäblich den, der das Programm seiner Partei lobt, und den, der von den Anhängern und Genossen gelobt wird. Als relativ einfach redender Name ist er nicht ein Einzelfall in der Nomenklatur Kafkas. Dieser Typ gehört zu den Namen, die der Dichter oft in seine Werke einführt; beliebige Beispiele wären Lebeda, Lement usw. Diese Namentypen betonen aber gerade in ihrer Simplizität kurz und bündig den Wesenskern dessen, den sie repräsentieren.

Josef Mendel stellt sich Karl als einen Studenten vor, der tagsüber ein "Verkäufer, niedrigster Verkäufer, eher schon Laufbursche im Warenhaus von Montly" ist (405) und während der Nacht zu studieren versucht. Beck weist darauf hin, dass auch hinter dieser Gestalt Kafka selbst steht: "Josef Mendel may even be an ironic self-portrait of Kafka, who, like the student, was employed by day and wrote by night" (406). Weiter betont diese Studie, dass 'Mendele' ein sehr häufig vorkommender jüdischer Name ist, der einfach 'kleiner Mann' bedeutet. Auch Karl wird oft im Roman als ein 'kleiner Mann', hauptsächlich aber von der Oberköchin, so bezeichnet. In diesem Sinne können also Mendel und Rossmann, die vielleicht hier den Dichter repräsentieren, als die Gleichen betrachtet werden.

Auch Josef, der Vorname des Studenten, scheint ein passender Name zu sein. Trotz seiner pessimistischen Einstellung hofft er auf eine bessere Zukunft und setzt sein nächtliches Studium mit fast übermenschlicher Kraft fort. Er will seine Kenntnisse durch einen unermüdlichen Wissensdrang vermehren. Josef

403) Kafka, Tagebücher, S. 522.
404) Kafka, Amerika, S. 302.
405) Kafka, Amerika, S. 300.
406) Beck, op. cit., S. 132.

Mendel fasst sein Studium folgendermassen zusammen: "Ich selbst studiere schon seit Jahren eigentlich nur als Konsequenz. Befriedigung habe ich wenig davon und Zukunftsaussichten noch weniger. Welche Aussichten wollte ich denn haben" ! (407) Dies verweist auf eine starke Beziehung zu Josefine, seiner Namenverwandten, die sich über das Singen ähnlich äussert.

Das Wort 'vermehren' kann hier mindestens auf zwei Ebenen gedeutet werden. Einerseits verweist es auf eine sich zwecklos wiederholende nächtliche Tortur, andererseits auf einen inneren Drang, der sich ständig erneuert, wie immer auch die Konsequenzen seien.

Montly ist der Name des Warenhaus-Eigentümers, bei dem Mendel als Verkäufer angestellt ist. Montly verweist auf einen häufig vorkommenden englischen Namen, welcher sofort an 'mont(h)ly' (monatlich) anklingt und ganz einfach die sich jahraus und jahrein wiederholende Routine des Angestellten-Daseins Josef Mendels im Warenhaus betonen soll. Er wird wegen seiner ständigen Müdigkeit von seinen Kollegen im Warenhaus von Montly witzig der "Schwarze Kaffee" genannt (408). Auch Sennewald bemerkt, dass Dickens David Copperfield einen Charakter mit dem Spitznamen 'Mealy Potatoes' benennt, weil der Junge, den dieser Name charakterisiert, eine bleiche, mehlige Gesichtsfarbe hat (409). Es sei hier darauf hingewiesen, dass Kafka seinen Amerika-Roman eine "glatte Dickens Nachahmung" nennt (410). Die ironische Benennung "Schwarzer Kaffee" ist aber von Wichtigkeit, da sich ja auch Karl Rossmann im Oklahoma-Kapitel als "Negro" identifiziert, worauf noch später hingewiesen wird. Kafkas Deutung der Farbe 'schwarz' scheint von aussergewöhnlicher Bedeutung zu sein, da sich diese auch im Namen eines gewissen Schwarzers im Schloss-Roman wiederholt.

Kafka war nie in Amerika. Man nimmt deshalb an, dass seine Kenntnisse aus Büchern, Gesprächen und Vorträgen, wie z.B. die von F. Soukup, einem tschechischen Politiker, stammen, die er in seinen Notizen häufig erwähnt (411). Pongs meint z.B., dass Kafka das Motiv der Verführung Karls aus Benjamin Franklins Autobiographie seiner Jugendjahre entnommen hat, die aber bei Franklin reine Fiktion war, um von zu Hause weggehen zu können (412).

Neben dem Buch von Franklin ist vielleicht als die wichtigste Quelle in der Handbibliothek Kafkas das Amerika-Reisebuch von Holitscher, das für diese Namenexegese von Bedeutung zu sein scheint. Holitschers Reisebeschreibung ist nicht nur informativ, sondern sie enthält auch eine sorgfältige Kommentierung der sozialen Zustände in den USA. Schon auf dem Schiff, mit dem Holitscher nach Amerika fuhr, konstatiert er eine auffallende Diskriminierung zwischen Luxus-

---

407) Kafka, Amerika, S. 300.
408) Ibid., S. 299.
409) Sennewald, op. cit., S. 74.
410) Kafka, Tagebücher, S. 384.
411) Kafka, Briefe an Felice, S. 213.
412) Hermann Pongs, Franz Kafka, Dichter des Labyrinths (Heidelberg: Rothe, 1960), S. 69.

und Zwischendeckpassagieren: "Ich wünschte, es käme einer von den Herrschaften da hinter mir mit Geld, Obst und Aehnlichem und würde es unter die Leute da unten ... Diese Armen da unten, die Leute 'aus der Tiefe' heut und noch fünf Tage lang dürfen sie sich Menschen nennen. Sie sind nicht von ihrer Scholle losgerissen, denn wer unter ihnen hat denn heut noch eine Scholle? Was heisst denn das heute: Scholle" (413)?

Holitscher analysiert noch detailliert die Gründe wie auch die Konsequenzen einer Auswanderung. Man kann jedenfalls annehmen, dass dieser Hinweis auf die 'Scholle' Kafka stark beeinflusste. In seinen Tagebüchern weist er eindeutig darauf hin, dass er seinen amerikanischen Roman als Der Verschollene zu bezeichnen beabsichtigte!

Ein weiteres Paradigma des unmittelbaren Einflusses wäre auch die orthographisch fehlerhafte Uebernahme des Toponyms Oklahoma als Oklahama (sic!) (414), das ein einzigesmal auch richtig geschrieben im Buch von Holitscher vorkommt (415). Auch Loose vermutet, dass Kafka wahrscheinlich nichts über den Staat Oklahoma wusste und deshalb von Holitscher die falsche Schreibweise übernommen hatte (416). Die Originalhandschrift der Erzählung "Der Heizer", die in der Bodleian Library zu Oxford aufbewahrt ist, zeigt, dass Max Brod die von Kafka unrichtig angewendeten Toponyma, wie z.B. Boston richtig zu Brooklyn, und Hudson zu East River korrigierte (417). Kobs notiert, dass auch Newyork erst später als New York, Oklahama als Oklahoma erscheinen (418).

Die Deutung Oklahomas hat aber Kafka richtig in seinem Roman angewendet. Als indianischer Name bedeutet 'okla' Volk, und 'humma' rot und im übertragenen Sinne von Kafka richtig als das freie Land der Indianer geschildert, und nicht wie Emrich es auslegt, der dieses Toponym als "schönes Land" übersetzt (419).

Als ein weiterer Einfluss kann möglicherweise auch 'Rossland', der Name des Schiffes, mit dem Holitscher den Ozean überquerte, betrachtet werden (420). Ob 'Rossland' die Namenwahl 'Rossmann' in ihrem Benennungsprozess beeinflusste, kann jedenfalls als eine der Möglichkeiten angenommen werden. Es sei betont, dass im Amerika-Roman das Boot, mit dem Karl gereist ist, nie mit Namen erwähnt wird; wir wissen nur, dass es der Hamburg-Amerika-Linie angehörte, und dass Karl von seinem Vater nicht in Prag sondern in Hamburg Abschied nahm (421). Der Name des Schiffes ist nicht aus Versehen ausgelassen; der Se-

---

413) Arthur Holitscher, Amerika heute und morgen. Reiseerlebnisse. 5. Aufl.
    (Berlin: Fischer, 1913), S. 16.
414) Ibid., S. 367-8.
415) Ibid., S. 25.
416) Loose, op. cit., S. 69.
417) Jahn, op. cit., S. 545.
418) Kobs, op. cit., S. 68.
419) Emrich, op. cit. S. 246.
420) Holitscher, op. cit., S. 228.
421) Kafka, Amerika, S. 14.

nator Jakob bestätigt, dass Johanna Brummer, die Köchin, ihm die ganze Verführungsaffäre samt einer genauen Personenbeschreibung Karls und vernünftigerweise auch die "Namensnennung des Schiffes" mitgeteilt hat (422). Diesen Namen hat also Kafka bewusst verschwiegen.

Thalmann weist höchstwahrscheinlich richtig darauf hin, dass das Wort 'Natur' offenbar von Max Brod stammt, und dass er dieses Kapitel so benannt hat; das Wort 'Natur' kommt im ganzen Oklahoma Kapitel nicht einmal vor (423).

Dem geographischen Lexikon nach gibt es 17 Städte in den Vereinigten Staaten von Amerika, die unter dem Namen Clayton registriert sind (424). Onomastisch suggestiv ist die Konstruktion dieses Namens von aussergewöhnlichem Interesse, da 'clay' auf Deutsch 'Ton' bedeutet. (Emrich übersetzt Clayton z.B. als Lehmstadt) (425). Wir haben es aber hier mit einem ähnlichen Paradigma wie mit dem Namen Westwest zu tun, nur handelt es sich hier um ein Polyglott. Politzer nimmt an, dass im Paradigma Westwest, dem Gesetz der Sprachlogik nach, "eine doppelte Verneinung eine verstärkte Bejahung beinhaltet" (426). Eine Wiederholung ist ja ein sprachliches Steigerungsmittel, das den Eindruck intensivierend erhöhen will. Wenn dies für den Namen des Schlossherrn zutrifft, so kann es auch für Clayton, hier als 'Ton + Ton' verstanden, gültig sein. Wenn wir Kafkas Originaltitel dieses Romans als Basis dieser Annahme verwenden, können wir die Scholle, hier im Sinne von Erde, Lehm, Ton usw., die ja alle demselben Wortfeld angehören, die Karl Rossmann schon zweimal verloren hat, einmal in der alten und dann in der neuen Welt, als massgebend betrachten. Karl versucht jedenfalls, am Rennplatz in Clayton sie wiederzufinden. Zwar durch bittere Erlebnisse gehärtet, will er sich trotzdem eine neue Existenz gründen, die für ihn nur im utopischen Rahmen einer realistisch-unrealistischen Theaterwelt möglich erscheint.

Um sich in diesen neuen Umständen zurechtzufinden, legt er seinen bürgerlichen Vor- und Zunamen ab und identifiziert sich mit dem vielsagenden, aber auch allgemein anonym gültigen Rufnamen "Negro". (Vermerkt sei, dass ursprünglich im Manuskript der Name 'Leo' statt 'Negro' stand (427). Auch eine kleine Dialogszene aus den Tagebüchern enthält diesen Namen. Eine gewisse Felice S. nennt ihren Mann Leo) (428). Auch dieser Leo>Karl>Negro Namenwechsel unterstützt die Hypothese, dass der Originaltitel mit sorgfältigem Bedacht ausgewählt wurde.

Schon der Name Negro, ob einfach als schwarze Farbe, die in der Finsternis

---

422) Kafka, Amerika, S. 37.
423) Jörg Thalmann, Wege zu Kafka. Eine Interpretation des Amerikaromans (Frauenfeld: Huber, 1966), S. 204.
424) The Columbia Lippincott Gazetteer of the World, ed. by Leon S. Seltzer (New York: Columbia Univ. Press, 1952), S. 417.
425) Emrich, op. cit., S. 246.
426) Politzer, op. cit., S. 338.
427) Jahn, op. cit., S. 549.
428) Kafka, Tagebücher, S. 227.

verschwindet, oder als ein vielschichtig problematisches, sozial-historisches Problem betrachtet, weist auf die Möglichkeit zum Verschollensein in das Nirwana einer utopischen Welt hin und hebt den Wesenskern des Romans hervor.

Wie immer auch dieser merkwürdige Name in der Sekundärliteratur gedeutet wird, hat sich bis jetzt keine Interpretation gefunden, die diesen Namen zufriedenstellend erklärt hätte. Politzer verbindet es z.B. mit der "Schwarzarbeit" Karls, da er sich in der Oklahoma-Szene als angeblicher Engineer ausgibt (429). Demgegenüber erklärt Jahn dieses Problem philosophisch und nimmt an, dass Neger mit schwarz assoziierbar ist und den Gedanken an den Tod evoziert (430). Emrich betont, dass Karl "das Weiss seiner 'schuldlosen' Seele verbergen muss" und dazu die schwarze Maske verwendet (431). Kafka vermerkt selbst in seinen Tagebüchern, dass Rossmann, wie auch sein anderer Held, zurückgesetzt werden: "Rossmann und K., der Schuldlose und der Schuldige, schliesslich beide unterschiedslos strafweise umgebracht, der Schuldlose mit leichterer Hand, mehr zur Seite geschoben als niedergeschlagen" (432).

Eine andere Möglichkeit wäre hier vielleicht ein weiteres Wortspiel Kafkas, fast wie eine Paronomasie, d.h. eine Wortbildung, die zur Erreichung eines Nebensinnes dient, zu entdecken. Hastings nach war der Rabe der erstbenannte Vogel des Alten Testamentes (Gn. 8.7.) und onomastisch einfach 'schwarz' gedeutet (433). Der Rabe ist ein Prototyp der Dichtung Kafkas - siehe Raban, Gracchus usw. - und darf fast wie ein Ariadnefaden, der sich durch sein ganzes Schaffen zieht, betrachtet werden. Als Metapher ist ja der Rabe schon seit jeher mit dem Tod assoziierbar. Der letzte Name, den sich Rossmann aneignet, kann also wortwörtlich als 'schwarz' verstanden werden, da er metaphorisch, wie auch ideologisch den Wesenskern eines zum verschollensein Verurteilten präzise ausdrückt. Weiter bestätigt dies die Annahme, dass der Originaltitel mit ganz bestimmten Intentionen als 'Der Verschollene' konzipiert war und nicht Amerika, der spätere Titel, den Thalmann ganz richtig als "unangebracht" bezeichnet (434).

Im Kapitel "Das Naturtheater von Oklahoma", in der Rolle eines Trompeten blasenden Engels, entdeckt Fanny Karl, eine alte Freundin, die auch ihn sofort erkennt und ihm vorschlägt, die Rolle des Teufels im Theater anzunehmen (435).

Fanny ist die englische Kurzform von Franziska (auch Kafkas Grossmutter hiess so) und stellt den Zusammenhang mit Kafkas eigenem Vornamen her. Wie schon darauf hingewiesen wurde, bedeutet dieser Name onomastisch suggestiv einen 'freien' Menschen. Hier betont diese präzise Konnotation noch stärker den

---

429) Politzer, op. cit., S. 159.
430) Jahn, op. cit., S. 101.
431) Emrich, op. cit., S. 253.
432) Kafka, Tagebücher, S. 344.
433) Hastings, op. cit., Bd. 4, S. 202.
434) Thalmann, op. cit., S. 13.
435) Kafka, Amerika, S. 309-10.

'freien Geist' des Theaters. Auch der Name Fanny bestätigt, dass er vom Dichter ganz genau erwogen war.

Die Bezeichnung "alt" führt vielleicht zur Vermutung einer weiteren Möglichkeit, die Fanny mit Frieda, einer der prinzipiellen Frauengestalten der Dichtung Kafkas verknüpft. Auf dies verweist auch Kobs und fügt noch hinzu, dass die Chiffre 'F' eine biographische Analogie zu Felice Bauer andeutet (436). Das Trompeten-Motiv kommt häufig in Kafkas Tagebüchern vor. Es heisst z.B. an einer Stelle: "Die Lärmtrompeten des Nichts" (437). Auch an Milena schreibt Kafka: "Bald blasen wieder die Trompeten der schlaflosen Nacht" (438). Sie sind jedenfalls ein wichtiges Element der Welt Kafkas.

Die Familie Kalla ist nur ganz flüchtig in der Oklahomaszene erwähnt. Als letztbenannte Gestalt des Romans kann sie aber als ein weiteres Kryptogramm Kafkas betrachtet werden. Erstens verweist Kalla schon durch seine Konstruktion auf eine Aehnlichkeit mit dem Namen Kafka: Beide fangen mit einem 'K' an, beide haben die gleiche Anzahl Buchstaben; das 'a' und das 'l' bei Kalla, dagegen wiederholen sich das 'a' wie auch das 'k' bei Kafka. Auf diesen charakteristischen Zug verweist auch Borchardt (439). Zweitens ist das Lautbild 'Kalla' nach Yonge eine Variation von Karl (440). Auf Tschechisch bedeutet 'kal(a)' Schlamm, Kot und wie in der Interpretation "Hochzeitsvorbereitungen auf dem Lande" darauf hingewiesen wurde, kann es metaphorisch als ein Versinken in das Unbekannte gedeutet werden. Die Familie Kalla erscheint nur für einen flüchtigen Moment lang und verschwindet, wie vom Treibsand verschluckt, für immer in das Unbekannte.

Zusammenfassend kann hervorgehoben werden, dass fast alle Vor-, Zu- und Ortsnamen, die in dem Amerika-Roman vorkommen, Kafkas sorgfältige Namenwahl bestätigen. Die benannten Gestalten - soweit sie in einem fragmentarisch gebliebenen Werk, das fast wie ein Roman à tiroir betrachtet werden kann - betonen philosophisch den Originaltitel als den zutreffenden und unterstreichen auffallend das Konzept des Verschollenseins mit ihren Wort-Namen-Prägungen. Nach Uyttersprot schildert z.B. der Name Negro ohne Zweifel ein unaufhaltsames Hinabgleiten Karl Rossmanns (441). Hinzugefügt sei nur, dass nicht nur dieser Name, sondern die ganze Skala der Nomenklatur des Amerika-Romans diese These unterbaut.

---

436) Kobs, op. cit., S. 23 und 49.
437) Kafka, Tagebücher, S. 375.
438) Kafka, Briefe an Milena, S. 42.
439) Borchardt, op. cit., S. 148-9.
440) Yonge, op. cit., Bd. 2, S. 357.
441) Uyttersprot, op. cit., S. 372.

DER PROZESS

A. Nomenklatur:

Albert
Anna
Berthold
Block
Bürstner
Elsa
Erna
Franz
Grete
Grubach
Hans
Hasterer
Helen
Huld, Dr.
Josef
K.
Kaminer
Karl
Kühne
Kullich
Lanz (Hauptmann)
Lanz (Tischler)
Leni
Montag
Rabenstein
Rudi
Titorelli
Willem
Wolfahrt

B. Toponym:

Juliusstrasse

DER PROZESS

Im Nachwort zu dem von Kafka nicht vollendeten und nicht betitelten, sogar zum Vernichten verurteilten Roman schreibt Max Brod, dass er die zahlreichen Abkürzungen der Namen wie z.B. F.B. in Fräulein Bürstner oder T. in Titorelli transkribiert, und das Werk mit dem vom Dichter angeblich beabsichtigten Titel versehen habe (442). Solch ein Eingriff von zweiter Hand erschwert selbstverständlich unsere auf Namenexegese abzielenden Bemühungen. Doch scheint der angenommene Titel hier passender, als der des zuvor behandelten Romans Amerika. Denn mit dem einzigen Wort 'Prozess' wird dieses sich auf mehr als dreihundert Seiten ausdehnende Werk sehr passend bezeichnet.

Das Wort 'Prozess' kann, wie auch die meisten Namen, die in den Werken Kafkas verwendet wurden, auf verschiedener Ebene gedeutet werden; es unterstreicht wieder die Vielschichtigkeit seiner Konzeption. Es sei hier auf die Analyse der Namenbildung Odradek verwiesen, die als ausgewähltes Paradigma dieses Konzept visuell darzustellen versuchte.

Nach Adelung ist das Nomolexem 'Prozess' aus dem mittellateinischen 'processus' abzuleiten, welches in die deutsche Sprache zugleich mit dem Römischen Recht eingeführt worden ist. Zuvor verwendete man dafür den Ausdruck 'Rechtfertigung' (443). Schon als Jurist hätte Kafka diesen Fachausdruck bevorzugt. Vom dichterischen Standpunkt gesehen, drückt indessen dieses Fremdwort das Wesentliche des Romans und dessen ganze Handlung viel präziser aus. Ein Prozess ist nicht etwas Statisches, sondern schliesst eine Entwicklung, einen Vorgang auf verschiedenen Ebenen ein. Er beschränkt sich nicht nur auf das Gerichtswesen, man spricht auch von dem Prozess einer Erkränkung, im Falle Kafkas der Tuberkulose, oder einem Entscheidungsprozess wie ihn ein Junggeselle vor der Heirat durchmacht.

Schon das erste Kapitel enthält fast die Hälfte der benannten Protagonisten, und wie in den meisten Werken Kafkas wird der Hauptheld im einleitenden Satz vorgestellt. Der Grund der Verhaftung und des Prozesses, wie auch die Schuld des Helden, bleibt für immer unbekannt. Auch der Zuname des Protagonisten bleibt unbenannt, nur ein Initial kennzeichnet ihn. Dieser nur mit einer Chiffre identifizierte Held hat aber noch teilweise eine Identität. Er hat ja im Vergleich zu dem Helden des Romans Das Schloss noch einen Vornamen.

Camus vermutet, dass der Name des Helden in diesem Roman unwichtig ist, da er eigentlich den europäischen Durchschnittsmenschen darstellt: "Dans Le Procès, le héros aurait pu s'appeler Schmidt ou Franz Kafka. Mais il s'appelle Joseph K. Ce n'est pas Kafka et c'est purtant lui. C'est un Européen moyen. Il est comme tout le monde. Mais c'est aussi l'entité K. qui pose l'x de cette

---

442) Franz Kafka, Der Prozess, Lizenzausg., von Schocken Books New York (Frankfurt: Fischer, 1951), S. 322-3.
443) Adelung, op. cit., Bd. 3, K. 851.

équation de chair" (444).

In dieser Aussage ist ein Paradox eingeschlossen; einerseits betont sie, dass der Held auf einen x-beliebigen Namen hätte hören können, andererseits sagt sie aus, dass der Protagonist nur auf einen vom Dichter spezifischen gewählten Namen hört. Für eine Namenstudie kann dies nicht gleichgültig sein, man muss vielmehr die vom Dichter ausgewählten spezifischen Namen für massgebend halten. Auch die Beschränkung 'europäisch' ist hier bloss klischeehaft angewendet. Andererseits könnte aber der Einfluss Kafkas auf Camus Namenwahl in der Gestalt Joseph Grand des Romans Le Peste beobachtet werden, der Dr. Bernard Rieux ersuchte, ähnlich wie Kafka Max Brod, seine Schriften zu vernichten. Beide sind Dichter, von Beruf aber Beamten.

Auch Jaffe unterstreicht, dass die allgemein akzeptierte Annahme der 'Jedermann-Figur' nicht richtig sei und zu einem missverständnis der Dichtung Kafkas führen könnte (445). Warren modifiziert diese These, indem er betont, dass K. eigentlich in seinem Alleinsein 'Jedermann' ist: "K. is also every man in respect to his final aloneness" (446).

Wie schon öfters angeführt wurde, kann die Chiffre 'K' auch autobiographisch gedeutet werden. Auch Sokel fügt hinzu, dass im Zeitalter Franz Josefs, in dem Kafka den Prozess-Roman geschrieben hat, Josef der natürliche Austauschname für Franz war, Josef K. kann also als eine leicht durchschaubare Verkleidung Franz Kafkas betrachtet werden (447).

Auf autobiographischen Zusammenhang verweist auch die folgende Tagebuchaufzeichnung Kafkas: "Trotzdem ich dem Hotel deutlich meinen Namen geschrieben habe, trotzdem auch sie mir zweimal schon richtig geschrieben haben, steht doch unten auf der Tafel Josef K. Soll ich sie aufklären oder soll ich mich von ihnen aufklären lassen" (448)? Auch die skizzenhafte Aufzeichnung über einen gewissen Josef K., den Sohn eines reichen Kaufmanns, demonstriert einen ähnlichen Zusammenhang; diese Aufzeichnung verbindet sogar Josef K. mit der Gestalt eines Türhüters, der auch im Roman Der Prozess von Bedeutung ist (449).

G. Kaiser vermutet, dass eine Gleichung Josef K. = Kafka im Prozess nicht aufgeht: "Als Held steht nicht die hochdifferenzierte Individualität, sondern ein mittlerer Charakter im Sinne der klassischen Romantheorie vor uns, ja, fast ein Anonymus, ein Mann, der als einzige Person des Romans keinen Namen,

---

444) Albert Camus, Le mythe de Sisyphe (Paris: Gallimard, 1942), S. 179.
445) Jaffe, op. cit., S. 17.
446) Austin Warren, "Franz Kafka", in Kafka. A Collection of Critical Essays, ed. by Ronald Grey (Englewood Cliffs: Prentice-Hall, 1963), S. 130.
447) Sokel, op. cit., S. 166.
448) Kafka, Tagebücher, S. 406.
449) Ibid., S. 296.

sondern nur einen Kennbuchstaben trägt, eben K." (450). Diese Aussage stimmt insofern nicht, als andere Charaktere des Romans auch namenlos bleiben, z.B. der Geistliche, der Fabrikant, der Direktor-Stellvertreter usw.

Demgegenüber betont Hermsdorf, dass Kafkas Werke im stärksten Grade autobiographisch bestimmt sind. "Das Verhaftensein an den autobiographischen Stoff ist ein wesentliches Kennzeichen der Kafkaschen Methode, was sich durch eine Fülle von Material bestätigen lässt. Bereits durch seine anagrammatischen Anspielungen identifiziert sich Kafka häufig direkt mit den Helden seiner Erzählungen. Deutlich ist dieser Hinweis im Falle der drei Romanfragmente: Karl Rossmann trägt denselben hervorgehobenen Anfangsbuchstaben wie Josef K., der Held des Prozess Romans, oder der K. des Schloss; alle Namen weisen direkt auf den Namen Kafka" (451).

"Jemand musste K. verleumdet haben, denn ohne dass er etwas Böses getan hätte, wurde er eines Morgens verhaftet" (452), lautet die Aussage eines anonym bleibenden Beobachters, der mit diesem Auftakt nicht nur den Wesenskern des Romans entblösst, sondern auch eine moralische Beurteilung miteinschliesst. Wie Hatfield richtig unterstreicht, ist die Schuld Josef K.s "axiomatisch" (453).

Josef K. versucht, den Grund seiner Verhaftung ausfindig zu machen. In gleicher Weise, in der er sich dieser Untersuchung widmet, vermehrt sich die auf ihm ruhende Schuld. Wie schon darauf hingewiesen wurde, bedeutet Josef 'sich vermehren'. Je mehr sich Josef in seine schuldlos-schuldige Angelegenheit verwickelt, desto stärker vermehrt sich auch seine Schuld. Josef ist also kein zufälliger Name. Er beschreibt ganz präzise den am meisten charakterisierenden Zug dieses Protagonisten, wie auch seinen Lebenskampf.

Josef K. ist als Prokurist vom anonymen Erzähler identifiziert. W. Staroste vermutet, dass die Berufstätigkeit offensichtlich wesentlicher ist als der Nachname des Helden, da ja der Dichter diesen verschwiegen hat (454). Da aber Kafka nicht konsequent ist, und andere Helden neben Berufstätigkeit auch mit Namen versehen hatte, kann diese These nicht ganz angenommen werden.

Der einführende Satz dieses Romans enthält, wie die geschlossene Schale einer Nuss, den Kern des Vorfalls. Zwei Schlüsselwörter "verleumdet" und "verhaftet" schliessen den Wesenskern des ganzen Werkes mit ein. Es muss aber leider wieder auf den Eingriff Max Brods hingewiesen werden, der auch hier sehr störend wirkt. In der Schmiede Ausgabe (Berlin, 1925) auf Seite 4 heisst es: "Sie sind ja gefangen". Die Schocken Ausgabe (Berlin, 1935) verweist auf

450) Gerhard Kaiser, "Franz Kafkas 'Prozess'. Versuch einer Interpretation", Euphorion, 52 (1958), S. 25.
451) Hermsdorf, op. cit., S. 188.
452) Kafka, Der Prozess, S. 9.
453) Henry Hatfield, Modern German Literature. The Major Figures in Context (New York: St. Martin, 1967), S. 87.
454) Wolfgang Staroste, "Der Raum des Menschen in Kafkas 'Prozess'," in Raum und Realität in dichterischer Gestaltung. Studien zu Goethe und Kafka (Heidelberg: Stiehm, 1971), S. 125.

eine Korrektur auf Seite 13, die dieses Verb in "verhaften" änderte. Die Fischer Ausgabe (Frankfurt, 1946) übernimmt unbefragt die korrigierte Version (455).

Zwischen dieser sogenannten schuldlosen Schuldigkeit, die Josef K. in zwei Gegenpole zieht, steht der Held von einer unbenannten Autorität angeklagt. Die Fragwürdigkeit der Gerechtigkeit ist hier mit diesem ersten Satz in einer ganz aussergewöhnlichen Simplizität nackt dargestellt. Wie banal und flach wäre der Anfang, wenn Kafka mit dem zweiten Satz "Die Köchin ... kam diesmal nicht" seinen Roman begonnen hätte (456)!

Die ersten sichtbaren Repräsentanten dieser unsichtbaren Gerichtsbehörde sind nur mit Vornamen versehene Wächter, die auf Intimität verweisen. Franz und Willem sind die erstbenannten Vertreter dieser mysteriösen, bis ans Ende unbenannt gebliebenen Geheimmacht. Die Wächter erscheinen in der Mitte dieser dunklen Angelegenheit mit ganz alltäglich banalen Gewohnheiten: Sie verzehren mit ungestörtem Appetit K. s Frühstück, nachdem sie ihm kaltblütig mitgeteilt haben, dass er verhaftet sei.

Franz, der eigentlich in dieser komplexen Gerichtshierarchie den niedrigsten Platz einnimmt, demonstriert sofort ein Vorrecht, indem er nicht nur K. verhaftet, sondern auch darauf hinweist, dass das Nichtkennen der Gesetze für sich allein eine Schuld ist und Grund einer Verhaftung sein könnte (457). Onomastisch suggestiv bedeutet Franz 'frei', was ja auch der Vorname des Dichters ist. Franz steht 'frei' Josef K., dem Gefangenen gegenüber (hier muss das Wort nach der Erstausgabe wortwörtlich verstanden werden), er handelt nach seinem freien Willen.

Dieses Disponieren nach dem eigenen Willen kommt noch bedeutungsvoller in der zweitbenannten Gestalt zum Vorschein. Willem, der andere Wächter, der als "grosser" charakterisiert ist, nimmt schon mit diesem beigefügten Eigenschaftswort den Wesenskern seiner Rolle im Roman voraus. 'Wilhelm' als atd. Name beschreibt passend den wichtigsten Charakterzug dieses Wächters. Er ist ein 'williger Schütze' dieser gewaltigen Gerichtsmaschine, der er bereitwillig dient (458). Willem, hier vielleicht als Spitzname und als hypokoristische Gemination, bezeichnet das Niedrige, das Minderwärtige sehr expressiv, es betont damit auch die überwältigende omnipotente Gerichtsmacht. Auch Josef K. drückt dies explizite aus, er hält ja die Wächter für geistig beschränkt (459). Trotz ihrer Einfältigkeit demonstrieren sie aber eine Macht, die sie auch bewusst ausdrücken, auch wenn sie wissen, dass sie eines Tages dem Gericht wie K. ausgeliefert werden können: Wir sind gegenüber Josef K. freie Männer (460).

---

455) Kafka, Der Prozess, S. 11.
456) Ibid., S. 9.
457) Kafka, Der Prozess, S. 15.
458) Wentscher, op. cit., S. 45.
459) Kafka, Der Prozess, S. 17.
460) Ibid., S. 16.

Aus dieser sinnlosen Verhaftung, die am Tag seines dreissigsten Geburtstages stattfand, will sich Josef K. so schnell wie möglich befreien. Er hofft, dass der Staatsanwalt Hasterer, der angeblich sein guter Freund ist, ihn aus dieser unerklärlichen Zwangslage befreien wird. Den Versuch, Hasterer telephonisch anzurufen und ihn um Hilfe zu bitten, gibt Josef K. aber schnell auf. Der Name Hasterer wird kaum wieder erwähnt. Er taucht erst wieder in den unvollendeten Kapiteln des Romans, gepaart mit dem Namen Helene, auf. Helene ist als ein "Frauenzimmer" identifiziert, die Hasterers Geliebte ist und sogar Interesse für K. zeigt, um Hasterer zur Eifersucht zu treiben. Nach Max Brod hätte diese Hasterer-Helene-Szene angeblich unmittelbar an das siebente Kapitel des Romans, das heisst vor der Kündigung des Advokaten, angeschlossen werden sollen (461).

Helene als Name verweist auf das griechische Wort ἔλε (Licht), aus dem Ἐλενή sprang (462). Schon seit der Antike bezeichnet dieser Name eine femme fatale.

Hasterer ist ein redender Name, der ganz einfach auf 'hasten' verweist. Höchstwahrscheinlich hatte der Staatsanwalt zu hastig in der von Anfang an sowieso schon sehr komplizierten Angelegenheit K.s gehandelt. Josef K. hielt es für weiser, ihn in diesem Anfangsstadium seiner Angelegenheit nicht um Hilfe zu bitten. Selbstverständlich reflektiert das 'Hasten' auch Josef K.s paralisierendes Angstgefühl, das ihn hindert, ein 'hastiges' Ende dieser 'Komödie' zu machen.

Aus sozialhistorisch-literarischer Perspektive gesehen spielt die Prager Umwelt mit ihrem deutsch-jüdisch-tschechischen Milieu sowohl in der Thematik, als auch in der Namengebung der Dichtung Kafkas eine wichtige Rolle. P. Eisner beschreibt z.B. die Prager Deutschen zur Zeit Kafkas als eine "kleine Enklave", die von der homogenen tschechischen Einwohnerschaft ausgeschaltet, aber gleichzeitig von der deutschen weit entfernt lebte (463). Zwischen diesen schon sprachlich so sehr unterschiedenen Gruppen muss hier noch das Prager Judentum als ein weiteres Element erwähnt werden, das seine Existenz in dieser polyglotten Stadt verteidigte. Diese drei Einflüsse sind auch für die Sprache Kafkas massgebend.

Dies kommt besonders in der Namengebung der drei Bankbeamten zum Vorschein. Auch Politzer weist auf dieses Aperçu hin, indem er ausführt, dass zu Josef K.s Verurteilung der Deutsche Rabenstein, der Tscheche Kullich und der Jude Kaminer beigetragen haben, die zusammen die Bevölkerung Prags vertreten (464). In den unvollendeten Kapiteln dieses Romans nennt sie Kafka folgendermassen: "Kein von fremder Hand gelegtes Hindernis kann so gross sein wie Kullichs Dummheit, Rabensteins Faulheit und Kaminers widerliche kriecherische Be-

---

461) Kafka, Der Prozess, S. 282.
462) Yonge, op. cit., Bd. 1, S. 159.
463) Eisner, op. cit., S. 19.
464) Heinz Politzer, "Prague and the Origins of Rainer Maria Rilke, Franz Kafka, and Franz Werfel", Modern Language Quarterly, 16 (1955), S. 53.

scheidenheit" (465).

Eine Analyse der drei Namen bestätigt, dass auch sie als weitere Kryptogramme Kafkas interpretiert werden können und gleichzeitig eine metaphorische Steigerung einschliessen. Wie schon darauf hingewiesen wurde, besteht ein onomastisch-semantischer Zusammenhang zwischen dem Namen Rabe▸Dohle▸Kafka. Im deutschen Volksglauben gilt der Rabe als 'Orakelvogel', der Unglück und Tod verkündet (466). Nach Grimm ist der 'Rabenstein' ein gemauerter Richtplatz unter dem Galgen, wo sich diese Orakelvögel aufhalten. Weiter weist Grimm darauf hin, dass diese Vögel auch unter dem Namen Steinkauz, Steinschmatzer usw. bekannt sind, und dass sie als Totenvögel oft für Vorboten des Todes gehalten wurden (467). Die Erwähnung eines Rabensteins stellt eine auffallende Verbindung mit dem Totenvogel her und bedarf vielleicht keiner weiteren Analyse. Auch diese Namengebung nimmt, wie schon im Roman Amerika zu beobachten war, den Ausgang der Handlung vorweg und weist deutlich auf das tragische Ende hin: Josef K. stirbt im Steinbruch!

Kaminer ist, ähnlich wie bei Odradek angedeutet, ein polyglotter Name. Um das zu erkennen, muss man aber diesen Namen zerlegen. Der erste Teil des Namens weist auf die tschechischen Wörter 'komín' (Schornstein) und 'kámen' (Stein), sowie auf 'kominar' (Kaminfeger) und 'kamenar' (Steinmetzer) hin. Der zweite Teil, das deutsche Suffix '-er' (slowakisch '-ar'), deutet ein männliches Wesen an. Kaminer kann nach dieser Erklärung mit Leichtigkeit als ein weiteres Paradigma eines theriophoren Namens entschlüsselt werden. Auch Kafkas Tagebucheintragung spielt mit diesem metaphorischen Bild: "Aus einem Kamin der Nachbarschaft tauchte ein kleiner Vogel, hielt sich am Kaminrand fest, sah sich in der Gegend um, erhob sich und flog. Kein gewöhnlicher Vogel, der aus dem Kamin auffliegt" (468).

Kullich, als letztes Beispiel dieses Prager Trios, ist wieder ein einfach redender Name, der aus dem Tschechischen 'kulich' (Kauz) abgeleitet werden kann, wie auch Eisner notiert (469), und sich an die so häufig vorkommenden Tiernamen in der Dichtung Kafkas anschliesst. Aus dem Vorhergesagten wird also deutlich, dass diese drei Namen mit den ihnen gehörigen Charakteristiken teleologisch den unausweichlichen negativen Ausgang des Romans unterstreichen. Die Namenbildungen Kafkas stehen somit in einem bewussten Zusammenhang mit den Eigenschaften der Träger, auch wenn sie auf den ersten Blick undurchsichtig erscheinen.

Eine Assoziation des Steinbruches mit der dekadenten Atmosphäre Prags ermög-

465) Kafka, Der Prozess, S. 281.
466) Hanns Bächtold-Stäubli, Handwörterbuch des deutschen Aberglaubens (Berlin: Gruyter, 1927-42), Bd. 7, S. 445.
467) Grimm, op. cit., Bd. 11, T. 1, K. 625 und Bd. 8, K. 11.
468) Kafka, Tagebücher, S. 363.
469) Eisner, "Franz Kafkas 'Prozess' und Prag", op. cit., S. 19.

licht eine weitere Einsicht in die Tiefenschicht der Umwelt Kafkas. Auch Lukács vermerkt, dass eigentlich in der modernen Literatur nur Kafka derjenige ist, der eine ganze Menschheitsepoche mit ihren allgemeinsten Konflikten bewusst darstellt.

> Bei (Kafka wird) eine ganze Periode der Unmensch-
> lichkeit als Gegenspieler zum österreichischen
> (böhmisch-deutsch-jüdischen) Menschen der letz-
> ten Regierungszeit Franz Josephs in Bewegung ge-
> setzt ... Damit erhält seine – formal, aber nur
> formal als condition humain auslegbare – Welt
> eine tiefe und erschütternde Wahrheit, im Gegen-
> satz zu jenem, die ohne einen solchen historischen
> Hintergrund, ohne eine solche Basis und Perspek-
> tive sich direkt auf das blosse, abstrakte – und
> in der Abstraktion schief gewordenen – überhaupt
> der menschlichen Existenz richten und unfehlbar
> auf eine vollendete Leere, auf ein Nichts auftreffen (470).

Auch Steinecke betont, dass Kafka, mehr als irgendein anderer Dichter, die "ästhetische Distanz", die für den traditionellen Roman unverrückbar war, vollends einbezieht (471).

Hillmann analysiert Kafkas sprachliche Umwelt und stellt fest, dass in Prag "ein von jedem Kontakt mit der Mundart abgetrenntes 'papierenes' Deutsch gesprochen wurde, ein Inseldeutsch, das sich zwischen dem Tschechischen, dem sogenannten Küchelböhmisch und dem Muscheldeutsch jüdischer Familien gewaltsam rein zu erhalten versuchte" (472).

Politzer betont diese Atmosphäre Prags und sagt sogar aus, dass sie tödlich bedroht ihrem Untergang entgegenging (473). In dieser 'Rabenstadt' brütete eine dürftige Sprache, die nur allzu leicht für die Thematik Kafkas einen Nährstoff bieten konnte.

Goldstücker untersucht diese Eigentümlichkeit Prags weiter, indem er die Prager deutsche Dichtung um die Jahrhundertwende analysiert und zu erklären versucht, warum die provinzielle Atmosphäre dieser Stadt mit Namen wie Kafka, Rilke, Werfel usw., plötzlich die Aufmerksamkeit der Welt auf sich lenkt. Seine Erklärung greift auf die historische Tatsache zurück, indem er darauf hinweist, dass die deutsch-sprachigen Schriftsteller der österreich-ungarischen Monarchie, zu der auch die Prager gehörten, "als erste einer historischen Erfahrung

470) Georg Lukács, Der historische Roman (Neuwied: Luchterhand, 1965), S. 9-10.
471) Hartmut Steinecke, hrsg., Theorie und Technik des Romans im 20. Jahrhundert (Tübingen: Niemeyer, 1972), S. 79.
472) Heinz Hillmann, "Franz Kafka", in Deutsche Dichter der Moderne, Ihr Leben und Werk, hrsg., von Benno von Wiese. 2., überarb., Aufl. (Berlin: Schmidt, 1969), S. 268.
473) Politzer, "Prague and the ...", op. cit., S. 51.

Ausdruck verliehen, die damals der bürgerlichen Welt neu war, der Erfahrung des fortschreitenden Verfalls dieser Welt und ihrer Werte". Er fügt noch hinzu, dass ausser Russland, die kaiserlich-königliche Monarchie - von R. Musil so geistreich 'Kakanien' im Roman Mann ohne Eigenschaften bezeichnet - der erste europäische Staat war, "der nicht nur die Bedrohung durch den Untergang erfuhr, sondern auch den Untergang selbst" (474). Die Intensität dieses Verfalls haben gerade die Schriftsteller der Donauländer am stärksten erlebt. Schnitzler, Trakl, Musil, Rilke, Werfel repräsentieren neben Kafka nur einige der vielen, die dieser geographischen Region angehören. Dass gerade die deutschen Dichter Prags, und von ihnen Kafka, in ihrer bedrückten Isolation diesen Verfall ausdrücken, ist aus dieser historischen Perspektive betrachtet, völlig verständlich. Auch Heitner nennt Kafka den führenden ("arch-Kakanian") Dichter dieser Gruppe (475). Diese vom Tod gefährdete Atmosphäre wird auch in der Namenwahl der Protagonistin erkennbar.

Aehnlich wie in der Erzählung "Die Verwandlung" kommt auch in diesem Roman nur ein einziges Toponym vor. Die Untersuchung Josef K.s findet in einem Haus in der Juliusstrasse statt. Diese benannte Strasse passt sich der totalen Atmosphäre dieses Sich-in-ständiger-Unwissenheit-befindenden-Helden an, weil ja im Namenregister der Prager Strassen keine so benannte Strasse aufweisbar ist. Auch Eisnerová meint, dass im Roman keine Prager Toponyma benannt sind, sie vermutet aber, dass es jedoch zu einer eindeutigen Identifizierung vor allem im Kapitel "Im Dom" kommt, in dem der St. Veits-Dom durch Details bestimmt ist, insbesondere durch das Grabmal des Johann von Nepomuk (476).

Auch Eisner vermutet, dass sich die Handlung des Romans in Prag abspielt, obwohl alle topographischen Hinweise in anonym-kryptischer Form erscheinen. Er betont, dass Der Prozess doch ein Prager Roman sei, der zwar für den Nichtprager keine lokal-topographischen Hinweise bietet, der jedoch dem Einheimischen alle anonymen Orte klar erkennen lässt (477).

Polenz betont, dass die Bürgerschaft der mittelalterlichen Städte Strassen- und Platznamen aus Appellativen gebildet hat, wie z.B., Mittelstrasse, Untergasse usw. Die moderne Stadtplanung bevorzugt dagegen Namen, die aus Eigennamen gebildet sind: Wilhelmstrasse, Goethestrasse usw. (478). Kafkas benannte Strasse gehört nach dieser Theorie den moderneren Toponyma an, die eine Namenbil-

---

474) Eduard Goldstücker, "Zum Profil der Prager deutschen Dichtung um 1900", Philologica Pragensia, 5 (1962), S. 132.
475) The Contemporary Novel in German. A Symposium, ed. by Robert R. Heitner, (Austin: Univ. of Texas, 1967), S. 39.
476) Dagmar Eisnerová, "Bemerkungen zur ethischen Problematik in Kafkas Romanen und über den Prager Hintergrund im 'Prozess' ", in Franz Kafka aus Prager Sicht (Berlin: Voltaire, 1966), S. 139.
477) Eisner, " 'Prozess' und Prag ...", op. cit., S. 22-3.
478) Peter von Polenz, "Name und Wort. Bemerkungen zur Methodik der Namendeutung", Mitteilungen für Namenkunde, 8 (1960-1), S. 4.

dung aus dem Appellativ demonstriert. Politzer nimmt an, dass der Name Julius an Cäsar erinnert, an seine Majestät und sein bitteres Ende. Weiter vermutet er, dass dieser Name sich auch auf den Monat Juli bezieht (479). Die Verhaftung Josef K.s fand aber im Frühjahr statt, hier scheint also der Sommermonat nicht ganz richtig placiert zu sein.

Freud betont, dass eine spezifische Namenwahl nie ohne Bedeutung sei. Er illustriert seine Theorie mit einem Paradigma, indem er einen Patienten auf den Namen Richard verweist, der die Lösung einer unsinnig scheinenden Zwangshandlung entzifferte: "Nach einem Zwist mit seinem Bruder begann er zu grübeln, wie er sich seines Reichtums entledigen könne, er wolle nichts mehr mit Geld zu tun haben". Freud fügt noch hinzu, dass der Bruder Richard hiess, und dass dieser Name als 'Reicher' gedeutet werden kann (480).

Dass in der spezifischen Wahl der Juliusstrasse vielleicht eine psychologische Motivation Kafkas mitspielt, kann nach Freuds Theorie angenommen werden, da ja eine Assoziation zwischen der Geburtstadt Kafkas und einer mütterlichen Metapher in den Schriften des Dichters vorhanden ist. In seiner Korrespondenz nannte er diese Stadt "Mütterchen Prag". Dass er Prag mit Julia, dem Namen seiner Mutter verbindet, scheint nach dieser Entschlüsselung annehmbar zu sein. Betont sei noch, dass auch hier, wie in der Erzählung "Der Jäger Gracchus" das Motiv der Nahrung, wie auch Frey bemerkt, eine wichtige Rolle spielt (481).

In dieser Welt der unbewusst-bewussten Realität wird Anna, eine schon aus der Erzählung "Die Verwandlung" familiäre Nebenfigur, als erste im Roman erwähnt. Sie ist auch hier als Dienstmädchen, wie auch als Köchin angestellt. Ihre Pflicht war, K. täglich das Frühstück zu servieren. Ausser dieser Routine-Handlung scheint sie im Leben K.s keine Rolle gespielt zu haben. Im Roman taucht sie erst im vierten Kapitel auf, wo sie neben dem Auf- und Zuschliessen der Türen die Rolle einer Botin auf sich nimmt. Mit dieser Vermittlung verwickelt auch sie sich in das intrige Gewebe der Prozess-Affäre. Sie verbleibt aber 'lieblich' Josef K. und dessen Umwelt gegenüber.

Frau Grubach, Josef K.s Zimmervermieterin, ist die erste Person, die aus seiner vertrauten Welt der Vor-Prozess-Zeit erscheint. Sie, nicht Anna, öffnet die Wohnungstür den drei Bankbeamten und den Wächtern, als sie nach der Verhaftung die Wohnung verlassen. Sie ist als eine "alte", "verständige", "Mitleid habende" und sogar "weinende" Frau beschrieben, die sich scheinbar passiv zur Verhaftung ihres Mieters verhält. Gerade aber mit diesem nur scheinbar passiven Verhalten trägt sie - fast paradoxerweise - aktiv zum Gesamtbild dieser komplexen Prozess-Angelegenheit bei. Sie gestattet ja die Verhaftung in ihrer Wohnung, sie protestiert nicht gegen sie, sie wird somit ein Teil des Teiles. Auch ihr Zuname evoziert sofort eine Assoziation mit dieser passiven

479) Politzer, Franz Kafka, der Künstler, op. cit., S. 274.
480) Freud, op. cit., Bd. 7, S. 411.
481) Gesine Frey, Der Raum und die Figuren in Franz Kafkas Roman 'Der Prozess', 2., verb. Aufl. (Marburg: Elwert, 1969), S. 49.

Rolle. Die Verhaftung fand unter ihrer Obhut statt, Josef K. fiel, bildlich sehr passend dargestellt, in eine Falle, das heisst in eine Grube, die ihn festhält, und aus der er sich nicht befreien kann. Diesen tragischen Fall betont noch der Aufschrei 'ach! ', der diesen Namen passend abschliesst.

Am ersten Tag seiner Verhaftung erinnert sich Josef K. an Elsa, an seine Freundin, "die während der Nacht bis in den späten Morgen als Kellnerin in einer Weinstube bediente und während des Tages nur vom Bett aus Besuche empfing" (482). Josef K. pflegte für "gesundheitliche" Zwecke Elsa einmal in der Woche zu besuchen.

Elsa ist eine Kurzform des aus dem Hebräischen stammenden Namen Elisabeth, der, wie schon darauf hingewiesen wurde, als 'mein Eid ist Gott' gedeutet werden kann. Auch dieser Name scheint ein präzis erwogener zu sein, da sich ja Elsa gegen Josef K. nicht verschwört. Josef K. rechtfertigt sogar ihr Verhalten dem Gericht gegenüber: "Sie (Elsa) hat einen grossen Vorteil Ihnen (Leni) gegenüber, sie weiss nicht von meinem Prozess, und selbst wenn sie etwas davon wüsste, würde sie nicht daran denken. Sie würde mich nicht zur Nachgiebigkeit zu überreden suchen" (483). Ausser in der Reminiszens K. s erscheint Elsa physisch nie. Leni, des Advokats Stubenmädchen, will sie zwar in der 'Photographie-Szene' in die Prozess-Affäre hineinziehen, es gelingt ihr aber nicht. Psychologisch hoch interessant ist Josef K. s Wunschbild, den Studenten Berthold, der mit der anonym gebliebenen Frau des Gerichtsdieners in eine sexuelle Liebschaft verwickelt ist, in einer lächerlich erniedrigenden Position, vor Elsa kniend, um Gnade bittend zu sehen.

Berthold, der Name, verweist auf eine Verwandtschaft mit dem Zunamen der Protagonistin Therese Berchtold. Im Grunde genommen verweisen beide Namen auf denselben Ursprung. Bert(h)old kann aus dem ahd. 'beraht waltan' (glänzend, waltend) abgeleitet werden (484). Im textlichen Zusammenhang passt sich dieser Name dem Roman an. Es ist ja der Student, der die sexuelle Uebermacht hat! In 'hold' schwingt vielleicht auch der Name 'Huld' mit, was noch eingehend besprochen wird.

Die makabre Stimmung der Gerichtssitzungen und Verhöre wird von dem Dichter mit unauffälliger Leichtigkeit durch die Erwähnung der Märchengestalten Hans und Grete für einen Augenblick entlastet. Die Frau des Gerichtsdieners überreicht Josef K. die Gerichtsbücher. Das Titelblatt des zweiten Buches lautet folgendermassen: "Die Plagen, welche Grete von ihrem Manne Hans zu erleiden hatte" (485). Oberflächlich betrachtet scheint es dem Bereich der Kinderwelt anzugehören. Dies veranschaulichen auch noch die Termini, wie z.B. "alt",

---

482) Kafka, Der Prozess, S. 28.
483) Ibid., S. 134.
484) Reclams Namenbuch. Die wichtigsten deutschen und fremden Vornamen mit ihren Ableitungen und Bedeutungen, hrsg., von Theo Herrle, 11. Aufl. (Stuttgart: Reclam, 1973), S. 18.
485) Kafka, Der Prozess, S. 67.

"abgegriffen" usw. Wenn man aber diese Namen aus der Perspektive eines Ge-
samtbildes der Nomenklatur Kafkas betrachtet, so kann konstatiert werden, dass
auch diese Namen von vielschichtiger Bedeutung sind. Die Gestalt Grete ist ja
eine Schlüsselfigur in der Erzählung "Die Verwandlung" und Hans spielt eine aussergewöhnliche Rolle im Roman Das Schloss. Hier muss wieder auf autobiographischen Zusammenhang verwiesen werden, der diesen Namen mit Grete Bloch
verbindet. Als Kafka diesen Roman schrieb, verschärfte sich der Konflikt zwischen ihm und Felice Bauer, und die Erscheinung Grete Blochs in seinem Leben trug höchstwahrscheinlich zur Auflösung der Verlobung bei. Das "unanstän-
dige Bild" des ersten Gerichtsbuches betont stark eine sexuelle Verwicklung.

Die wichtigste Frauengestalt des Romans ist das nur mit einem Zunamen identifizierte Schreibmaschinenfräulein namens Bürstner. Sie mietet, ähnlich wie
Josef K., bei Frau Grubach ein Zimmer. K. kennt Frl. Bürstner vor seiner Verhaftung nur ganz oberflächlich, er hatte nur höfliche Grussworte mit ihr gewech-
selt. Am Tage seiner Verhaftung führte er mit ihr ein langes Gespräch, bat sie
um Hilfe in seiner schwierigen Prozess-Affäre und küsste sie "auf den Mund und
dann über das ganze Gesicht, wie ein durstiges Tier mit der Zunge über das endlich gefundene Quellwasser hinjagt. Schliesslich küsste er sie auf den Hals, wo
die Gurgel ist, und dort liess er die Lippen lange liegen" (486). Josef K. wollte
sie nach dieser Begegnung sofort beim Vornamen nennen, er konnte es aber
nicht, weil er ihn nicht wusste. Ihr Vorname wird nie preisgegeben, er bleibt
für immer ein Geheimnis. Das Benützen eines Vornamens verweist auf ein in-
times Verhältnis, zu dem es aber zwischen K. und Frl. Bürstner nie kommt.
Canetti behauptet, dass der Askanische Hof und das Gericht mit der Verlobung
Kafkas eng zusammenhängen (487). Diese autobiographische Verbindung konstatiert auch Hermsdorf, der betont, dass dies die Abkürzung F.B. im Manuskript noch verdeutlicht (488).

Hervorzuheben wäre aber noch ein weiteres Kennzeichen, das diese autobiographischen Zusammenhänge noch eingehender unterstreicht. Das Monolexem
'Bürstner' spielt auf den am meisten erwünschten Idealzustand im Schaffen eines Dichters an, der seine Werke im Bürstenabzug sehen möchte und damit auf
einen fehlerlosen Druck seiner Werke hoffen kann. Auf den Konflikt zwischen
Verheiratetsein oder Dichtersein wurde schon in der Interpretation der Erzählung "Das Urteil" verwiesen. Diese Spannung wird mit der Gestalt Bürstner
bildlich noch stärker hervorgehoben. Der Zusammenhang zwischen den Heldinnen Bürstner, Brandenburg und der Verlobten Felice Bauer ist schon in den
gleichen Anfangsbuchstaben miteingeschlossen. Auch die Monolexeme 'Urteil'
und 'Prozess' gehören demselben Wortfeld an, bestätigen also einen weiteren,
logisch akzeptablen, sprachlich bedingten textlichen Zusammenhang.

---

486) Kafka, Der Prozess, S. 42.
487) Elias Canetti, Der andere Prozess. Kafkas Briefe an Felice (München:
     Hanser, 1969), S. 68.
488) Hermsdorf, op. cit., S. 190.

Das Gespräch mit Frl. Bürstner und später mit Frl. Montag wird vom Neffen der Frau Grubach, einem gewissen Hauptmann Lanz, gestört. Dieser Name taucht wieder in der Mietshaus-Szene auf. Josef K. erfindet ihn selbst und statt nach der Untersuchungskommission zu fragen, erkundigt er sich, ob hier ein gewisser Tischler namens Lanz wohne. Diese Namenverwandtschaft vermerkt auch B. Allemann in seiner Studie (489).

Lexikalisch betrachtet stellt sich diese Gestalt, hier wortwörtlich als 'Lanze' verstanden, zwischen K. und Frl. Bürstner. Lanz(-e) kann also wieder als ein einfach redender Name klassifiziert werden, der das metaphorische Bild eines Spiesses, einer Stichwaffe, darstellt.

Auch Sokel vermerkt, dass es nach der Störung, die Lanz verursachte, Josef K. nie mehr gegönnt war, Fräulein Bürstner nahezukommen. "Hauptmann Lanz bedeutet also für Josef K. das gewaltsame Ende seines Annäherungsversuchs an die junge Dame. Der Name ist mit der Verhinderung der erotischen Beziehung, der Beziehung zur Frau, verknüpft. Dieser Name ist es, der Josef K. die Tür zum Gericht öffnet" (490). Auch Josef K.s zweiter Versuch Frl. Bürstner näherzukommen, was er sich von Frl. Montags Vermittlung erhofft, scheitert an der zudringlichen Einmischung des Hauptmanns Lanz. Er tritt für die beiden Mieterinnen ein, er wird ihr Fürsprecher und Verteidiger. Lanz bestätigt also wieder, dass Kafka präzis erwogene Namen in seine Werke einführt, die mit ihren negierenden Deutungen das tragische Ende des Hauptprotagonisten prophezeien.

Fräulein Montag, die ein Zimmer mit Fräulein Bürstner teilt, wirkt sofort störend auf Josef K. Ihr "schlürfiger" und "schleppender" Schritt hört sich stark auffallend an. Sie scheint zuerst unbeteiligt an K.s Angelegenheit vorüberzugehen, bietet sich aber nach kurzer Zeit als Vermittlerin zwischen Josef K. und Frl. Bürstner an. Josef K. sieht zwar ihr Handeln als "zweischneidiges" an, ist ihr aber trotzdem ganz ausgeliefert und hofft, durch ihre Vermittlung ein erlösendes Wort von Frl. Bürstner zu erlangen.

Kafka erleichtert diese Namenanalyse, indem er verrät, dass Frl. Montag eine "Lehrerin des Französischen" ist. In diesem Namen schwingt sofort das französische Wort 'montage' mit, das wieder auf einen passenden, kontextuell dazugehörenden Zusammenhang verweist. Sie verwickelt sich selbstaufopfernd in die Angelegenheit Josef K.s, sie manipuliert aber zugleich den weiteren Werdegang seiner Affäre. Ihre wichtigste Rolle im Roman ist eine Verbindung, das heisst eine 'Montage' herzustellen. Josef K. durchschaut zwar ihre Rolle, kann sich aber trotzdem nicht helfen, er ist den Frauen, das heisst dem Gericht, ausgeliefert. Josef K.s eigene Aussage spricht hier axiomatisch für sich selbst: "Es war ihm, als sei irgendwie allem Fräulein Montag beigemischt und mache es

---

489) Beda Allemann, "Kafka 'Der Prozess' ", in Der deutsche Roman vom Barock bis zur Gegenwart, hrsg., von Benno von Wiese (Düsseldorf: Bagel, 1963), Bd. 2, S. 242.
490) Sokel, op. cit., S. 152.

widerwärtig" (491).

Wie Bürstner, so kann auch Montag(e) in Verbindung mit dem Buchwesen erwähnt
werden. Die Aufgabe eines Herausgebers schliesst ja auch eine Zusammenstellung, das heisst 'Montage' eines Buches mit ein. Beide Namen gehören demselben Wortfeld an, sie weisen also auf eine Namenverwandtschaft hin, die sich wieder auf den Dichter selbst bezieht.

Die Namenforschung betont, dass bei den Wochentagsnamen eine auffallende
Beschränkung auf bestimmte Tage zu beobachten ist, zu denen neben Sonntag
und Freitag auch der Montag gehört (492).

Eine Rettung, eine Hoffnung aus dieser schwierigen Gerichtsangelegenheit ist
auch für Josef K. der am meisten erwünschte Zustand. Kafka verbindet den Montag, den ersten Tag der Woche, oft mit dem Gedanken einer Hoffnung. Nur eine
Tagebuchnotiz sei als Illustrierung angeführt: "Vage Hoffnung, vages Zutrauen ...
Du bist aufgehoben für einen grossen Montag! - Wohl gesprochen, aber der Sonntag endet nie" (493). (Auch der Briefwechsel zwischen Felice Bauer, wie auch
mit Milena Jesenská und dem Dichter verweist fast immer auf einen 'Montag',
der den erhofften und so sehr begehrten Brief endlich bringen sollte.) K. war-
tet den ganzen Sonntag in seinem Zimmer auf ein Zeichen, aber der Brief kommt
nicht. Endlich gab es ein Zeichen am Sonntag, "dessen Deutlichkeit genügend
war" (494).

Der Onkel Josef K.s, der als ein "kleiner Grundbesitzer vom Lande" charakterisiert und von K. sogar zum "Gespenst vom Lande" degradiert wird, versucht
in der Prozess-Affäre, die er sofort als einen Strafprozess klassifiziert, durch
seine grossen und einflussreichen Bekanntschaften einzugreifen. Vermerkt sei
hier, dass Karl Rossmanns Onkel Bendelmayer hiess, welcher als ein Mann
vom Lande, der Grund besass, gedeutet wurde. Eine weitere Anspielung kann
auch noch durch den Titel des fragmentarisch gebliebenen Romans "Hochzeitsvorbereitungen auf dem Lande", wie auch durch die Erzählung "Ein Landarzt"
und dem Namen des Protagonisten Landvermesser usw. konstatiert werden, die
betont, dass Kafkas Gestalten auf eine Korrelation, eine innere Konstellation
(Land>Bauer) verweisen.

Aehnlich wie der Onkel im Roman Amerika hört auch Josefs Onkel auf zwei Namen. K. ruft ihn den Onkel Karl, der Advokat Dr. Huld, der sein Schulkollege
war, identifiziert ihn als Albert. Karl als Name bedeutet 'frei'. Albert ist die
Kurzform von Adalbert und kann als der, der aus edlem Geschlecht stammt, gedeutet werden. Beide Namendeutungen verweisen auf gemeinsame Konnotation.
'Edel' deutet einen textlichen Zusammenhang an, indem der Onkel aus 'edler'
Motivierung seinem Neffen beistehen will. Hinter dieser edlen Tag steckt aber
ein egoistischer Grund. Der Onkel will vor allem den guten 'Namen' der Fa-

---

491) Kafka, Der Prozess, S. 97-8.
492) Schwarz, op. cit., Bd. 1, S. 141-2.
493) Kafka, Tagebücher, S. 395.
494) Kafka, Der Prozess, S. 93-4.

milie retten, obgleich der sofort das Sprichwort zitiert: "Einen solchen Prozess haben, heisst ihn schon verloren haben" (495).

In den beiden Romanen Amerika und Der Prozess mischen sich die Onkel in die Angelegenheiten ihrer Neffen ein, indem sie Briefe, die immer von Frauen geschrieben wurden, erhalten. Ueber die Gerichtsangelegenheit Josef K.s verständigt den Onkel dessen Tochter Erna. Erna verweist auf eine Kurzform des ahd. 'arn' (Adler), also auf einen weiteren theriophor verschlüsselten Namen, der auf die Dohle anspielt. Erna weist auf eine weitere metaphorische Verschlüsselung hin, die eine intime Verwandtschaft mit Namen wie Raban, Gracchus usw., demonstriert. Dass also der Onkel den guten Ruf, d.h. den 'Namen' der Familie retten will, ist nach der Entschlüsselung des Namens Erna eine logisch akzeptierbare Folgerung.

Erna kompliziert aber trotz ihrer gutgemeinten Absicht die Prozessangelegenheit von K. Ihre wichtigste Rolle in dem Werdegang Josef K.s war die Verständigung ihres Vaters, der die Wahl des Advokaten beeinflusste, die zum negativen Auslauf bedeutend beitrug.

Den Advokaten beschreibt der Onkel als einen "Verteidiger und Armenadvokaten", der einen bedeutenden Ruf geniesst. Wiederholt sei hier auf den 'Ruf' verwiesen, der scheinbar für den Onkel von aussergewöhnlicher Wichtigkeit ist.

Dr. Huld ist ein exzentrischer Mann, der als Kranker im Bett liegend, seine Klienten verteidigt. Huld ist wieder ein redender Name, der axiomatisch für sich selbst spricht. Auch Emrich betont, dass der Advokat seine Klienten auf das Unbegreifliche der 'Huld' verweist, "auf eine unausdenkbare Gnade, die geschenkt, eine Hilfe, die geleistet werden kann, wenn sich der Klient ergibt, wenn er ins Geschick einwilligt, seine 'Unnachgiebigkeit' preisgibt" (496). Auch Greenberg betont, dass der Name Huld die Aufgabe, die er als Advokat im Prozess einnimmt, miteinschliesst: "He not only offers to carry his clients through their earthly trial, but to go on supporting them after judgement has been passed - that is, to secure for them what his name promises, 'clemency, grace' " (497). Politzer nimmt an, dass Camus' La chute einen Richter enthält, der auf den Namen Clamence hört. Huld ins Französische übersetzt hiesse clémence (498).

Leni, das Stubenmädchen ist gleichzeitig auch als Krankenschwester beim Advokaten Dr. Huld angestellt. Neben Frl. Bürstner macht vielleicht Leni auf K. den stärksten Eindruck. Er steht sogleich unter ihrem Bann und hofft, durch sie schneller zum Advokaten und damit zu einem erfolgreichen Ausgang seiner Gerichtsangelegenheit zu gelangen. Leni erkennt sofort seine Schwäche und han-

---

495) Kafka, Der Prozess, S. 119.
496) Emrich, op. cit., S. 280.
497) Martin Greenberg, The Terror of Art. Kafka and Modern Literature (New York: Basic Books, 1968), S. 125-6.
498) Politzer, Franz Kafka der Künstler, op. cit., S. 493.

delt auch danach. Sie drängt sich ihm sexuell auf, er kann sich von dieser Anziehungskraft kaum lösen. Josef K. versucht Lenis Ratschlägen, wie er sich
Dr. Huld und dem Gericht gegenüber verhalten solle, um das günstigste Resul-
tat zu erreichen, zu folgen. Emrich beschreibt dies sehr genau: "Religiöse
Hoffnung in Form hündischer Unterwerfung und gepaart mit sexueller Hörigkeit
gegenüber der 'Pflegerin' Leni (= Magdalena)" (499).

Die Assoziation mit der biblischen Maria Magdalena ist auffallend im Roman einbegriffen. Es muss hier wieder auf Emrich verwiesen werden, der nicht nur die
Aufmerksamkeit auf die Sünderin lenkt, sondern auch auf den Orden der Mag-
dalenerinnen, der ursprünglich zur Pflege und Rettung gefallener Frauen gegrün-
det worden war (500). Leni als Sünderin und als Krankenpflegerin ist ihrer Namendeutung nach im Roman mit dieser aussergewöhnlichen Konzeption dargestellt.

Es wäre noch zu vermerken, dass der Name Magdalena auf das hebräische Wort
מגדל verweist, das einen Turm, höchstwahrscheinlich bei Magdala bezeichnet (501). Turm, auch hier metaphorisch, als Beobachter, Ueberseher gedeutet.
Leni übersieht ja nicht nur alle Klienten, sondern beherrscht auch vollkommen
den Advokaten. Huld ist ihrer Gnade ausgeliefert, wie Josef K. der seinen. Nur
nachdem sich Josef K. aus ihrer Anziehungskraft befreit, dem Advokaten kündigt und zum Dombesuch aufbricht, kommt es zu einem Wendepunkt im Roman.

Block, der Kaufmann, ist ein alter Klient des Advokaten, der von Dr. Huld in
Geschäftsangelegenheiten schon über zwanzig Jahre vertreten worden ist. Seinen privaten Prozess übergab er Dr. Huld vor fünf Jahren, nach dem Tod seiner Frau. Dieses endlose Ausgeliefertsein dem Gericht gegenüber machte den
ehemals erfolgreichen Kaufmann zum Schatten seines Selbst. Sein ganzes Ver-
mögen ist dahingeschwunden, er ist sogar zum Advokaten eingezogen, um zu
jeder Zeit, sollte das Gericht ihn doch rufen, bereit zu sein. Ziolkowski unterstreicht diese Entsagung und fasst es wie folgt zusammen: "The merchant Block
is the most abject symbol, that of a man degraded wholly into animality because
of his total abjuration of personal responsibility and his complete reliance on
the aid of the lawyer in his case" (502). Auch Staroste nimmt an, dass der Name
Block ein sprechender ist, der treffend den Helden beschreibt (503). Sogar
Josef K. behauptete, dass Block Gründe hätte, seinen Namen zu verschweigen!
(504).

Auch diese Namenwahl demonstriert, dass Kafka sie mit grosser Sorgfalt er-

---

499) Emrich, op. cit., S. 280.
500) Ibid., S. 428.
501) Hastings, op. cit., Bd. 3, S. 203.
502) Theodore Ziolkowski, "Franz Kafka: 'The Trial' ", in Dimensions of the
Modern Novel. German Texts and European Contexts (Princeton: Princeton
Univ. Press, 1969), S. 56.
503) Staroste, op. cit., S. 146.
504) Kafka, Der Prozess, S. 202.

wogen hat. Nur nachdem sich Josef K. dieses Blocks, dieser Hinderung, dieser fast unerklärlichen Obstruktion gewahr wird, versucht er aus diesem Circulus vitiosus auszubrechen. Blocks Lage Dr. Huld und dem Gericht gegenüber beschleunigt sein Verständnis, er sieht die Ausweglosigkeit dieses Prozesses und ringt sich zur Kündigung des Advokaten durch.

Leni, die auch die Oberhand über den Klienten Block hat und mit ihm in intimer Verbindung steht, ist die Einzige, die ihn beim Vornamen Rudi ruft. Rudi ist die Kurzform von Rudolf, der aus dem ahd. 'hruod' und 'wolf' abgeleitet werden kann (505). Auch diese Namengebung demonstriert, dass sie textlich eng dem Roman angehört. Der Kaufmann, der einst mit seinem Ruhm prahlte, ist zum Tierischen gezähmt reduziert und wird sogar von Josef K. als "elender Wurm" bezeichnet (506). Block, statt vom Advokaten verteidigt zu werden, verteidigt Dr. Huld.

Auf Vielschichtigkeit verweist auch dieser Name. Wie schon bemerkt, kann Josef als Austauschname Franz Josefs betrachtet werden. Auch der Name Rudolf war ein Vorzugsname der Habsburger. Rudolf war aber auch der Name des Onkels von Kafka. Also kann auch hier ein historischer, wie auch ein autobiographischer Verwandtschaftszusammenhang hergestellt werden.

In dem unvollendeten Kapitel "Fahrt zur Mutter" wird noch ein gewisser Herr Kühne erwähnt, dem Josef K. seine geschäftlichen Aufträge während seiner zweitägigen Abwesenheit übergibt. Herr Kühne, der Josef K. untergeordnet ist, wird mit Eigenschaften, die seinen Namen charakterisieren, beschrieben: "Herr Kühne in einer Unart, die schon zur Gewohnheit geworden war, die Aufträge mit seitwärts gewendetem Gesicht engegennahm, als wisse er ganz genau, was er zu tun habe und erdulde diese Auftragerteilung nur als Zeremonie" (507). Als Untergeordneter benimmt er sich fast keck, was K. sichtlich irritiert. Auch sein Name schliesst den ihn charakterisierenden Wesenskern mit ein und betont die negative Atmosphäre, die Josef K. umgibt. Kühnes Handeln deutet auf eine Ahnung, die auf das tragische Ende hinweist. Er erduldet Josef K.s Auftrag, er scheint aber etwas über die Affäre K.s zu wissen und empfindet 'kühn' das Kommende. Das unvollendete Kapitel "Das Haus" erwähnt auch noch einen gewissen Wolfahrt, über den aber kein weiterer Hinweis vorhanden ist.

Als letzter Name muss noch Titorelli, der Porträtmaler des Gerichts erwähnt werden. Wie der anonyme Beobachter konstatiert, ist dies nur sein nom de plume. Der Reihenfolge nach gehört Titorelli dem siebenten Kapitel an. Der Rekonstruktion des Romans nach vermutet aber Uyttersprot, dass die Titorelli-Szene vielleicht erst der Dom-Szene vorangehen müsste (508). Auch der Namendeutung nach scheint dies annehmbar zu sein. Titorelli ist der einzige Name

---

505) Herrle, op. cit., S. 37.
506) Kafka, Der Prozess, S. 202.
507) Ibid., S. 278.
508) Hermann Uyttersprot, " 'The Trial': Its Structure", in Franz Kafka Today, ed. by Angel Flores und Homer Swander (Madison: Univ. of Wisconsin Press, 1964), S. 140.

im Roman, der als italienischer Lehnname in dieser Prager Atmosphäre etwas fremdklingend erscheint, als ob Kafka damit etwas ganz Bestimmtes betonen wollte. Uyttersprot vermutet sogar, dass ein Zusammenhang mit der Türhüter-Figur besteht, und der Maler eine mythische Abstraktion dessen ist: "In view of Kafka's liking for anagrams and word-plays in connection with personal names, one might see a similar game here: Titorelli-Titurel. At any rate it is worth mentioning that Titurel, the first king of the Grail, ancestor of the race of the guardians of the Grail, is the sage and initiate par excellence, from whom the younger generation seeks advice" (509). Auf diese Parallele Titorelli-Titurel verweist auch Weinberg (510).

Es ist bekannt, dass Kafka die früheren Werke Freuds kannte. Das erste Kapitel des Werkes Zur Psychologie des Alltagslebens befasst sich mit dem Vergessen von Eigennamen und mit dem Prozess, wie ein Ersatzname zustande kommt. Freud führt seine eigene Psychoanalyse an, derer er sich im Zusammenhang mit der Erklärung des Namens Signorelli unterzogen hat (511). Er geht auf Details ein und rekonstruiert die Assoziationen, die zu den Ersatznamen führten und konstatiert, dass eine Verknüpfung von gesuchten und verdrängten Namen, in denen Tod, Sexualität und geographische Verbindungen mitspielten und dadurch nach ihrer Entschlüsselung möglicherweise zum gesuchten Namen führten. Die Aehnlichkeit der Namenkonstruktion, die zwischen Freuds-Signorelli und Kafkas Titorelli zum Vorschein kommt, lässt vermuten, dass auch beim Dichter ähnliche 'ichbezogene' Verbindungen mitspielten.

Wenn wir die Aussage Anders zum Ausgangspunkt dieser Namenanalyse wählen und annehmen, dass, was immer auch Kafka benannte, er bereits bei seinem Decknamen nannte (512), und auch die Namenbildung Titorelli der freud'schen Theorie nach analysieren, können wir daraus schliessen, dass Titorelli als ein weiteres Kryptogramm für Kafka angesehen werden kann. Dies bestätigt auch noch, dass in dem Namen Titus auf Lateinisch die Taube mitschwingt (513), also ein weiterer theriophorer Name enthüllt wird. Auch Kafka vergleicht sich selbst mit einer Taube: "Man ist eben als biblische Taube ausgeschickt worden, hat nichts Grünes gefunden und schlüpft nun wieder in die dunkle Arche" (514).

Nach Yonge, kann Titus auch aus dem Griechischen τιμῶ (ehren) und dem Lateinischen 'tutus' (sicher) abgeleitet werden (515). Eine lexikalische Analyse Titorellis weist auf einen Zusammenhang hin, der die Gestalten Bürstner und Montag mit der von Titorelli, e.g., mit dem des Buchwesens verbindet. Das italienische Wort 'titolo', das hier auffallend mitschwingt, steht in erster Linie für das Titelblatt, aber auch für den Abzug und den Korrekturbogen. Dass ein

---

509) Uyttersprot, op. cit., S. 144.
510) Weinberg, op. cit., S. 128-9.
511) Freud, op. cit., Bd. 4, S. 5-12.
512) Anders, op. cit., S. 17.
513) Herrle, op. cit., S. 39.
514) Kafka, Briefe an Milena, S. 235.
515) Yonge, op. cit., Bd. 1, S. 296.

jeder Titel für Kafka von aussergewöhnlicher Wichtigkeit war, bestätigen un-
zählige Stellen in den Briefen und in den Tagebüchern. Ein vorläufiger Titel Kafkas
wurde erst nach langwierigem Entwicklungsgang zum endgültigen. Der Titel
eines Werkes ist ja sein wichtigstes Merkmal, das das Werk für die Zukunft
kennzeichnet. Das italienische Wort 'titolo' ist auch für das Gerichtswesen von
Bedeutung, da es ja im Zusammenhang mit einer Evidenz, mit einem Beweis
gebraucht wird.

Es gibt einen Künstler namens Botticelli, auch einen Signorelli, aber einen
Titorelli gibt es nicht. Titorelli ist also eine dichterische Namenprägung Kafkas.
Zwei Namen scheinen hier von Wichtigkeit zu sein. Kafka erwähnt den Künstler
Tintoretto in den Tagebüchern (516), wie auch das Fresko im Dom zu Orvieto,
das von Signorelli angefertigt wurde und als "Die Verdammten des Jüngsten
Gerichts" bekannt ist. Kafkas Notiz scheint hier von Bedeutung zu sein, er ver-
weist auf faltige, magere Gesichter und trockene hölzerne Körper, wie es die
Toten auf dem Bild von Signorelli waren (517). Auch das Wort 'Gericht' verweist
auf einen Zusammenhang mit dem eines Prozesses.

Der Kreis schliesst sich. Titorelli als Name kann möglicherweise wieder als
ein weiteres Kryptogramm Kafkas betrachtet werden. Uyttersprots Annahme,
dass Titurel-Titorelli eine Anspielung an den Hüter des Grals einschliesst, ermöglicht eine Verbindung mit der Türhüter-Gestalt des Romans. Es entsteht
eine weitere Verbindung, die den Mann vom Lande mit Josef K., e.g., mit Kafka
vereinigt. Sokel vermutet, dass sich Josef K. mit dem Standpunkt des Mannes
vom Lande identifiziert und wie dieser auf seinem Irrtum beharrt und hofft,
durch fremde Hilfe gerettet zu werden (518). Josef K. sagt dem Geistlichen,
dass er noch immer von den Frauen gerettet werden könnte: "Die Frauen haben
eine grosse Macht. Wenn ich einige Frauen, die ich kenne, dazu bewegen könnte,
gemeinschaftlich für mich zu arbeiten, müsste ich durchdringen. Besonders
bei diesem Gericht, das fast nur aus Frauenjägern besteht" (519). Henel betont,
dass der Mann vom Lande eine Bettlergestalt ist, der sein Lebensziel verfehlt
hat, und dessen Leben nur ein allmähliches Verwesen darstellt (520). Auch das
Ende Josef K.s spiegelt diese Ausweglosigkeit wider, er stirbt ja wie ein Hund!
Auf dies verweist auch Wilson: "Josef K. has his Trial Court, inescapably moving
with him until it overtakes him. It cuts the ground from under his feet, so that
he cannot help falling; falling into the gulf of nothingness" (521).

516) Kafka, Tagebücher, S. 445.
517) Kafka, Briefe, S. 326.
518) Walter H. Sokel, "Das Verhältnis der Erzählperspektive zu Erzählgeschehen
     und Sinngehalt in 'Vor dem Gesetz', 'Schakale und Araber; und 'Der Prozess' ",
     Zeitschrift für deutsche Philologie, 86 (1967), S. 298.
519) Kafka, Der Prozess, S. 253.
520) Ingeborg Henel, "Die Türhüterlegende und ihre Bedeutung für Kafkas 'Prozess'",
     Deutsche Vierteljahrsschrift für Literaturwissenschaft und Geistesgeschichte,
     37 (1963), S. 52.
521) A.K. Wilson, " 'Null and Void'. An Interpretation of the Significance of the
     Court in Franz Kafka's 'Der Prozess' ", German Life & Letters, 14 (1961),
     S. 169.

Josef K. kann aber diese 'axiomatische' Schuld nicht einsehen, sogar wenn der Geistliche es ihm ganz klarmacht: "Es (das Gericht) nimmt dich auf, wenn du kommst, und es entlässt dich, wenn du gehst" (522). Die Perspektive dieser Einsicht bleibt dem Leser überlassen, er wird zum Richter dieses Prozesses.

Zusammenfassend kann darauf hingewiesen werden, dass auch die Namen des Romans Der Prozess auf eine sorgfältige Namenwahl deuten, die eine ganz bestimmte Absicht des Dichters anzeigen. Sie betonen, ähnlich wie die Namen des Romans Amerika, dass sie schon vom Moment des ersten Auftaktes etwas negierendes miteinschliessen, das im Verlauf des Vorganges verstärkt zum Vorschein kommt. Wie Gracchus, ist auch Josef K. schon im voraus zum Tode verurteilt. Dies wird auch in der Nomenklatur sichtbar, die mit ihren redenden oder verschlüsselten Namen den tragischen Verfall des Protagonisten preisgeben. Auch die benannten Helden des Romans Der Prozess betonen mit ihren spezifischen Namendeutungen den Wesenskern des Romans.

---

522) Kafka, Der Prozess, S. 265.

DAS SCHLOSS

A. Nomenklatur:

Amalia
Arthur
Barnabas
Bartmeier
Bertuch
Brunswick
Bürgel
Elisabeth
Emilie
Erlanger
Frieda (Braut)
Frieda (Brunswick)
Friedrich
Fritz
Galater
Gardena
Gerstäcker
Gisa
Hans (Wirt)
Hans (Brunswick)
Henrietta
Jeremias
Josef
K.
Klamm
Lasemann
Martin
Mizzerl
Mizzi
Momus
Olga
Oswald
Otto
Pepi
Pinzgauer
Schwarzer
Seemann
Sordini
Sortini
Vallabene
Westwest

B. Toponyma:

Löwengasse
Madeleinegasse
Schwanengasse
Spanien
Südfrankreich

C. Miszellen:

Brückenhof
Herrenhof

"Der Sinn für die Darstellung meines traumhaften innern Lebens hat alles andere ins Nebensächliche gerückt, und es ist in einer schmerzlichen Weise verkümmert und hört nicht auf, zu verkümmern" (523), lautet Kafkas Offenbarung
und beschreibt gleichzeitig sehr treffend die Benennung des Hauptprotagonisten
des Romans Das Schloss. Wie bei Kafka üblich, wird der Hauptheld bereits im
ersten Satz vorgestellt. In diesem unvollendeten Roman ist aber der Zuname
zu einem Initial verkümmert; der Held ist bloss mit der Chiffre 'K' bezeichnet. In diesem Werk ist der Held mehr durch seine berufliche Tätigkeit als
Landvermesser charakterisiert, als durch seinen Vor- und/oder Zunamen.

Der autobiographische Hinweis, auch wenn in verschlüsselter Form eines Landvermessers, wie schon bei Gracchus und Blumfeld angedeutet, scheint in der
Dichtung wie auch im Leben Kafkas von Bedeutung gewesen zu sein. Eine Reise-
tagebucheintragung bestätigt, dass Kafka in Jungborn einem gewissen Herrn H.
begegnete, der sich als Landvermesser vorstellte. (Erwähnt sei, dass auch
seine Identität nur mit einem Initial angedeutet ist) (524). Ueber dieses Treffen
berichtet Kafka auch Felice Bauer (525) und bestätigt dadurch, dass der Landvermesser H. ihn mit seinen "moralisierenden" Reden stark beeinflusste. Das
Suchen nach dem Sinn des Lebens, nach der Berufung des Menschens, ist, wenn
auch sehr vereinfacht gesehen, die Substanz des Romans.

Es ist von aussergewöhnlicher Wichtigkeit, dass Kafka den ursprünglich als
'Ich-Form' konzipierten Roman in die 'Er-Form' änderte, der aber wiederum
gerade durch das Initial 'K' sehr auffallend Ichbezogen wirkt. 'K' kann also
auch hier als eine weitere autobiographische Verschlüsselung betrachtet werden. Fietz betont, dass in dieser 'Er-Form' neben dem erlebenden K. kein er-
innernd-erzählendes Bewusstsein sichtbar ist. "Die fiktive Unmittelbarkeit
des eigentlich vorsprachlichen Erlebnisses ist zugleich ganz Wort, aber nie
das Understatement des Erlebens nur reproduzierendes Wort, das, wie in den
auktorialen Fiktionen, seine Gültigkeit nur aus der behaupteten Realitätsbe-
zogenheit gewönne" (526). Auch Walser betont, dass das Ersetzen des Ichs
durch das K. eine Erweiterung der perspektivischen Kompetenz ermöglicht (527).

---

523) Kafka, Tagebücher, S. 300.
524) Ibid., S. 484.
525) Kafka, Briefe an Felice, S. 105.
526) Lothar Fietz, "Möglichkeiten und Grenzen einer Deutung von Kafkas Schloss-
     Roman", Deutsche Vierteljahrsschrift für Literaturwissenschaft und Geistes-
     geschichte, 37 (1963), S. 73-7.
527) Walser, op. cit., S. 22.

Cohns Studie hebt hervor, dass die letzte Korrektur von der 'Ich-' zur 'Er-Form' im Manuskript kurz vor der Liebes-Szene zwischen Frieda und K. beobachtet werden kann (528).

Max Brod behauptet, dass auch dieses Manuskript mit keinem Titel versehen war, und dass er den von Kafka beabsichtigten übernahm (529). Mit einem einzigen Wort beschreibt der Dichter die komplizierte Handlung des Romans, indem er sogar mit einem gewandten Wortspiel das unlösbare Ende vorwegnimmt. Wie schon bei den anderen Romanen darauf hingewiesen wurde, ist das Prophezeien eines tragischen Ausgangs von Anfang an in der Wort- und Namenwahl des Dichters einbegriffen.

Ein 'Schloss', als Lexem, bedeutet nicht nur ein Gebäude, sondern, wie Adelung anführt, verweist es auf Vielschichtigkeit. In der neueren Sprachform wird sogar das Wort 'Schluss' angewendet, wie z.B. in der Handlung des 'Schliessens' (530). Neben diesen Bedeutungen steht das Wort Schloss für ein Gewehrteil, es bedeutet aber auch einen Riegel, der, wenn er vorgeschoben ist, hier metaphorisch zu verstehen, die Einsicht in den Ablauf eines Vorfalls 'verschliesst'. Auch Kobs notiert, dass Kafka Morpholexeme, (wie z.B. das Schloss) die eigentlich voneinander abgehobene Nomolexeme sind, häufig in seine Werke einführt (531). Kafka verweist selbst auf dieses metaphorisch vielschichtige Wort: "Manches Buch wirkt wie ein Schlüssel zu fremden Sälen des eigenen Schlosses" (532).

Eine ähnliche Amphibolie kann auch in der Berufsbezeichnung K.s entschlüsselt werden. Nach Heller schwingt im Wort 'Vermessen' auch Vermessenheit, Hybris mit, im Verb 'vermessen' aber auch die Verwendung eines falschen Massstabes (533). Im wahrsten Sinne des Wortes ist ja der Hauptheld nie imstande, seine Lage im Dorf wie auch im Schloss zu klären. Politzer beschreibt diese mannigfachen Assoziationen Kafkas als eine "Vexiertechnik" (534).

Nach Beck kann aber ein weiteres Wortspiel in der Berufsbezeichnung K.s entdeckt werden. Das hebräische Wort מַשׁׁיחַ (Landvermesser) spielt auf מָשִׁיחַ (Messias) an (535). Diesen Doppelsinn berücksichtigt auch Weinberg, der es aber noch mit weiteren subjektiven Ideenassoziationen, wie z.B. 'Messe' verbindet (536). Auch Born betont aber, dass das Motiv des Messens von Wichtigkeit sei. Er stellt sogar fest, dass Kafkas Gestalten "unermüdliche Rechner" waren (537), und kennzeichnet auch K., den Landvermesser, als so einen Typus.

528) Dorrit Cohn, "K. enters 'The Castle'. On the Change of Person in Kafka's Manuskript", Euphorion, 62 (1968), S. 29.
529) Kafka, Das Schloss, S. 537.
530) Adelung, op. cit., Bd. 3, K. 1538-9.
531) Kobs, op. cit., S. 62.
532) Kafka, Briefe, S. 20.
533) Heller, op. cit., S. 216.
534) Politzer, Franz Kafka der Künstler, op. cit., S. 325.
535) Beck, op. cit., S. 195.
536) Weinberg, op. cit., S. 40.
537) Jürgen Born, "Kafkas unermüdliche Rechner", Euphorion, 64 (1970), S. 413.

K. wurde von den Leuten im Wirtshaus für einen gewöhnlichen Landstreicher gehalten. Um seine Identität, sein wahres 'Ich' nicht preiszugeben, versteckt er sich unter einer 'Decke'. Decke, nach Sheppard, möglicherweise hier als dichterischer Deckname zu verstehen, mit der K. seine Identität geheimhalten will (538). Als Wortspiel bestätigt aber die Parallele Landstreicher=Landvermesser wieder, dass Kafka mit spielerischer Leichtigkeit K. aus dieser Klemme zu einem angesehenen Fachmann befördert.

Die erste Begegnung im Dorf findet zwischen K. und dem Sohn eines Schlosskastellans statt, der sich als Schwarzer vorstellt. Diese Gestalt schafft unverzüglich eine Atmosphäre der Verschleierung, der Mystifikation, hinter der sich der Tod verbergen kann. Schwarzer ist wieder ein einfach redender Name, der das tragische Ende K.s mit seiner Namendeutung vorwegnimmt.

Der Sohn des Schlosskastellans macht es K. sofort klar, dass das Dorf Besitz des Schlosses ist, das dem Herrn Grafen Westwest gehört. Emrich betont, dass Westwest das "völlige Ende" bedeutet (539). Politzer vermutet, dass diese zweifache Negation eine Affirmation enthält (540), und folgert daraus, dass es eigentlich Alles und Nichts bedeutet: "The name 'Westwest' is intended to mean both being and non-being, eternal life and death, everything and nothing" (541). Auch Philippi ist überzeugt, dass diese Benennung eine Verstärkung der Unbestimmtheit ist. "Der Name des Grafen als Himmelsrichtung in einem Raum, der in keiner Weise anhand realer Punkte ausserhalb des Dorfes ausmessbar ist, wie eine Verhöhnung der Sicherheit, die er geben soll. Die Verdoppelung als Bekräftigungsformel potenziert die Unbestimmtheit. Die Kette der Beziehung, in die K. zu dem Dorf getreten ist, wird nur ins Unbestimmte verlängert" (542). Greenberg verbindet Westwest mit den Krähen, die den Tod verkünden. "The West has reached its west, its evening, and ... the comically doubled name is also sinister and points, like the swarms of crows circling around the castle tower when K. views it on his first morning in the village, to death: the castle of the world stands under the sign of death" (543). Westwest als Name unterstreicht also wieder das unvermeidlich Negative, das Tragische.

Schwarzer setzte sich sofort mit dem Schloss in Verbindung, wo Fritz im Namen des Schlosses erklärte, dass die Ankunft eines Landvermessers auf einem Irrtum beruhen müsste. Fritz verweist auf eine Kurzform des Namens Friedrich, der meistens in einer Zusammensetzung mit dem ahd. 'fridu' vorkommt

538) Richard Sheppard, On Kafka's Castle. A Study (London: Helm, 1973), S. 56.
539) Emrich, op. cit., S. 310.
540) Politzer, Franz Kafka der Künstler, op. cit., S. 338.
541) Heinz Politzer, "Franz Kafka's Language", Modern Fiction Studies, 8 (1962), S. 21.
542) Klaus-Peter Philippi, Reflexion und Wirklichkeit. Untersuchungen zu Kafkas Roman 'Das Schloss' (Tübingen: Niemeyer, 1966), S. 34.
543) Greenberg, op. cit., S. 163.

und als 'Schutz' gedeutet werden kann (544). Mit diesem Namen wird die Rolle, die Fritz im Roman einnimmt, treffend bezeichnet. Als Schützer des Schlosses vertritt er dessen Interessen. Nachdem er diese ganz bestimmte Rolle erfüllt hat, tritt er in dem Intrigengewebe des Kampfes K.s nie wieder auf. Es wird zwar noch auf einen Friedrich hingewiesen, der zum Ende des Romans auftaucht, der ebenfalls die Autorität des Schlosses repräsentiert.

Schwarzer wurde von einer anonym gebliebenen Stimme informiert, dass das Schloss K. doch als Landvermesser benötige und ihn höchstwahrscheinlich aufnehmen würde.

Auf der Dorf-Strasse trifft K. als ersten den Lehrer, der nach ihrer Besprechung in ein jäh abfallendes Gässchen, in die Schwanengasse verschwindet. Die Wahl der Wörter pointiert auffallend, dass auch dieses Toponym die kommende Katastrophe von K. vorwegnimmt. Schon seit der Antike galt ja der Schwan als mysteriöser Vogel, der Tod oder Unheil verkündet (545). Auch die späteren Begegnungen, die zwischen K. und dem Lehrer stattfinden, beweisen, dass dieses Omen auf ein tragisches Ende deutet.

Vom Lehrer verlassen, setzt K. seinen Weg fort. An einer Kreuzung, wo der Weg ins Dorf oder ins Schloss führt, wird K. vom Gerbermeister, der sich aber sofort auch als Lasemann vorstellt, angesprochen. Das Wort 'Lase' kann wieder auf verschiedenen Ebenen gedeutet werden. An erster Stelle bedeutet das Wort 'Lase' ein Gefäss, das nach Adelung zur Aufbewahrung flüssiger Körper bestimmt ist. Zweitens betont er, dass in dem Wort 'Lase', das Leere, das Hohle der herrschende Begriff sei, aus dem das Wort 'Lase' abgeleitet wurde (546). Das Wort kann auch als Schlüsselwort für diesen Roman betrachtet werden. Statt des Schlosses, sieht K. die "scheinbare Leere" spätabends, wenn er ins Dorf kommt. Das Wahrnehmen der Leere, das z.B. auch Robert Musil charakterisiert, kommt mit Gestalten wie Lasemann beklemmend zum Ausdruck.

Von Wichtigkeit wäre noch zu erwähnen, dass Kafka sich selbst als ein "leeres Gefäss" bezeichnet (547). Die Leere ist also auch hier auf sich selbst bezogen. Goldstücker sieht Kafka in die Reihe der Hauptgestalten miteinbezogen.

> Wenn wir uns dem höchst komplizierten Organismus
> des Kafkaschen Gesamtwerkes nähern, gelangen wir
> sehr bald zu der Einsicht, dass wir nicht weit
> kamen, wenn wir unsere Untersuchung nur auf die
> Werktexte beschränkten, denn es würde sich bald
> herausstellen, dass es sich hier – wie übrigens
> Kafka selbst immer betont hat - überall sozusagen
> um Gelegenheitstexte im Goetheschen Sinne handelt,
> um Kristallisationen seiner persönlichen Proble-
> matik; dass alle Hauptpersonen seiner Werke, mö-

544) Herrle, op. cit., S. 24.
545) Bächtold-Stäubli, op. cit., Bd. 7, K. 1402.
546) Adelung, op. cit., Bd. 2, K. 1910.
547) Kafka, Tagebücher, S. 310.

gen sie nun Bendemann, Samsa, Raban, Gracchus,
Josef K. oder, wie der Landvermesser, einfach K.
heissen, einen Menschen bedeuten: Franz Kafka (548).

Hinzugefügt sei aber, dass nicht nur die Hauptpersonen, die fast schon klischeehaft immer nur für den Dichter gehalten werden, sondern auch die Nebenfiguren nach ihren Entschlüsselungen meistens den Dichter selbst darstellen.

Für das tschechische Ohr klingt aber sofort 'laz' mit, das als ungeackertes, leeres Feld übersetzt werden kann und wieder aufs Leere hinweist. Weiter klingt noch 'láze(n̆), (Bad, Heilbad) mit, wie z. B. in Mariánske Lázně (Marienbad), das Kafka 1916 mit Felice besuchte.

In der Gegenwart Lasemanns lernt K. zwei Personen kennen, die sich ihm als seine Gehilfen Jeremias und Artur vorstellen. K. gesteht, dass er nicht imstande ist, sie zu unterscheiden, weil sie einander so ähneln. K. kann sie nur durch die Namen unterscheiden, da dies aber nicht genüge, will K. sie als eine einzige Person behandeln und sie auswechselbar bei einem der beiden Namen nennen.

Jeremias kann aus dem Hebräischen ירמיהז abgeleitet und als 'Jahwe hat ernannt, angeordnet oder bestimmt' übersetzt werden (549). Auch dieser Name bestätigt, dass er im textlichen Zusammenhang unerlässlich auf eine präzise Namenwahl verweist, da ja die Gehilfen K. vom allmächtigen Schloss zugeteilt wurden.

Artur kann aus dem Angelsächsischen abgeleitet werden, seine Bedeutung ist aber nicht ganz geklärt. Yonge vermutet, dass Arthur aus dem keltischen Wort 'ard' stamme, das 'hoch', 'nobel', 'edel' usw. bedeutet (550). Jeremias, der Entsandte, Artur, der nobler Herkunft ist, stimmen mit ihren Namendeutungen textlich mit dem Roman überein. Das Schloss wird meistens als Symbol einer absoluten Macht dargestellt, wie es z. B. Reed bezeichnet, als Symbol eines Supremats, das man mit Gott oder irgendwelcher absoluten regulativen Macht oder eines Systems vergleichen kann. "(The Castle is a symbol) for the supreme morality which one may identify with God or any absolute regulative force or system" (551). Nach Weltsch führt K., der Held, einen Kampf mit einem "übermächtigen Gegner, einem unheimlichen, unergründlichen Kollektiv" (552).

---

548) Eduard Goldstücker, "Ueber Franz Kafka aus Prager Perspektive, 1963", in Franz Kafka aus Prager Sicht. Hrsg. von Vědecká konference věnovaná dílu Franze Kafky (Berlin: Voltaire, 1966), S. 30.

549) Yonge, op. cit., Bd. 1, S. 120.

550) Ibid., Bd. 2, S. 125.

551) Eugene E. Reed, "Moral Polarity in Kafka's 'Der Prozess' and 'Das Schloss' ", Monatshefte, 46 (1954), S. 317.

552) Felix Weltsch, Religion und Humor im Leben und Werk Franz Kafkas (Berlin: Herbig, 1957), S. 59.

Die nächste Gestalt, der K. auf seinem Weg ins Dorf begegnet, ist der Fuhrmann Gerstäcker, der vom Schloss berufen ist, K. mit seinem Fuhrwerk "wegzuschaffen". Er wird durch die folgenden Adjektive als "unerbittlich", "eigensüchtig", "ängstlich" und "gebückt" als eine "gewissermassen misshandelte Gestalt" charakterisiert, die augenscheinlich den Gedanken an den Todesreiter einschliesst. Gerstäcker kann als die Gegenfigur Lasemanns verstanden werden: Nicht der 'leere' Acker, sondern der für die Sense 'reife'.

Schon der Dialog zwischen K. und Gerstäcker ist in makabrem Ton geführt und kann fast als ein Totengespräch betrachtet werden. Die grimmige Ironie des Fuhrmanns, mit der er dem Landvermesser mitteilt, es führe kein Weg zum Schloss, bestätigt diese These. Auch Sheppard nimmt an, dass die Gestalt Gerstäckers auf eine Totenfigur hinweist, die an Gottesacker anklingt. Er fügt aber noch hinzu, dass solche Namen auch an anderen Stellen im Werk Kafkas vorkommen, z.B. spiele der Herrenhof auf einen Friedhof an (553). Auch die Gestalt des Ackermanns aus Böhmen erinnert an diesen Namen, der selbstverständlich wieder als eine Verschleierung des Dichters betrachtet werden kann.

Demgegenüber betont Wagenbach, dass im Wort Herrenhof ein autobiographisches Wortspiel Kafkas entdeckt werden könnte, da es nicht nur der Name des Gasthauses ist, zu dem nur Herren aus dem Schloss Zutritt haben, sondern auch der Name eines Wiener Kaffeehauses sei, wo sich Dichter und Literaten, hier aber vor allen Ernst Polack gemeint, trafen. (Unter sich nannten sie es auch 'Hurenhof') (554).

Im Wirtshaus ankommend wiederholt sich ein telephonisches Gespräch, das von ähnlicher Art wie das vorangegangene war. K. wollte erfahren, wann er zum Schloss zugelassen werde. Die Antwort war ein kurz und bündig negierendes "Niemals". Die wichtige Mitteilung wurde K. durch Oswald übergeben. Oswald verweist auf einen theophoren Namen, der aus dem ahd. 'ans' und 'waltan' abgeleitet werden kann (555). Oswalds Stimme wird als "streng" und "hochmütig" bezeichnet. K. fürchtet, dass diese omnipotente Schlosstimme auf ihn Unheil "niederdonnern" könnte. Um sich aus diesem Dilemma zu befreien, erdenkt sich K. schnell den Namen Josef und stellt sich als sein eigener Gehilfe vor.

Ein Zusammenhang mit den anderen Namengleichen der Dichtung Kafkas liegt hier nahe. Hinzuzufügen wäre nur, dass auch in dieser Gestalt die semantische Deutung axiomatisch ist. K. lügt Oswald an, mit dieser Lüge 'vermehrt sich' auch K.s Schuld. Je mehr er sich dieser Macht ausliefert, desto mehr kompliziert sich seine Dorf-Schloss-Affäre.

---

553) Sheppard, op. cit., S. 105.
554) Klaus Wagenbach, "Wo liegt Kafkas Schloss?" in Kafka-Symposion, hrsg., von Jürgen Born u.a. (Berlin: Wagenbach, 1965), S. 163.
555) Herrle, op. cit., S. 35.

Barnabas kann aus dem Hebräischen בר נבזאת abgeleitet werden, das
'Sohn des Trostes' bedeutet (556). Für diese Paradox-Gestalt hätte Kafka keinen passenderen Namen wählen können. Trotz des Misserfolgs bedeutet die
Erscheinung des Barnabas einen Hoffnungsstrahl im Leben K.s Seine Gegenwart wirkt wohltuend auf ihn, er befolgt dessen Rat und Empfehlung immer
willig. Auch Erich Heller verweist auf die biblische Bedeutung Barnabas: " 'Son
of Consolation', or 'Son of Exhortation', is the biblical meaning of his name,
and it is said of him that his exhortation was of the inspiring kind, and so built
up faith. And the Barnabas of the novel is indeed a son of consolation, if only
in the desperately ironical sense that the family, whom the curse of the castle
has cast into the lowest depths of misery and wretchedness, in vain expects
deliverance through his voluntary service for the authority" (557).

Diese hoffnungsvoll-hoffnungslose Person verbindet K. mit der wichtigsten männlichen Gestalt des Romans, mit Klamm, indem er K. den lang erhofften Brief
übergab. Die Unterschrift des Briefes konnte aber K. nicht entziffern, sie wurde
von Barnabas als die von Klamm identifiziert.

Klamm, als Gestalt, deutet auf eine Eigentümlichkeit hin, die vielleicht in der
Kafka-Literatur die am meisten umstrittene ist. Dies wird noch zugespitzt,
da Klamm angeblich von vielen, andererseits aber von niemandem im Dorf ganz
sicher gesehen worden ist: "Es hat sich aus dem Augenschein, aus Gerüchten
und auch manchen fälschenden Nebenabsichten ein Bild Klamms ausgebildet,
das wohl in den Grundzügen stimmt. Aber nur in den Gründzügen" (558).

Das deutsche Wort 'Klamm' deutet auf Vielschichtigkeit. Es kann als eng, knapp,
feucht, steif vor Kälte, das Nomen 'Klamm' aber auch als Felsenschlucht gedeutet werden. Alle diese Bedeutungen scheinen von Wichtigkeit zu sein und können textlich im Roman belegt werden. Das Verb 'sich anklammern' könnte vielleicht für den Ausgangspunkt dieser Interpretation gewählt werden, da sich ja
nicht nur K. an Klamm 'anklammert', sondern auch die ganze Existenz des Dorfes von Klamm abhängig zu sein scheint; von der Wirtin, die einstmals Klamms
Geliebte war, bis zu Frieda, der jetzigen Geliebten Klamms. Klamm, die höchste
Autorität der unbeschränkten Schlossmacht, hört sich wie ein Angstton an, der
nach Erich Heller fast als eine Klaustrophobie betrachtet werden kann: "(Klamm
suggests) straits, pincers, chains, clamps, but also a person's oppresive silen-
ce" (559). Demgegenüber meint Emrich, dass Klamm zwar etwas Unglaubliches,
aber doch auch etwas Selbstverständliches offenbare (560). Krusche nimmt an,
dass Klamm als Vorstellungsrahmen zu verstehen sei, "der in seinen Unein-
deutigkeit die Funktion hat, die Unvereinbarkeit der Erfahrungs- und Denkweise
K.s und seiner Gesprächspartner aus der Schloss-Dorf-Welt ... zur Entfaltung zu bringen" (561).

556) Hastings, op. cit., Bd. 1, S. 247.
557) Heller, op. cit., S. 216.
558) Kafka, Das Schloss, S. 257.
559) Heller, op. cit., S. 216.
560) Emrich, op. cit., S. 312.
561) Krusche, op. cit., S. 60.

Im Tschechischen bedeutet das Wort 'klam' Illusion, wie es auch Kosik richtig feststellt (562). Das Lexem 'klam' schliesst aber weitere Deutungsmöglichkeiten mit ein. Es kann als Betrug, Täuschung, Trug, Lüge, Hintergehen, Irreführung usw. übersetzt werden. Es können sogar noch weitere Wortspiele entdeckt werden, wie z.B. Trugschluss, der sofort auf den Titel des Romans anspielt, dessen Diminutiv aber auch 'klam(ka)' (Riegelchen) enthält. Klamm ist also eine weitere Gestalt in der Dichtung Kafkas, die einen multidimensionalen Platz einnimmt.

Trotz aller dieser Deutungen scheint aber die Interpretation, die diese Gestalt mit Lüge und Illusion verbindet, die massgebendste zu sein. (Nur nebenbei sei vermerkt, dass das Wort Lüge, lügnerisch, verlogen usw. häufig im Roman vorkommt.) Von Kafkas Anspielungen dieser Art sollen nur ausgewählte Beispiele erwähnt werden: Klamm ist "gänzlich unerreichbar", alles ist ein "Missverständnis", eine "Enttäuschung", ein "Missbrauch". Die Berührung mit dem Schloss ist nur "scheinbar", ist "trügerisch", alles ist nur ein "Scherz", alles führt in die "Irre", alles ist eine "platte Erfindung", eine "ausgedachte Legende". Das Suchen nach Klamm ist "so, wie jemand in einem Misthaufen einen einst verlorenen Edelstein zu sehen glaubt, während er ihn in Wirklichkeit dort gar nicht finden könnte, selbst wenn er dort wirklich wäre" (563).

Klamm kann aber auch autobiographisch betrachtet werden. Wagenbach sieht z.B. in diesem Namen ein Wortspiel des Dichters, das Klamm mit dem Vornamen Ernst Polaks verbindet und die Liebe Milenas zu ihrem Mann sowie auch zu Kafka einbezieht (564). Auch Kafkas Tiermetapher ist hier von Interesse. Klamm wird im Roman mit einem Adler verglichen, K. mit einer Schlange. Seit der Antike ist der Adler als König der Vögel bekannt, gleichzeitig aber auch als Schlangenfeind (565). In diesem Vergleich kann vielleicht Nietzsches Einfluss festgestellt werden. (Adler ist selbstverständlich auch autobiographisch das Gegenstück zur Dohle.)

Der Brief, den Barnabas K. übergab, und dessen Unterschrift nur echt zu sein "schien", verleiht trotz der unverkennbaren Täuschung eine Glaubwürdigkeit, die die Handlung nur noch mehr verwirrt. Statt K. ins Schloss zu führen, wie dieser noch immer hofft, führt der Bote ihn zur Barnabasschen Familie, wo er die zwei Schwestern Olga und Amalia kennenlernt. Die Tragödie der Barnabasschen Familie hängt mit dem obszönen Brief Sortinis zusammen, der von Amalia abgewiesen worden war. Wegen Amalias Handlung verachtet das ganze Dorf diese Familie. Mutter und Vater werden aus dem Freundeskreis verstossen, ihre Existenz wird untergraben; sie sind zum Vegetieren verurteilt.

---

562) Karel Kosík, "Hašek a Kafka", Plamen, 6 (June 1963), S. 99.
563) Kafka, Das Schloss, S. 367.
564) Wagenbach, Franz Kafka in Selbstzeugnissen, op. cit., S. 130-1.
565) Bächtold-Stäubli, op. cit., Bd. 1, K. 175.

Sortini ist als "grosser Beamter" des Schlosses charakterisiert. Sortini als Name kann aus dem lateinischen Wort 'sors', 'sortis' und 'sortior' entnommen und onomastisch suggestiv als der gedeutet werden, der vom Schicksal her von einer absoluten Macht berechtigt ist, in das Geschick Amalias einzugreifen.

Amalia kann aus dem Lateinischen 'aemulus' abgeleitet und als 'kampfbereit' gedeutet werden. Slochower nennt Amalia eine "anarchische Rebellin" (566).

Olga, deren Name 'heilig', 'heil', 'gesund' bedeutet, gibt sich der Hurerei hin und zwar nur mit den niedrigsten Knechten des Schlosses. Barnabas wird zum nutzlosen Boten, der vom Schloss nie zu diesem Amt berufen wurde. Amalia stürzt sich in die Arbeit und versucht durch ihre Tätigkeit zur Erhaltung der Familie beizutragen und gleichzeitig auch ihr tragisches Los zu mindern. Olga 'opfert' sich dem Schloss, um für Amalias 'Sünde' zu büssen. Olga und Amalia sind mit ihren spezifischen Deutungen in die Handlung des Romans eingeflochten.

Der fatale Tag, an dem Amalia den 'schicksalsschweren' Brief erhielt, ist im Roman als der dritte Juli angegeben. Dieser Tag ist auch Kafkas Geburtstag.

(Es sei nur nebenbei erwähnt, dass nicht nur die Namen, sondern auch die Zahlen in den Werken wie auch im Leben Kafkas von aussergewöhnlicher Bedeutung waren. Als Beispiel sei die Zahl drei erwähnt. Kafka ist am 3. Juli 1883 geboren, hatte drei Schwestern und zwei Brüder. Kafka war dreimal verlobt und starb am 3. Juni 1924).

Die Zahl drei ist auch in seinem dichterischen Schaffen weithin sichtbar. Es gibt drei Zimmerherren ("Die Verwandlung"), drei Strassen ("Der Kaufmann"), drei Männer ("Ein Traum"), drei Kleinode der Wirtin (Das Schloss), drei Initiale A, B und H ("Eine alltägliche Verwirrung"), A, B und C ("Entschlüsse"), wie auch die Kombination der Zahl drei, wie z.B. zwölf Stunden ("In der Strafkolonie"), dreissig Jahre ("Blumfeld, ein älterer Junggeselle", "Hochzeitsvorbereitungen auf dem Lande") usw. Wie bei Thomas Mann, bei dem die Zahl sieben von aussergewöhnlicher Wichtigkeit war, wie es Pritzlaff durch autobiographische Zeugnisse und durch die Analyse ausgewählter Werke demonstriert (567), würde eine systematische Studie, die die Zahl drei bei Kafka untersucht, zum besseren Verständnis seiner Werke beitragen. Da dies aber nicht zur Namenanalyse gehört, dürfte ein weiteres Eingehen auf dieses Problem überflüssig erscheinen. Betont muss aber werden, dass auch die Namen bei Kafka häufig in Dreiervariation vorkommen: Berthold, Berchtold, Bertuch; Karl, Kalla, Charlotte; Betty, Lisbeth, Elisabeth usw.

---

566) Harry Slochower, "The Use of Myth in Kafka and Mann", in Myth and Literature, Contemporary Theory and Practice ed. by John B. Vickery (Lincoln: Univ. of Nebraska, 1957), S. 351-2.
567) Christiane Pritzlaff, Zahlensymbolik bei Thomas Mann (Hamburg: Buske, 1972) S. 123.

Der Obmann der Feuerwehr, von Kafka Seemann genannt, hat zur Aufgabe, das wichtigste Dokument des Vaters, das für die Bestätigung seiner Fähigkeiten so unentbehrlich war, zu widerrufen. Seemann ist als "gross" und "stark", andererseits aber "ein wenig gebeugt" und "lungenkrank" geschildert. In dieser Darstellung ähnelt er offensichtlich dem Gerstäcker. 'See' hier möglicherweise als das Symbol des Wassers, das die Affäre Amalias wegschwemmt, wegwaschen soll. (Vielleicht kann aber hier auch eine Andeutung an 'Sensemann' beobachtet werden, der auf Gerstäcker bezogen logisch wirkt. Seemann hat ein "schweres Amt": Er klopft nur immerfort dem Vater auf die Schulter. Der Vater ist nach seiner Berührung ganz verloren und unverkennbar wie vom Tode gezeichnet.)

Olga, die heroisch die Familie zu retten versucht, hofft für ihren Vater eine Beschäftigung zu finden, "auch wenn dies so zweckdienlich (ist) wie das Sitzen vor Bertuchs Garten" (568). Bertuch hängt mit ähnlich klingenden Namen in der Dichtung Kafkas zusammen, wie z.B. mit Berthold oder Berchtold. Auch hier bedeutet 'bert' das Glänzende, das zur Bemäntelung der 'Illusion' und 'Lüge' beiträgt und wieder auffallend stark das Negative des Romans unterstreicht.

Olga, mit der K. in den Herrenhof geht, stellt Frieda, die wichtigste Frauengestalt des Romans vor. Reiss betont in seiner Arbeit, dass im Schloss-Roman K.s Werbung um Frieda von zentraler Bedeutung sei (569). Frieda schenkt Bier im Gasthof aus und ist als Geliebte Klamms bekannt. K. wird vom ersten Blick Friedas, "der besondere Ueberlegenheit" demonstriert, sogleich bezaubert. Auf seine Veranlassung verlässt sie ohne Bedenken (!) Klamm und wird K.s Geliebte. K., nur an seinen eigenen Vorteil denkend, erhofft sich durch Frieda eine Verbindung mit dem Schloss herzustellen.

Wie schon in der Interpretation der Erzählung "Das Urteil" hingewiesen wurde, kann eine Verbindung zwischen bestimmten Frauengestalten der Schlüsselwerke Kafkas und Felice Bauer festgestellt werden, die in der Gestalt Friedas im Schloss-Roman ihre Kulmination erreicht. Wie Martini richtig betont, soll sie K. als 'Friedenbringende' - wie ihr Name oft gedeutet wird, dienen - "nicht nur laut dieser Berechnung sondern, wenn er zu einer sich selbst vergessenen Hingabe, zu ihrem Frieden fähig würde, die Möglichkeit seiner Beheimatung im Dorf, damit die Erfüllung seiner Sehnsucht nach Zutritt, nach bestehendem Sein" ermöglichen (570). Weitere Interpretationen vermuten, dass in der Gestalt Friedas auch Milena Jesenská-Polak versteckt ist. Wie es die Briefe bestätigen, erhoffte sich Kafka auch von dieser Begegnung seine eigene Erfüllung, seine Erlösung.

---

568) Kafka, Das Schloss, S. 318.
569) H.S. Reiss, Franz Kafka. Eine Betrachtung seines Werkes (Heidelberg: Schneider, 1952), S. 85.
570) Fritz Martini, "Franz Kafka 'Das Schloss' ", in Das Wagnis der Sprache. Interpretation deutscher Prosa von Nietzsche bis Benn (Stuttgart: Klett, 1970), S. 314.

Wenn wir die Lüge, die Illusion als das zentrale Motiv des Romans annehmen, und K.s Kampf von dieser Perspektive aus betrachten, kann das Ringen um Frieda nur negativ ausgehen. Wie schon darauf hingewiesen wurde, verstellte sich K. und gab sich der Schlossautorität als Gehilfe des Landvermessers aus. Auch das Prinzip, dass die Hauptthelden in der Dichtung Kafkas meistens als Junggesellentypen dargestellt wurden, kann nicht ohne Vorbehalt angenommen werden. Warrens Annahme, dass K. Junggeselle ist, der Heirat und Gemeinschaft ("search of marriage and companionship") (571) sucht, basiert auf einer falschen Voraussetzung. K. gibt ja selbst zu, dass er Frau, Kind und Heimat verlassen hat. Auf die Beziehungen zur Frau und Familie sei auf die Studie Bödekers verwiesen, die dieses Thema eingehend untersucht (572). K.s Verhältnis mit Frieda, das er zwar sofort mit einem Ehevertrag besiegeln will, kann nach bürgerlichen Regeln erst nach der Auflösung der gültigen Ehe stattfinden, um vor Gott und Gesetz bindend zu sein. K. handelt also schon von Anfang an unethisch und gerät dadurch in einen selbstverschuldeten Circulus vitiousus, aus dem er sich selbst nicht befreien kann und auch andere, wie z.B. Frieda, mitreissen will. Statt Frieden mit sich selbst zu machen, zerstört er sogar ihren Frieden. Frieda ist sich bewusst, dass sie einen hohen Preis für ihre Verbindung mit K. zahlen muss; sie gibt es auch offen zu: "Ich bin verloren" (573). Sie ist sogar bereit, alles zu verlassen und nach Spanien oder Südfrankreich auszuwandern.

K. besucht wegen seiner Landvermesser-Berufung den Dorfvorstand und dessen Frau Mizzi, die ihm versichern, dass seine Hoffnung als Landvermesser vom Schloss angenommen zu werden, auf einem Missverständnis beruhe. Mizzi, im Roman auch Mizzerl genannt, verweist auf einen häufig vorkommenden Frauennamen, der im sprachlichen Gebiet Kafkas hauptsächlich an Schnitzlers Gestalten anspielt. Hier im Schloss-Roman vielleicht als 'mütterliche' Gestalt zu verstehen, die mit geduldiger Sorgfalt das erwähnte Dokument sucht, das bestätigen könnte, dass tatsächlich ein Landvermesser ehemals vom Schloss berufen worden sei. Im betreffenden Dokument, das Mizzi so unermüdlich zu finden versucht, sei das Wort Landvermesser in jenem Aktenbündel blau unterstrichen gewesen. Blau auch hier in ähnlicher Beziehung wie es in "Hochzeitsvorbereitungen auf dem Lande" bei dem blauen Bündel Marias, das heisst entweder als religiöse Konnotation oder als expressionistischer Ausdruck, gedeutet wurde.

Sordini, der wegen seiner Gewissenhaftigkeit als "berühmter" Referent des Schlosses bekannt ist, bestätigt nach einer intensiven Untersuchung, dass ein Erlass eigentlich nie existierte. Schon das italienische Wort 'sord-' mit seinen Abwandlungsmöglichkeiten schliesst dies axiomatisch mit ein. Sordido als Adjektiv bedeutet 'gemein', 'niederträchtig', 'heuchlerisch', 'taub', 'unempfänglich'

---

571) Warren, op. cit., S. 130.
572) Karl-Bernhard Bödeker, Frau und Familie im erzählerischen Werk Franz Kafkas (Bern: Lang, 1974), S. 61.
573) Kafka, Das Schloss, S. 64.

und wird auf Menschen angewendet, die sich taub stellen. Das Dokument, das aber nur 'angeblich' existierte, wird von einem kleinen 'Lügner', (Klamm> Sordini>Illusion) das hier mit dem Diminutiv '-ini' bedeutungsvoll zum Vorschein kommt, für nicht existierend erklärt. Neider sieht in den Parallelen Sordini - Sortini ein schlaues Wortspiel Kafkas ("a verbal slyness") (574). Politzer bezeichnet es als "verwirrenden Lauteffekt" (575).

Die Wirtin, auch Gardena genannt, demonstriert mit ihrer Namendeutung, dass Kafka seine Namen nicht aufs Geratewohl wählte. Erstens ist Gardena eine allgemein akzeptierte Form von Frauennamen, wie z.B. Ruzena (Broch) oder Bozena (Musil), die auf regionale Gebundenheit verweisen und im Sprachgebiet Kafkas häufig vorkommen. Zweitens kann Gardena aus dem ahd. 'garo' (Stamm 'garw-') abgeleitet und als 'bereit' oder 'fertig', im übertragenen Sinne als 'Wache' gedeutet werden (576). Als Wirtin 'wacht' ja Gardena über dem ganzen Unternehmen. Im textlichen Zusammenhang verweist aber Gardena noch auf weitere Deutungsmöglichkeiten. Sie kann als 'Anstandsdame' betrachtet werden, welche die unter ihrer Obhut stehenden Mädchen, wie z.B. Frieda, Pepi usw. überwacht. Selbstverständlich schwingt hier stark auch eine sexuelle Verbindung mit. Gardena, als ehemalige Geliebte Klamms, welche die drei Kleinode (Bild, Tuch und Häubchen) für ihr höchstes Gut hält, ohne die sie das Leben hier im Dorf nie ausgehalten hätte. Auch ihre Ehe mit Hans verdankt sie indirekt der Klamm-Affäre. Diese Verknüpfung hofft sie in der heiklen Klamm-Frieda-K.-Beziehung neu zu beleben. Gardena nennt ihren Mann Hans. Schon die Kurzform betont, dass er auf einen allgemeingültigen Namen hinweist, wie auch auf die Tatsache, dass der Wirt sich wenig in die Affäre seiner Frau und in die der Wirtschaft einzumischen hat. Ein einziges Mal nennt sie ihn auch Martin; Martin hier vielleicht als Antipode zu Hans dargestellt. Etymologisch betont diese Doppelbenennung, dass Kafka hier nicht nur bewusst mit diesen Namen spielt, sondern dass er sie auch ihrer Namendeutung nach gegeneinander ausspielt.

Auf den Namen Hans hört aber auch noch ein zehnjähriger Junge. Kafkas Vorliebe für Namenverdoppelungen kann noch eingehender illustriert werden. Solche Beispiele wären die zwei Mädchen, die Frieda genannt sind, wie auch die Namengleichheit, die in Amalia-Emilie, Sordini-Sortini usw., beobachtet werden kann. Dieses Phänomen trägt bedeutend zur Atmosphäre einer Irreführung, eines Vexierbildes bei.

Pepi, die Nachfolgerin Friedas im Herrenhof, reizt K. nicht, da sie ein "ewig gleiches Lächeln" hat und "Friedas Blick mangelt". Dessenungeachtet erhofft K. auch durch sie den Weg zu Klamm zu finden. Pepi ist die Kurzform von Josefine und evoziert sofort einen Zusammenhang mit den verwandtschaftbezeichneten Namen, die in den Werken Kafkas vorkommen. Pepi, die Frieda eigentlich

574) Charles Neider, The Frozen Sea. A Study of Franz Kafka (New York: Russell, 1962), S. 149.
575) Politzer, Franz Kafka der Künstler, op. cit., S. 350.
576) Gottschald, op. cit., S. 198.

nur für vier Tage vertritt, schwimmt sofort "im Meer von Freundschaften".
Kopfüber ist aber ein Schreiber namens Bartmeier in sie "vernarrt" (577).
Bartmeier als Namenbildung verweist auf einen Zusammenhang mit Bendelmayer. Erstens betont dies der gleiche Anfangsbuchstabe; zweitens, wenn
orthographisch auch verschieden geschrieben, weist der zweite Teil dieses
Namens darauf hin, dass mit dieser Aehnlichkeit eine bestehende Verbindung
zwischen den Gestalten in den Werken Kafkas besteht. 'Bart' will hier höchstwahrscheinlich das Männliche betonen.

Auch die Namendeutung Pepis entspricht der der anderen namengleichen Gestalten. Als 'Nachfolgerin' enthüllt sie den Wesenskern ihres Namens, der buchstäblich auf das Hebräische (der, der folgen soll; der, der sich vermehren soll)
anspielt. Auch die Schuld K.s 'vermehrt sich' durch das Dazwischentreten von
Pepi. Ihrem Rat folgend, hofft K., immer noch von der Illusion geblendet,
Klamm im Schlitten anzutreffen. Statt Klamm zu sprechen, begegnet K. Momus,
der sofort prahlt, dass er für zwei Dorfsekretäre, für Klamm und Vallabene
arbeitet.

Momus, auf Griechisch auch Πόμος wird als Gott der Beurteilung angesehen.
Dies betont auch Heller (578), der noch dazufügt, dass Momus der Sohn der Nacht
ist, den die griechischen Götter ermächtigen, in allen Dingen Fehlerhaftigkeit,
Lächerlichkeit und Unsinn aufzuspüren. Fietz betrachtet ihn als einen "Fremd-
körper" im Roman (579). Tauber nennt ihn richtig "Gott des Tadels" (580). Dem
Text nach passt sich auch dieser Name dem Roman an. Die Lächerlichkeit und
der Unsinn der Methode K.s, wie er sich eine Existenz im Dorf-Schloss erringen will, wird mit der Einführung dieser Gestalt und deren Namendeutung stark
unterstrichen.

Vallabene wird nur ein einziges Mal von Momus erwähnt und wird weiter nicht
mehr angeführt. Neiders Interpretation dieses Namens scheint etwas weit hergeholt zu sein. Er nimmt an, dass Vallabene der Name eines Hindu Prophetens sei:
"Vallabene stems from Vallabha and Benares. Vallabha was a Hindu prophet,
son of a Telinga Brahman, who went to reside at Benares, where he died. He
founded the numerous sects of Vallabhachars who dwell in western and central
India. In their creed the emotional and erotic elements are permitted free
scope" (581). Diese These hört sich zwar sehr interessant an, sie kann aber
kaum akzeptiert werden. Erstens stünde dieser Name mit seiner Konnotation
ganz isoliert in der Dichtung Kafkas, zweitens ist er auch im Text nicht belegbar. Da Vallabene mit Momus, Klamm und Galater erwähnt wird, muss die
Frage gestellt werden, ob ein Zusammenhang zwischen diesen Gestalten hergestellt werden kann. Klamm, wie schon erwähnt, steht für Lüge oder/und Illusion, Momus für Unsinn oder/und Tadel.

---

577) Kafka, Das Schloss, S. 436.
578) Heller, op. cit., S. 217.
579) Fietz, op. cit., S. 73.
580) Tauber, op. cit., S. 147.
581) Neider, op. cit., S. 150.

Hier kann ich vielleicht auch den Humanisten Lorenzo Valla (1407-57) anführen, der eine zusammengehörige Verbindung gestattet, die nach ihrer Entschlüsselung die Lösung dieses Rätsels ermöglicht. Nach Freudenthal, ist Valla für geschichtliche Wahrheit und geistige Freiheit bekannt; als scharfer Kritiker der aristotelisch-scholastischen Lehre beugte er sich vor keiner Autorität (582). Nach Gilbert, verdankt aber Valla seinen Ruhm der Schrift, mit der er eine der bedeutendsten geschichtlichen Fälschungen entlarvte: "His exposure as a forgery of the supposed Donation of the Emperor Constantine of the Western Empire to Pope Sylvester". Die Landvermessung taucht auch hier wieder, wie bei Gracchus, verschlüsselt in geschichtlicher Perspektive auf.

Die Fragwürdigkeit eines Dokumentes ist auch im Schloss-Roman von aussergewöhnlicher Bedeutung und kann hier als Verbindungsmöglichkeit zwischen Valla und K. (e.g. Kafka), betrachtet werden. Bemerkt sei, dass Valla auch als ein weiteres Kryptogramm für Kafkas angesehen werden kann. Es enthält nicht nur dieselben sich wiederholenden Vokale, sondern auch die Konsonanten nehmen denselben Platz in der Konstruktion dieses Namens ein. Der Name des Dichters schliesst die Chiffre 'k' zweimal mit ein; auch Valla, in dessen Name der Buchstabe 'l' sich wiederholt, demonstriert diese Eigentümlichkeit.

Ferner ist auch noch der Stil Vallas erwähnenswert. In seinen Schriften lässt Valla die Gegner für sich selbst sprechen. Diese werden dann von einer anonymen dritten Person, die meistens die Auffassung Vallas repräsentiert, kritisch dargestellt (583). Auch Kafka bevorzugt diesen Stil in seinen Werken.

Die philologische Exegese Vallas muss noch erwähnt werden. In seiner Schrift "Dialectic" untersucht er eingehend die Bedeutsamkeit bestimmter Wörter, wie z.B. die des lateinischen 'entitas' (584). Das dritte Oktavheft Kafkas, in der der Dichter die deutsche Bedeutung dieses Wortes analysiert, enthält eine ähnliche Stelle, die er folgendermassen erklärt: "Das Wort 'sein' bedeutet im Deutschen beides: Dasein und Ihmgehören" (585).

Es bleibt noch '-bene', der zweite Teil dieses Namens zu klären. Das italienische Adverb 'ben-e' (richtig, gut, sorgfältig, treffend, korrekt usw.) bestimmt passend diesen für Kafkas Stil so charakteristischen Namen. Er kann als der, der sich in weitläufige Ideen einlässt und mit analytischer Sorgfalt beurteilt (e.g. Valla), gedeutet werden. Das schliesst aber auch den mit ein, der sich zwischen Lüge (Klamm) und Unsinn (Momus) als Vermittler einzudrängen versucht. Valla ist noch für seine Kenntnis der Schriften des Apostels Paulus bekannt (586).

---

582) Jakob Freudenthal, "Lorenzo Valla als Philosoph", Neue Jahrbücher für das klassische Altertum, Geschichte und deutsche Literatur, 12 (1909), S. 726.

583) Neal W. Gilbert, "Lorenzo Valla", The Encyclopedia of Philosophy (New York: Macmillan, 1967), Bd. 8, S. 228.

584) Freudenthal, op. cit., S. 729.

585) Kafka, Hochzeitsvorbereitungen, S. 89.

586) Gilbert, op. cit., S. 227.

Einer der berühmtesten Briefe von Paulus ist der 'Galaterbrief', der stark
polemisch ist. Auch der Einfluss des schon erwähnten Landvermessers H., der
Kafka zum Christentum bekehren wollte, verweist auf einen logischen Zusammenhang mit dem Inhalt des Galaterbriefes.

Galater fungiert im Roman als der Vertreter Klamms. Die Fehde um den Brief
Klamms und dessen Inhalt ist für den Wesenskern des Romans von aussergewöhnlicher Wichtigkeit. K.s ganzer Erfolg, sich als Landvermesser im Dorf niederzulassen, hängt ja stark von diesem Brief ab. Auch die Geschichte der Galater ist
noch von weiterem Interesse. Die Bewohner des Galater-Landgebietes setzten sich
aus drei Schichten zusammen (587). Eine ähnliche Tatsache wurde schon im
Prozess-Roman betont, wo auf die dreischichtigen Einwohner Prags verwiesen
wurde, die durch ihre polyglotte Zusammensetzung einen bedeutenden Einfluss
auf die Dichtung Kafkas ausübten.

Wie auch die anderen Namen in den Werken Kafkas, offenbart auch Galater die
Möglichkeit vielschichtiger Interpretationen. Nur ein Paradigma sei erwähnt:
Galatea, als griechische Göttin, ist für ihre Verweigerung der Liebe bekannt.
Auch Frieda weigert sich, ihre Liebe mit K. weiterzuteilen; sie verlässt ihn
und wird die Geliebte von Jeremias.

Das zwanzigste Kapitel erwähnt noch weitere Gestalten, die zum Gesamtbild
des Romans beitragen. Es wird auf eine Henriette und auf eine Emilie verwiesen, die einstmals mit Frieda ihr Zimmer teilten. Sie waren aufeinander an-
gewiesen und hatten immer zusammengehalten. Friedas Misserfolg sehen sie
als eine logische Entwicklungsstufe ihres Existenzkampfes an: "Das war es ja
eben, was uns zusammenhielt, dass uns allen dreien die Zukunft in gleicher
Weise versperrt war" (588). (Nur nebenbei sei hier auf dieses weitere Wortspiel, d.h. auf 'versperren' in Bezug auf den Titel des Schloss-Romans hingewiesen, wie es im Verlauf der Geschichte häufig vorkommt.)

Henriette verweist auf einen geläufigen französischen Frauennamen und betont
mit dieser Lehnform die Fremdheit, die wieder zum Wesenskern des Romans
beiträgt und das Ausgestossen-Sein akzentuiert.

Emilie kann aus dem Lateinischen abgeleitet werden, wie schon bei Amalia darauf hingewiesen wurde, und als 'kampfbereit' gedeutet werden. Für Emilie, die
etwa in Friedas Alter ist, gibt es nicht viel Hoffnung für eine Besserung ihrer
Lebensweise im Wirtshaus. Ihr Name schliesst ihren schweren Kampf mit der
Schlossautorität ein und betont damit wieder, dass Kafka auch diesen Namen
genau erwogen hat.

Der Anhang verweist auf Varianten zu Beginn des Romans. K. hätte sofort von
dem Wirt und einem Stubenmädchen namens Elisabeth empfangen werden sollen.

---

587) G. Bouwman, "Galater", Bibel-Lexikon, hrsg., von Herbert Haag. 2., neu
 bearb., und verm., Aufl. (Zürich: Benziger, 1968), S. 507.
588) Kafka, Das Schloss, S. 450.

Elisabeth ist als "zartes", "schwaches", "förmlich allzu junges" Mädchen charakterisiert. Sie kann sofort mit der namengleichen Protagonistin des fragmenatrischen Romans "Hochzeitsvorbereitungen auf dem Lande" in Beziehung gebracht werden und deutet wieder auf eine Korrelation der Gestalten in der Dichtung Kafkas. Elisabeth ist auch hier gemäss ihrer Namenbedeutung treu geschildert. Sie ist ja vom Schloss abhängig, wie es alle anderen sind, will sich deshalb gegen diese Autorität nicht auflehnen, will aber auch mit K. ehrlich verfahren: "Das ganze Dorf weiss von deiner Ankunft, ich kann es nicht erklären, schon seit Wochen wissen es alle, es geht wohl vom Schloss aus, mehr weiss ich nicht" (589).

Wie ein Kaleidoskop, das durch Rütteln immer wieder ein neues Bild hervorzaubert, erscheinen die Frauengestalten in diesem "Spinnennetz". Seine Fäden werden nicht von einer Spinne, sondern von einer aussenstehenden Macht gelenkt, die ständig sich ändernde Bilder produziert. Was Olga hat, fehlt Frieda, was Friedas Stärke ist, wird zur schwächsten Stelle Pepis. Olga ist "stark", "gross" und "tapfer"; Frieda ist "klein", "mager", "schwach" und "kläglich"; Amalie ist "hochmütig"; Pepi "gesund" und "jung"; Gisa "blond" und "schön" und Elisabeth "schwach" und "zart". Nicht nur in ihren Eigenschaften und Erscheinungen ähneln sie sich nicht, auch ihre Taten sind verschieden, die gerade mit ihrer Namenbedeutung betont werden. Es wäre vielleicht eine Erlösung für K., wenn er das Heil Olgas, den Frieden Friedas, die Abgeklärtheit Amalias, die Frische Pepis, die Kampfbereitschaft Emilies, das Verstandenwerden von Elisabeth in einer einzigen Gestalt für sich vereinigen könnte. Sein und Schein verbleiben aber ewig getrennte Pole; die Fäden der Illusion und Lüge verwickeln sich mit der der Realität, aus deren Verspinnung sich K. nicht befreien kann, weil er es eigentlich auch gar nicht will.

Gisa, die Lehrerin, in deren Schulzimmer K. eine zeitweilige Anstellung bekommen hat, bis sich seine Landvermesser-Berufung klärt, ist als ein etwas "steifes" Mädchen beschrieben. Auch Kafkas Reisebücher verweisen auf eine Lehrerin (aber nur mit einem G. gekennzeichnet), die ein "eulenähnliches" Gesicht mit gespannten Zügen hat (590). "Steif" und "gespannt" spielen auf Gleichartigkeit an, die hier auffallend zum Vorschein kommt. Gisa wohnt in der Löwengasse; der Löwe wird meistens mit den Eigenschaften, wie z.B. "stark", "kräftig", "wütend" und "rasend" assoziiert. Auch Gisa ist als "gross" und "blond" charakterisiert.

Nach Withycombe kann Gisa aus dem Wort 'gisl' abgeleitet werden (591), das auf Pfand, Gelübde, Bürgschaft, aber auch sich einem Versprechen verpflichtend, anspielt. Gisa, die mit Schwarzer lebt, gehört der Opposition gegen K. an und protestiert ungestüm gegen K.s und Friedas 'Einbürgerung' ins Schulzimmer. Sie gibt ihre feindliche Einstellung bekannt, indem sie die Pfote ihrer Katze an die Hand K.s drückt. K. - ähnlich wie der Geistliche in der Erzählung "Das Urteil" - zeigt seine markierte Hand den Schulkindern. (Bächtold-Stäubli ver-

589) Kafka, Das Schloss, S. 463.
590) Kafka, Tagebücher, S. 490.
591) Withycombe, op. cit., S. 64.

merkt, dass der Löwe und die Katze im deutschen Volksglauben oft austausch-
bar erwähnt werden (592). Einer der Schüler, namens Hans Brunswick, der diesen Vorfall beobachtet und von dieser markierten Hand so erregt war, opfert
sich, um K. in seinem Existenzkampf beizustehen. Hans, hier als Namenglei-
cher mit den Wirten, betont mit seiner Namendeutung (Jahwe sei gnädig) den
Wesenskern seiner Rolle, die er auf sich nimmt. Er hofft, durch seine Vermittlung das Wohlwollen des Schlosses zu erlangen, wenn auch in erster Linie um von
Gisa akzeptiert zu werden. Was Barnabas nicht gelingt, hofft der kleine Hans
zu erreichen.

Es wird noch auf weitere Namenverwandtschaften verwiesen. Hans verrät z.B.,
dass er eine kleine Schwester hat, die Frieda heisst. Hans nimmt die Namengleichheit mit K.s Frieda unfreundlich auf, da ja die Geliebte des Landvermessers zu den Gegnern der Familie Brunswick gehört.

Hans gibt K. zu verstehen, dass die Familie Brunswick in der Madeleinegasse
wohnt. Madeleine, als Lehnwort, betont auch hier die Fremdheit, das Ausgestos-
sensein. Wie in der Interpretation des Romans Der Prozess angedeutet wurde,
kann dieser Name aus dem Wort 'Turm' abgeleitet werden. Hier bedeutet es
selbstverständlich im metaphorischen Sinn, dass die Familie Brunswick die
Rolle des Aufsehers, des Wächters über Dorfangelegenheiten, zu denen auch
die Landvermesser-Affäre gehört, vertritt.

Das ahd. 'wîch', ags. 'vik', das in dem Namen Brunswick vorhanden ist, ist
mit dem lateinischen Wort 'vicus' verwandt, das Dorf, Ort, Wohnstätte usw. bedeutet (593). Auch er betont, dass Kafka diesen Namen mit aussergewöhnlicher
Sorgfalt erwogen hat. Otto Brunswick ist der bedeutendste Vertreter des Dorfes,
der die Angelegenheiten der Bauern repräsentiert, also die Existenz im Dorf
betont. Es ist ja das Dorf, in dem K. landet, wo er Herberge findet, und wo er
um seine Zukunft kämpft, auch wenn er sich vom ersten Moment an bewusst ist,
dass er eigentlich weder ins Dorf noch ins Schloss gehört. Otto kann aus dem ahd.
'ot' abgeleitet und als 'Besitz' gedeutet werden, das sich erst in der Zusammensetzung mit Brunswick zu einer vollkommenen Bedeutung entfaltet. Als Polindrom-
Konstruktion betont Ot-to auch auffallend die Geteiltheit der Schloss-Dorf-Lage.

Noch drei weitere Herren aus dem Schloss werden im Roman vorgestellt: Pinzgauer, Erlanger und Bürgel.

Pinzgauer verweist augenscheinlich auf einen geographischen Zusammenhang
mit dem Namen Brunswick. Wie schon angedeutet, steht Brunswick für das Dorf,
Gau evoziert einen Hinweis auf einen Verwaltungsbereich, auf eine amtliche Funktion. Betont muss aber werden, dass diese Toponyma auf wirklich vorhandenen
Namen beruhen.

'Pinz' kann auch aus dem Wortstamm, der in Wörtern wie z.B. Pinzette (e.g.
Klamme) vorhanden ist, abgeleitet werden. Im textlichen Zusammenhang kann

---

592) Bächtold-Stäubli, op. cit., Bd. 5, K. 1432.
593) Sturmfels, op. cit., S. 26.

Pinz als ein Kryptogramm Klamms betrachtet werden. Kafka betont ja öfters
selbst die Verkettung und Verwechselbarkeit Klamms mit anderen Gestalten
aus dem Schloss. Kafkas Vorliebe für das geistreich witzige Wortspiel kann
auch in dieser Gestalt entschlüsselt werden.

'Gau' steht für Bezirk aber auch für Dieb, wie in Gaudieb, selbstverständlich
ganz einfach auch für Gauner. Der Name Pinzgauer schliesst in seiner augenscheinlich ganz schlichten Ausdrucksform eine Vielschichtigkeit mit ein, die
wieder auf verschiedenen Ebenen interpretiert werden kann. Die Vielschichtigkeit dieser Gestalt kommt aber erst im textlichen Zusammenhang zur vollständigen Wirkung. Die stellvertretende Macht des schlosses betont metaphorisch
die geographische Konnotation, die Gleichwertigkeit mit Klamm, Sortini usw.
unterstreicht das gaunerhaft Negierende dieses Namens.

Erlanger, der es bevorzugt, mitten in der Nacht seine Parteien zur Besprechung
vorzuladen, führt K. im Namen Klamms zum Verhör vor. Als Sekretär des
Schlosses ist er "unentbehrlich". Momus (Gott der Finsternis und Irreführung)
verkündet, dass nur zwei Parteien, das heisst Gerstäcker (Tod) und K. während
der Nacht vorgelassen werden. Auf seinem Weg zu Erlanger begegnet K. Frieda
und wird von ihr von diesem für ihn lebenswichtigen Treffen abgelenkt. Als K.
endlich wieder nach der Tür Erlangers sucht, verfehlt er diese und landet im
Zimmer Bürgels, der sich sofort als "Verbindungssekretär" vorstellt.

Erlanger ist ein einfach redender Name, der wieder den Schlüssel zum Verständnis seines Wesenskerns offenbart. Hätte K. sich nicht von der untreuen Frieda
beirren lassen und diesen wichtigen Moment nicht versäumt, hätte er vielleicht
durch den Einfluss Erlangers in seiner Landvermesser-Affäre endlich irgendeinen Ausweg gefunden, e.g. sein Ziel 'erlangt'. K. verirrt sich aber in diesem
kompliziert gebautem Wirtshaus, in seinen Korridoren, Treppen, Fluren, Türen
und Zimmern und erreicht die Tür, die zur richtigen Autorität geführt hätte, nie.
Auf 'erlangen', auf dieses einfallreiche Wortspiel Kafkas verweisen unter anderen auch Fürst (594), Gray (595), Heller (596) usw. Alle betonen diese Möglichkeiten, wie auch den Misserfolg K.s, der durch diesen scheinbar schlichten Namen ausgedrückt wird. Anstatt die Zustimmung zu seiner Berufung von Erlanger
zu 'erlangen', landet K. totmüde im Zimmer Bürgels, der ihn aber sofort ermutigt,
dass er als Verbindungssekretär imstande sei, die stärksten 'Verbindungen' an-
zuknüpfen und zwar zwischen Friedrich, einem weiteren Schlossekretär, und
dem Dorf.

Friedrich, wie schon bei Fritz darauf hingewiesen wurde, kann aus dem ahd.
'fridu' und 'rîchi' abgeleitet und onomastisch suggestiv als der mächtige Beschützer gedeutet werden. Die Erwähnung dieses Namens wirkt sehr ironisch

---

594) Norbert Fürst, Die offenen Geheimtüren Franz Kafkas (Heidelberg: Rothe,
     1956), S. 19.
595) Ronald D. Gray, Kafka's Castle (Cambridge: Univ. Press, 1956), S. 58.
596) Heller, op. cit., S. 217.

am Ende des Romans. Dieser Name deutet vielsagend an, dass es im Schloss, wie auch im Dorf (siehe Bürgel) Personen gab, die, wenn K. sie im richtigen Moment konsultiert hätte, ihm vielleicht geholfen hätten. Seine ganze Karriere hätte vielleicht anders verlaufen können.

Die erste Verbindung mit dem Schloss geschieht durch ein Telephongespräch mit Fritz. Fritz und Friedrich betonen mit ihren Aehnlichkeiten wieder die dichterische Kamouflage Kafkas, die aber nicht willkürlich im Roman auftaucht, sondern ein präzis erwogenes Gesamtbild wiedergibt.

Bürgel verweist wieder auf Vielschichtigkeit. Erstens akzentuiert es als redender Name die Möglichkeit einer 'Verbürgung', die Erich Heller z.B. als Garant ("guarantor") (597) zu erklären versucht; zweitens verhüllt es ein weiteres Wortspiel Kafkas, das auf ein kleines Schloss (Bürglein) anspielt. Auch Gray stimmt mit dieser Deutung überein, stellt aber die Frage, ob die Lösung, die Bürgel vorschlägt, K.s Zugang zu seinem Problem ermöglicht hätte. Politzer betont, dass Bürgel mit seiner Konnotation "zum inneren Kreis der Burgverwaltung gehört und seine Verbindung mit dem Schloss nah und gewichtig ist. Zugleich deutet das Diminutiv auf die zwergenhafte Bedeutungslosigkeit seiner Person, wenn diese an der Monumentalität des Schlosses, das er repräsentiert, gemessen wird" (598). Siehe auch Grimes Studie (599).

Bürgel ist anscheinend über die Existenz Klamms nicht im Bilde und betrachtet die ganze Landvermesser-Affäre als eine neue Protokollangelegenheit. Er ist bereit, diese im Schloss vorzulegen und sich buchstäblich für die Angelegenheit K.s zu 'verbürgen'. Bürgel gibt aber zu, dass ihm der richtige Abstand fehlt, der den "Schein" von der "Wirklichkeit" im Wesentlichen unterscheiden könnte. Er gibt noch ironisch zu, dass dies zwar noch nie der Fall war, dass aber "eines Nachts" so ein Vorfall doch zustande kommen könnte. Seine Geringwertigkeit betont Kafka mit einem weiteren Wortspiel: "Wer kann für alles bürgen?" (600) Bürgel ist sich Klamms (Illusion) nicht gewahr. Er ahnt nur, dass seine Eigene Existenz vom Schloss abhängig ist. Sein eigener Kommentar fasst dies folgendermassen zusammen: "Die Liebeskräfte reichen nur bis zu einer gewissen Grenze ... So korrigiert sich selbst die Welt in ihrem Lauf und behält das Gleichgewicht. Das ist ja eine vorzügliche, immer wieder unvorstellbar vorzügliche Einrichtung, wenn auch in anderer Hinsicht trostlos". Was sich K. selbst nicht eingestehen kann, wird ihm von Bürgel klargemacht: "Es gibt Dinge, die an nichts anderem als an sich selbst scheitern". Diese Aussage fasst treffend die Tragödie K.s zusammen: Er scheitert an seiner eigenen Unzulänglichkeit. Das Ziel, das er sich selbst setzte, kann von ihm wegen der unabwendbaren Tatsachen (e.g., Landvermesser zu werden, wenn keiner benötigt wird; den Weg ins Schloss zu finden, wenn keiner vorhanden ist; sich einbürgern, wo er nicht geduldet wird usw.) nie erreicht werden. Auch Swander betont, dass K. sich eine Aufgabe vorsetzte, der er nicht gewachsen war - ("the dedication of

597) Heller, op. cit., S. 112.
598) Politzer, Franz Kafka der Künstler, op. cit., S. 362.
599) Margaret Grimes, "Kafka's Use of Cue-names: Its Importance for an Interpretation of 'The Castle'," The Centennial Review 18 (1974), S. 228.
600) Kafka, Das Schloss, S. 388 und 392.

the hero to a task beyond his strength") (601).

Zusammenfassend kann darauf hingewiesen werden, dass die Gestalt Bürgel, als letzterwähnter Name dieses unvollendeten Romans, auch den Verfall des bürgerlichen Standes betont. Der Kreis, der mit Westwest begonnen hat, wird durch Bürgel fast zu einer hermetisch abgeschlossenen Ganzheit zusammengezogen. Historisch betrachtet orientierte sich der Bürger immer am Adelstand. Im Roman ist dies nicht nur mit den sozialökonomischen Schichten, sondern auch mit der dichterischen Namengebung dargestellt. Der Bauer im Dorf (Brunswick), der Herr im Schloss (Pinzgauer), dazwischen eingedrängt der Bürgel (Bürgel), der, wie K. es auf sich bezogen selbst vernimmt, weder zur einen noch zur anderen Gruppe gehört: "Zu den Bauern gehöre ich nicht und ins Schloss wohl auch nicht" (602). (Ich vermute sogar in dieser Namenbildung eine weitere autobiographische Anspielung an F. Bauer.)

Wie Lukács richtig darauf hinweist, ist die Suche nach dem Bürger (bei ihm hauptsächlich auf Thomas Mann bezogen) ein Kennzeichen der modernen Literatur. Diese Aussage kann, wenn auch in beschränkter Form, auf die Werke Kafkas bezogen werden. Selbstverständlich handelt es sich bei Kafka nicht mehr um den Verfall einer Familie, wie dies bei Thomas Mann noch der Fall war, sondern um eine Verringerung, ein Verkümmern des Individuums. Bürgel, hier als Repräsentant des Mittelstandes, versagt gegenüber der Schlossmacht. Diese menschliche Ohnmacht kommt bedeutungsvoll auch mit den bewusst gewählten Namen Kafkas zum Vorschein.

Schöll, der das Gesellschaftsbild im bürgerlichen Roman untersucht, betont, dass ein Entwicklungsprozess in der Sozialgeschichte, wie auch in der Literatur, beobachtet werden kann: "Der neuzeitliche Roman konstituiert sich als die Suche des Helden nach Vermittlung seiner Subjektivität mit der Objektivität, als Suche nach der Harmonie von Innenwelt und Aussenwelt" (603). Diese Problematik ist auch für den Helden der Dichtung Kafkas charakteristisch. Die zwei Welten, die der Realität und die der Idealität, klaffen immer stärker auseinander. Diese Leere wird auch mit der Namengebung der Gestalten in der Dichtung Kafkas gekennzeichnet. Der hoffnungslose Weg K.s ins Schloss des Grafen Westwest (hier als Verkörperung enthumanisierender Entartung) wird von Gestalten, die auf negierende Namen hören (Klamm, Sordini, Sortini, Schwarzer, Momus, Pinzgauer usw.) für immer versperrt. Die Namendeutung der Gestalten dieses Werkes beweist am auffallendsten, dass dieser Roman vielleicht noch in höherem Grade als die anderen Werke Kafkas den unvermeidlich negativen Ausgang, das tragische Ende des Haupthelden, betont. Eine Namenwahl, die so eindringlich

601) Homer Swander, "The Castle: K.'s Village", in Franz Kafka Today, ed. by Angel Flores und Homer Swander (Madison: Univ. of Wisconsin Press, 1964), S. 174.
602) Kafka, Das Schloss, S. 17.
603) Norbert Schöll, Vom Bürger zum Untertan. Zum Gesellschaftsbild im bürgerlichen Roman (Düsseldorf: Bertelsmann: 1973), S. 10-11.

in diese Richtung hinweist, kann nicht als willkürlich betrachtet werden. Die Namen des Romans Das Schloss bestätigen also wieder, dass sie genau erwogen wurden und den Wesenskern der Ideen, die sie verkörpern, miteinschliessen. Sie verkünden unverkennbar Kafkas dichterische Namenschöpfung.

MISZELLEN

Kafkas Briefwechsel und Tagebücher sind fast umfangreicher als seine literarischen Werke. Da einige der Briefe, aber hauptsächlich die Tagebuchaufzeichnungen fragmentarische Skizzen, Traumdeutungen usw. enthalten, in denen fiktive Namen vorkommen, scheint es hier von Belang zu sein, sie in einer Nomenklatur aufzuzählen. Die Junggesellen Gustav Blenkelt oder Josef Kiemann, das
Ehepaar Strong, eine gewisse Frau Cruster oder Frau Halka, ein Pferd namens
Grasaffe, das dem Herrn von Grusehof gehört, ein Kaufmann Messner, ein gewisser Herr Rat aus Rumsdorf (bemerkt sei, dass Kafka 1915 in einem Sanato-
rium in Rumburg war), die Mädchen namens Fini und Mali, ein Jagdhund namens Karo, ein Lehrer, der auf den Namen Kummerau hört, eine alte Dame
namens Rebekka Zoufal (auf deutsch suggestiv die Verzweifelte), Frieda, eine
dicke Köchin, Lisbeth Seligmann, die einen gewissen Franz Graubart heiratet,
ein Gemüsehändler namens Adolf Bucephalus; eine Interpretation all dieser
Namen würde, wenn auch noch so verlockend, zur Ueberinterpretation führen,
da ja die meisten Stellen, in denen diese Namen vorkommen, zu skizzenhaft
sind und in vielen Fällen zu einer Missdeutung führen könnten. Alle Interpretationen wären also zu spekulativ, auch wenn Namen wie Kalda und Halka offensichtlich weitere Kryptogramme Kafkas sind, die jeder leicht entdecken kann.
Es sollte aber noch betont werden, dass Kafka oft einen kleinen Kommentar zu
diesen Namen hinzufügt. So ein Beispiel wäre der Hinweis auf den Namen Kalmus: "Ich heisse Kalmus, es ist kein ungewöhnlicher Name und doch reichlich
sinnlos. Er hat mir immer zu denken gegeben" (604). (Die Konstruktion es‿er
gleicht auffallend der der Odradek-Gestalt.)

Dickens hinterliess eine Namenliste, die anregend wirkt. Bodelsen meint, dass
"to a Dickensian it is a moving experience to read the names of these unborn
souls that were to remain in the limbo outside the world that Dickens created.
What, one wonders, would Henry Ghost or Rosetta Dust or Miriam Denial have
been like? What fantastic characters would have borne the name of Topwash
or Twinn" (605)? Dies bezieht sich auch auf die Nomenklatur Kafkas, die ich aus
den posthum erschienenen Werken genommen und hier angeführt habe, deren
Namen aber unberührt bleiben müssen.

Die Namen aus den Fragmenten, Oktavheften und Paralipomena stammen aus dem
Band "Hochzeitsvorbereitungen auf dem Lande und andere Prosa aus dem Nachlass", der von Max Bord in der Schocken-Ausgabe 1953 veröffentlicht wurde. Der
Name aus den Aufzeichnungen "Er" ist aus dem Prosaband der Suhrkamp-Aus-
gabe 1970 entnommen.

---

604) Kafka, Hochzeitsvorbereitungen, S. 412.
605) Bodelsen, op. cit., S. 48.

A. Nomenklatur:

B. Toponyma:

C. Miszellen:

(Hundenamen)

ER

FRAGMENTE

A. Nomenklatur:

Alba	S. 378
Albian	269
Alexander	336
Anna	278
Arnold	323
Borcher	297
Burson	325
Cäsar	392
Cyprian	269
Diogenes	336
Don Quixote	409
Edgar	283
Edthofer	269
Eleonor	294
Emil	311
Emilie	329
Franz	408
Frieda	404
Fritz	271
Graubart	408
Hans	283
Hermana	285
Herodia	365
Horaz	337
Isabella	407
Isachar	285
Jericho	386
Josef	263
Josef	354
K.	280
K.	298
K.	385
Karo	273
Kalmus	412
Kriehuber	274
Lisbeth	408
Marie	253
Monderry	415
Odysseus	304
Ohmberg	291
Petent	265

---

* Aus dem gleichnamigen Entwurf, an dem Kafka mit Brod gemeinsam arbeiteten.

Die Tage- und Reisebücher wie auch die drei Briefbände Kafkas enthalten zahlreiche Namen und Toponyma, die von den erdichteten schwer zu unterscheiden
sind. Nur die, welche als dichterische Namen in Betracht kommen können, und
nur die Ortsnamen, die im Zusammenhang mit fiktiven Namen erscheinen, sollen in der folgenden Nomenklatur aufgezählt werden.

Kafkas Tagebuchaufzeichnungen enthalten neben erdichteten Namen auch zahlreiche Hinweise, die sich auf tatsächliche Namen beziehen. Ein Kommentar
über Namen, die auf einem Theaterzettel erschienen, lautet folgendermassen:
"Man erfährt nicht nur die Namen, sondern etwas mehr, aber doch nur so viel,
als der Oeffentlichkeit, und selbst der wohlwollendsten und kühlsten, über
eine ihrem Urteil ausgesetzte Familie bekanntwerden muss" (606).

Auf einem Spaziergang in der Nerudagasse sah Kafka eine Tafel: "Anna Křížova
(auf Deutsch 'Kreuz', aber auch 'gekreuzt') Schneiderin, ausgelernt in Frankreich durch die Herzogin-Witwe Ahrenberg geb. Prinzessin Ahrenberg" (607).
Wenn augenscheinlich auch von trivialer Natur, bestätigen diese Notizen, dass
Kafka per se eine Schwäche für Namen hatte.

---

606) Kafka, Tagebücher, S. 84.
607) Ibid., S. 130.

TAGEBUECHER 1910-1923

A. Nomenklatur:

Amalia	S. 353
Anna	120
Anna	122
Anna	266
Atro	369
Axioch	139
Bauz	298
Bendemann	212
Blenkelt	204
Brabant	266
Brandenfeld	212
Cruster	285
Elisabeth	229
Emil	120
Ernst	213
Famos	266
Felice	227
Fini	215
Franz	36
Franz	44
Franz	371
Frieda	212
Friedrich	229
Georg	212
Georg	226
Grasaffe	266
Grasmann	297
Griesenau	267
Grusenhof	266
Gustav	210
Halka	352
Hans	353
Hugo	224
Jekoz	309
Josef	224
Josef	267
Josef	296
Julchen	191
K.	296
Karl	122
Karl	361
Kiemann	224

Kleipe	264
Kurt	120
Leo	227
Leopold	227
Liman	213
Louise	352
Mack	224
Mali	355
Max	44
Menz	234
Messner	238
Munch	229
Olga	268
Oskar	32
Otway	378
Rat	277
Rense	260
Richard	115
Robert	44
Rosina	266
Samson	378
Samuel	44
Samuel	115
Seifert	224
Sisyphus	400
Strong	210
Tournemento	266
Wilhelm	234

B. Toponyma:

Isergebirge	191
Kalda	302
Rumdorf	277
Wulfenshausen	265

Auch Kafkas Briefe enthalten keine fiktiven Namen. Der Dichter äussert sich aber einige Male in seiner Korrespondenz über Namen, wie z.B. über die Namenwahl eines literarischen Jahrbuches: " 'Arcadia' würde ich es nicht nennen, so wurden bisher nur Weinstuben genannt. Aber es ist leicht möglich, dass der Name, wenn er einmal feststeht, bezwingend sein wird" (608). Hier kann vielleicht auf eine andere Stelle aus den Tagebüchern hingewiesen werden, in der sich Kafka im Zusammenhang mit dieser Zeitschrift auf Freud und Wassermann bezieht (609).

Ein weiteres beliebiges Paradigma wäre z.B. der Kommentar über den Namen seines Freundes Klopstock: "Er hat einen unverfänglichen Namen" (610).

Interessant ist auch noch seine Bemerkung zu den ungarischen Frauennamen: "Jetzt ist z.B. eine kleine Budapesterin weggefahren (Aranka hat sie geheissen; jede dritte heisst so, und jede zweite Ilonka, schöne Namen sind es, auch Clarika heisst manche, und alle werden nur mit dem Vornamen angesprochen ...)" (611).

---

608) Kafka, Briefe, S. 98.
609) Kafka, Tagebücher, S. 210.
610) Kafka, Briefe, S. 319.
611) Ibid., S. 321.

Die Korrespondenz mit Felice Bauer, mit der Kafka zweimal verlobt war, schliesst
Hinweise auf Namen mit ein, die bestätigen, dass der Dichter auf bestimmte
Namen reagierte. Ein beliebiges Beispiel wäre Kafkas Kommentar über den Vor-
namen seines Freundes Ewald Přibram; er meinte, dass Ewald sich "fast wie
ein Blumenname" anhört (612). Kafka spielt oft humorvoll mit Namen. So ein
Wortspiel wäre "müllern", das sich auf den Zunamen eines Gymnastiklehrers
J. P. Müller bezieht; oder "fletschern", das im Zusammenhang mit dem ameri-
kanischen Gesundheitsprediger H. Fletcher erwähnt wird (613).

Auch über die Rolle der anonym gebliebenen Namen, die ja in den Werken Kafkas
von aussergewöhnlicher Wichtigkeit sind, äussert sich der Dichter öfters in diesem Briefwechsel. Er kommentiert z.B. über "irgendeinen Herrn", dessen
Manuskript Felice abschrieb: "Verdammter Klang dieses Wortes, wenn kein
Name und keine Erklärung dabei ist".

Kafka deutet sogar auf die Verwendung seines eigenen Namens hin: "Ich sehe
meinen Namen nicht gern geschrieben und nehme unwillkürlich von jemandem,
dem ich mich nahe fühle, das gleiche an. Was im Namen steckt, ist diesem
Menschen gegenüber selbstverständlich" (614).

---

612) Kafka, Briefe an Felice, S. 333.
613) Ibid., S. 438, 589 und 671.
614) Ibid., S. 58 und 510.

BRIEFE AN MILENA

Kafkas Korrespondenz mit Milena Jesenská-Polak, die die Uebersetzerin seiner
früheren Prosa ins Tschechische war, enthält keine erdichteten Namen, nur
eine einzige Stelle verweist auf Else, Klara und Oskar, die höchstwahrscheinlich von Frau Polak als 'fingierte Telegrammnamen' gewählt wurden (615).

Der Briefwechsel enthält aber einen Hinweis, der für diese Namenstudie von
aussergewöhnlicher Wichtigkeit ist. Es handelt sich hier um die Analyse des
Namens Milena, die Kafka sehr tief beschäftigte. Diese Exegese bestätigt, dass
der Dichter auf jede Nuance eines Namens reagieren musste, sonst wäre er
auch im Falle Milenas von diesem Namen nicht so mitgerissen gewesen.

> Milena (was für ein reicher schwerer Name, vor
> Fülle kaum zu heben und gefiel mir anfangs nicht
> sehr, schien mir ein Grieche oder Römer, nach
> Böhmen verirrt, tschechisch vergewaltigt, in
> der Betonung betrogen und ist doch wunderbar in
> Farbe und Gestalt eine Frau, die man auf den
> Armen trägt aus der Welt, aus dem Feuer, ich
> weiss nicht, und sie drückt sich willig und ver-
> trauend dir in die Arme nur der starke Ton auf
> auf dem 'i' ist arg, springt dir der Name nicht
> wieder fort? Oder ist das vielleicht nur der
> Glücksprung, den du selbst machst mit deiner
> Last?) (616)

Milena reagierte auf diese Namenextase höchstwahrscheinlich, weil Kafka in
einem weiteren Brief sich noch einmal eingehend mit diesem Namen befasst.
Leider sind aber die Briefe Milenas zur Zeit noch nicht erreichbar. Kafka
schreibt: "Als solcher sage ich Dir, dass an Milena tschechisch eigentlich
nur das Diminutiv ist: milenka. Ob es Dir gefällt oder nicht, das sagt die Philologie". W. Haas fügt einen Kommentar hinzu, der zu erklären versucht, warum
Kafka vermutet, dass Milena ein latinisierter Name sei: "Das Diminutiv 'milenka'
ist dagegen zweifellos tschechisch und heisst 'Liebchen'. Die rein tschechische
Namensform wäre dann, nach Kafkas Meinung, 'Milada' " (617).

---

615) Kafka, Briefe an Milena, S. 152.
616) Ibid., S. 55.
617) Ibid., S. 76.

ZUSAMMENFASSUNG

Von Jahrzehnt zu Jahrzehnt ist die Einzigartigkeit Kafkas immer deutlicher
zutage getreten. Nicht nur in den Werken, sondern auch in der Namengebung
steckt der volle Kafka, der unstreitbar zum bleibenden Bestandteil der Weltliteratur gehört. So wie Kafkas Stil, der alles Ueberflüssige vermeidet, spiegeln auch seine Namen dieses Prinzip wider.

Wenn wir z. B. Kafkas Namengebung mit der von Thomas Mann vergleichen,
wird der vorhandene Gegensatz, trotz seiner wahrnehmbaren Eigentümlichkeiten, sofort durchschaubar. Neben den Namen, die Thomas Mann aus der Geschichte, Mythologie usw. übernimmt, verweist die von ihm geprägte Nomenklatur auf eine sich fast ins unendlich dehnende Weite. Schon sein Erstlingsroman
Buddenbrooks, der den Verfall einer Familie darstellt, enthält z. B. nahezu
zweihundert Namen. Auch Kafkas fragmentarisch gebliebenen Romane Amerika,
Der Prozess und Das Schloss enthalten fast einhundertunfünfzig Namen. Es könnte
sich sicher lohnen, z. B. die internationale Namenliste des Romans Der Zauberberg mit der von Amerika zu vergleichen. Jedenfalls kann die bisherige Annahme,
dass sich Kafkas Nomenklatur aus einer ganz geringen Zahl zusammensetzt,
hiermit widerlegt werden. Schon rein den Zahlen nach bestätigen dies die Namenlisten dieser Arbeit. Es handelt sich also auch bei Kafka um einen bisher un-
geahnten Reichtum und nicht um eine sehr beschränkte Nomenklatur.

Trotzdem geht es bei Kafka um etwas ganz anderes. Zwar wählte auch Kafka
vereinzelte Namen aus der Mythologie und es tauchen auch einige geschichtliche Namen bei ihm auf, der Kern seiner Namenbildung ist aber sein eigener
Name, um den sich in Kryptogrammen die von ihm geprägten, wie auch die
von ihm übernommenen Namen, wie von einem Magnet angezogen, konzentrie-
ren. Hinter dem harmlosesten Namen taucht fast immer Kafkas eigener Name
verschlüsselt auf. Den Schlüssel zur Entzifferung der dichterischen Namenbildung müssen wir also im Namen des Dichters selbst suchen.

Die folgende Liste beabsichtigt keineswegs eine vollständige Aufzählung dieser
Kafka-Kryptogramme, sie soll erstens visuell die Variationen darstellen, die
auf den Namen des Dichters verweisen, zweitens soll sie die angewendete Konstruktion der Vokale und Konsonanten in der Namenbildung Kafkas betonen:

	KAFKA	
(-a)	HALKA	
	HARRA	(-s)
	KALDA	
	KALLA	
	PALLA	(-s)
	SALVA	(-tore)
	SAMSA	
	VALLA	(-bene)

(-e-)	BENDE	(-lmayer)
	BENDE	(mann)
	MENDE	(-l)
	RENNE	(-l)
	RENSE	

(Miszellen)	BUERGE	(-l)
	GARDE	(-na)
	GILLE	(-mann)
	KALMU	(-s)
	LOBTE	(-r)
	MITZE	(-lbach)
	NEGRO	
	RAMSE	(-s)
	SORDI	(-ni)
	SORTI	(-ni)

Ich glaube gezeigt zu haben, dass hinter fast allen kafkaeschen Figuren für den
Philologen Bedeutungen sichtbar werden, die in vielen Fällen den Schlüssel,
in manchen Fällen sogar den einzigen Schlüssel zum Verständnis seiner Werke
liefern. Wie ungeheuer vielschichtig und schwierig Namenbildungen bei Kafka
sein können, habe ich bei Odradek, Klamm, Samsa und den anderen Figuren
überzeugend darstellen können. Ich bin mir trotzdem durchaus bewusst, dass
noch weitere Deutungen möglich wären, obwohl ich glaubte, sie ganz erkannt
zu haben.

War sich Kafka seiner 'ichbezogenen' Namenbildung bewusst, ist letztlich die
Frage, die hier wieder gestellt werden muss. Auch wenn kein theoretischer Hinweis vom Dichter selbst z.B. zur Konstruktion des Namens Samsa vorhanden
ist, zeigt diese Namenbildung, wie auch die anderen zahlreichen Kafka-Kryptogramme, dass der Dichter diese durch Umstellung der Buchstaben seines eigenen
Namens geprägt hatte, die in lautlichen Abweichungen in verschiedenen Ana-
grammen auftauchten. Wo die Grenze zwischen einer bewussten oder unbewussten Namenbildung liegt, muss eine offene Frage bleiben, auf die letzten Endes
nur die Psychologie eine Antwort geben kann. Vom philologischen Standpunkt
aus betrachtet, kann aber meine Antwort nur eine eindeutig positive sein.

Die Namenbildung Kafkas wurde zu Beginn dieser These mit einem Mosaikbild
verglichen, dessen Einzelsteine neue Konstellationsmöglichkeiten darstellen
und somit eine andere Perspektive des Sehens ermöglichen, die aber als Gesamtbild niemand anderen als Kafka selbst wiedergeben. Dies konnte ja bei den meisten Namen nachgewiesen werden. Ob es sich um ein augenscheinlich erkennbares
'Ich', oder ein unpersönliches 'Er', oder sogar um einen anonymen Landarzt
handelt, immer ist das dichterische Miteingeschlossensein Kafkas erkennbar.
Die benannten Gestalten, ob in einer metaphorischen oder in einer symbolischen
Verschleierung verborgen, sind meistens Selbstreflexionen. Kafka macht sich
selbst zum Gegenspieler, er konfrontiert sich unerbittlich, er wird nicht nur
Teilnehmer, sondern auch Richter dieses Lebenskampfes. Für Kafka war das

Schreiben ein Kampf um die Selbsterhaltung, der die Tiefen wie auch die Höhen dieses Ringens an sich selbst erfahren hat. Dies bestätigt seine eigene Aussage: "Es ist sehr gut denkbar, dass die Herrlichkeit des Lebens um jeden und immer in ihrer ganzen Fülle bereitliegt, aber verhängt, in der Tiefe, unsichtbar, sehr weit. Aber sie liegt dort, nicht feindselig, nicht widerwillig, nicht taub. Ruft man sie mit dem richtigen Wort, beim richtigen Namen, dann kommt sie. Das ist das Wesen der Zauberei, die nicht schafft, sondern ruft" (1).

Analytisch betrachtet, kann in der dichterischen Namengebung Kafkas eine progressiv zunehmende Linie, die in eine regressiv abnehmende ausläuft und dann doch wieder zum Ausgangspunkt, d.h. zum Dichter, zurückkehrt, beobachtet werden.

In den Erstlingswerken, wie z.B. in der Erzählung "Beschreibung eines Kampfes", kann noch eine vollständige Identifizierung des Protagonisten wahrgenommen werden. Der Held hat Vor- und Zunamen, Beruf und Adresse: "Mein Name ist Jerome Faroche, Gewürzkrämer bin ich in der Rue de Cabotin (Paris)" (2).

Odradek, der Held der Erzählung "Die Sorge des Hausvaters", die höchstwahrscheinlich aus der mittleren Schaffensperiode Kafkas stammt, hat nur noch einen Zunamen, auch sein Wohnsitz ist als "unbestimmt" angegeben (3).

Im Spätwerk Kafkas, im Roman Das Schloss, kann noch eine weitere Verkümmerung festgestellt werden. Der Held ist ohne den persönlichsten Besitz eines Individuums, d.h. er ist seines Namens beraubt worden. Die notwendigste Benennung, die durch eine Namengebung zustande kommt, ist dem Helden Kafkas vorenthalten. Er ist nur noch eine Chiffre!

Auch die Toponyma, die in den Werken Kafkas vorkommen, verweisen auf ähnliche Muster. Die Werke, die der ersten Schaffensperiode Kafkas angehören, enthalten reichliche Ortsnamen, wie z.B. in der Erzählung "Die Aeroplane in Brescia", die ein Reiseerlebnis widerspiegeln oder in der Erzählung "Beschreibung eines Kampfes", in welcher der Laurenziberg, die Karlsbrücke und andere Ortsnamen auf Kafkas Geburtsstadt und deren Umgebung verweisen. Oder wie die Stadt Riva in der Erzählung "Der Jäger Gracchus", die auf einem weiteren persönlichen Erlebnis basiert und eine annehmbare Erklärung für die Einbeziehung in das Werk ermöglicht. Am zahlreichsten kommen aber benannte Toponyma im Roman Amerika ("Der Verschollene") vor.

Die späteren Werke Kafkas vermeiden Ortsnamen in einem solchen Grade, dass z.B. im Roman Der Prozess und Das Schloss nicht ein einziger geographischer Hinweis festgestellt werden kann. Nur Strassennamen, die meistens eine symbolische Deutung haben (wie die Schwanengasse usw.), werden erwähnt. Es wird zwar häufig auf einen ganz spezifischen Ort hingewiesen, wie z.B. im Roman

---

1) Kafka, Tagebücher, S. 392.
2) Kafka, Erzählungen, S. 221.
3) Ibid., S. 157.

Das Schloss, wo der Held an der Grenze eines Dorfes ankommt und bei einer Holzbrücke anhält, die von der Landstrasse zum Dorf führt. Dieser ganz bestimmte, dennoch anonym gebliebene Ort verweist auf eine dreiteilige Konstruktion, die folgendermassen dargestellt werden kann:

a) unbestimmter Ort (die Grenze eines Dorfes)
b) bestimmter Ort (die Landstrasse, die zu diesem Dorf führt)
c) ganz spezifischer Ort (die Brücke zum Dorf)

Auch die zeitlose Vergangenheit und der ganz bestimmte Moment der Ankunft des Helden verweist auf eine ähnliche Konstruktion:

a) zeitlose Zeit (irgendein Wintertag)
b) bestimmte Tageszeit (spät abends an diesem Wintertag)
c) ein ganz spezifischer Moment (der tatsächliche Moment der Ankunft)

Kafka ist auch in seiner Namengebung ganz konsequent. Im Amerika-Roman erfahren wir noch, dass der Held aus Prag stammt, also aus einem ganz bestimmten Ort, der sich z.B. in Butterford, das in Amerika nicht nachweisbar ist, niederzulassen versucht und irgendwo im Westen für immer verschwindet. Auch hier kann diese Dreischichtigkeit beobachtet werden. Die Haupthelden der drei fragmentarischen Romane, Karl Rossmann, Josef K. und K. offenbaren beharrlich dasselbe Prinzip. Alle drei Helden verfehlen ihr Ziel und enden in einer ausweglosen Einsamkeit und versinken ins Unbekannte: Irgendwo im weiten Westen, irgendwo bei einem Steinbruch einer Stadt und irgendwo in der Fremde eines Dorfes. Dieses tragische Ende ist auch mit der sorgfältig ausgewählten Nomenklatur vorausgesagt.

Auch wenn die meisten Toponyma auf Allgemeingültigkeit beruhen, bestätigen die von Kafka geprägten, dass er sie präzis erwogen und sehr gewandt in die Werke verknüpfte, wie z.B. die Stadt Ramses, die nach ihrer Entschlüsselung auf den Haupthelden, auf Karl Rossmann anspielt, oder Clayton, das auf eine Verdoppelung hinweist.

Die Wahl der Vornamen deutet scheinbar auf traditionell akzeptierte und allgemein bekannte Namentypen hin, die oberflächlich betrachtet vielleicht keine weitere Interpretation benötigen. Albert, Anna, Franz, Georg, Gregor, Josef, Karl, Leni, Pepi, Therese, Wilhelm, etc. gehören dem Sprachgebiet Kafkas an und scheinen durch ihre Simplizität zu betonen, dass es sich um Alltagsnamen handelt. Diese einfachen Namen kommen aber erst nach ihrer Entschlüsselung zu voller Wirkung. Ein Gregor, der seine eigene Verwandlung an sich selbst beobachtet; ein Ottomar, der wegen des Reichtums seiner Wäschefabrik berühmt ist; eine Anna, die immer lieblich ist oder eine Frieda, die den ersehnten Frieden bringen soll, alle diese Namen sind durch ihre Wortbedeutung integrierte Bestandteile der Werke, denen sie angehören. Im Text betonen sie den Kern der Idee, deren Repräsentanten sie sind. Dass sie fast unauffällig erscheinen und erst nach ihrer Entschlüsselung zu vollständiger Bedeutung kommen, bestätigt nur noch wirkungsvoller die dichterische Genialität Kafkas. Diese obskuren Namen gehören der Umwelt Kafkas an, die erst durch die Einbeziehung in das Werk ihre Stellung, ihr Profil gewinnen.

Kafkas eigentümliche dichterische Namenbildung kommt aber erst in den Zunamen zu voller Blüte. Die fast unglaubliche Vielschichtigkeit, die deren wichtigstes Charakteristikum ist, ist bei keinem anderen Dichter der Moderne zu finden. In den meisten Fällen verweisen zwar die Zunamen auf einfach redende Namen, wie z.B. Erlanger, Brandenfeld, Brummer, Schwarzer etc. Ihre Vielschichtigkeit wird erst im textlichen Zusammenhang deutlich. So wie die Dichtungen Kafkas nie nur aus einer einzigen Perspektive betrachtet werden dürfen, so können auch deren Namen nur in ihrer Vielgestaltigkeit verstanden werden.

Wie schon darauf hingewiesen wurde, können einige Namen auch symbolisch interpretiert werden. Momus wäre z.B. so ein Beispiel, das aber im Rahmen der Landvermesser-Affäre eine ganz eigentümliche Rolle spielt und erst im ironisch-tragischen Gesamtbild sich entwickelt, das sogar über das rein Mythologische weit hinausgeht. Auch metaphorische Namen kommen häufig in der Dichtung Kafkas vor. Ein Lasemann, der die beklemmende Leere der Schloss-Atmosphäre unterstreicht, betont dies ausdrucksvoll mit seinem Namen. Auch einfache Satznamen, deren herausspringende Merkmale am leichtesten auf den Menschen bezogen werden können, die gerade mit ihrer imperativischen Form humorvoll wirken, wie z.B. Lebeda, der in einem "Dreckort" vor Langeweile fast verkommt, sind in den Werken Kafkas geistreich versteckt vorhanden.

Von Wichtigkeit sind auch die polyglotten Namen, die erst nach ihren Entschlüsselungen bedeutungsvoll interpretiert werden können. Ein Gracchus erreicht erst im Kryptogramm-Spiegelbild mit der Dohle seine vollkommene Bedeutung, oder ein Klamm kann erst nach der Uebersetzung aus dem Tschechischen ins Deutsche die Atmosphäre der Verwirrung und Unechtheit veranschaulichen.

Trotz dieser Vielgestaltigkeit haben die Namen eine ganz bestimmte Beschränkung. In manchen Fällen benötigt man bei einer Einteilung dieser Art zwar eine kategorisierende Begrenzung, da einige der Namen sich notwendigerweise überschneiden. Die wichtigsten Namen Kafkas können innerhalb des Kafka-Profiles in drei Typen eingeteilt werden, die sich auf den Menschen, auf das Tier, (Meistens aber nur auf den Vogel und das Pferd) oder auf das Wortfeld 'Land' (zu dem selbstverständlich auch der 'Bauer' gehört) beziehen, wie es die folgende graphische Darstellung wiedergeben soll:

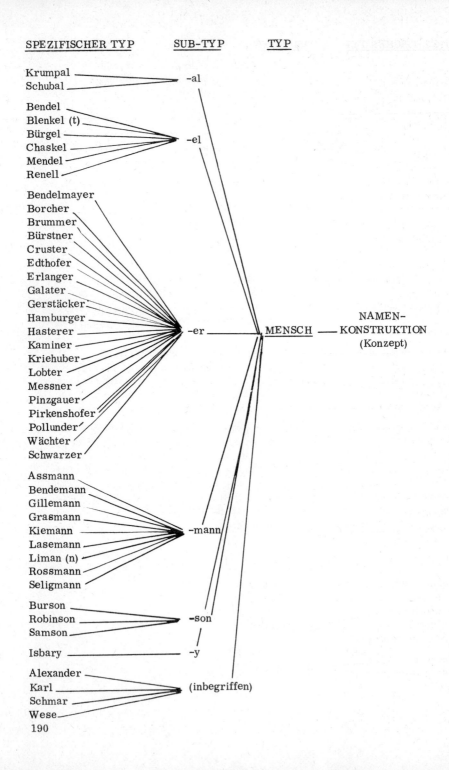

SPEZIFISCHER TYP SUB-TYP TYP

Krumpal
Schubal   -al

Bendel
Blenkel (t)
Bürgel   -el
Chaskel
Mendel
Renell

Bendelmayer
Borcher
Brummer
Bürstner
Cruster
Edthofer
Erlanger
Galater
Gerstäcker
Hamburger
Hasterer   -er ——— MENSCH ——— NAMEN-
Kaminer   KONSTRUKTION
Kriehuber   (Konzept)
Lobter
Messner
Pinzgauer
Pirkenshofer
Pollunder
Wächter
Schwarzer

Assmann
Bendemann
Gillemann
Grasmann
Kiemann   -mann
Lasemann
Liman (n)
Rossmann
Seligmann

Burson
Robinson   -son
Samson

Isbary   -y

Alexander
Karl   (inbegriffen)
Schmar
Wese

190

SPEZIFISCHER TYP   SUB-TYP   TYP

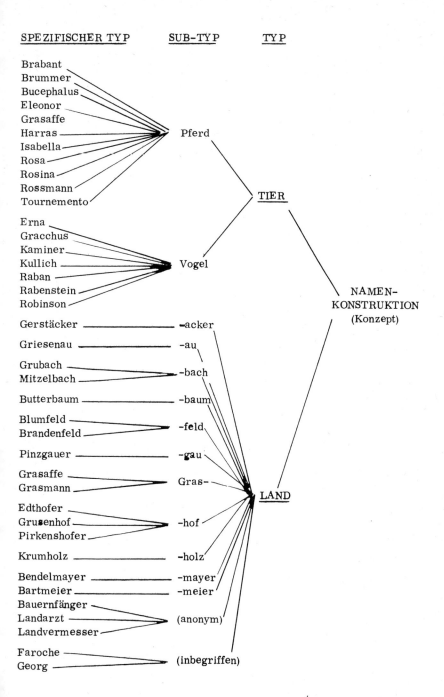

Es ist auffallend, dass in der Sekundärliteratur über Kafka nur sehr selten eine
Bemerkung auf das spielerische und oft auch sehr sinnreich humorvolle, aber
auch ironische Wortspiel vorhanden ist. Die meisten Interpretationen sind von
dem ernsten Ton irregeführt und können die geistreichen Beispiele einer Paronomasie, (d.h. einer Zusammenstellung gleichklingender Namen, wie z.B. Bende-
Mende, Harras-Pallas, Sordini-Sortini, etc.) oder einer Amphibolie (d.h.
einer Doppeldeutigkeit, wie z.B. im Namen Klamm, im Wort Schloss etc.) nicht
wahrnehmen. Um diese Effekte zu erreichen, bedient sich Kafka reichlich sprachlicher Variationsmöglichkeiten. Auch von der Etymologie macht er oft Gebrauch.
Nicht nur in der Wahl bestimmter Lexeme, sondern auch in der Ausgestaltung
seiner ganzen Namenbildung kann dies beobachtet werden. Es sei wieder nur
auf die Vielschichtigkeit der Klamm-Gestalt verwiesen, die sich in Pinzgauer,
Sortini etc. metaphorisch widerspiegelt.

Kafka konsultierte häufig Nachschlagwerke, wie z.B. das Grimm'sche Wörterbuch, den Brockhaus usw., und wenn er das nötige Werk nicht zur Hand hatte,
bat er oft seine Freunde, ihm auszuhelfen, was aus der Korrespondenz häufig
ersichtlich ist. Es sei nur auf den berühmten philologischen Präzedenzfall 'bis'
verwiesen. Die analytische Etymologisierung kommt in den eigenartig konstruierten Namen wie Odradek, Kaminer, Lasemann, Isbary usw. zum Vorschein.
Seine schöpferische Anwendung der Lexeme stammt nicht nur aus der deutschen
Sprache, sondern greift in anderssprachige Regionen über, die diesen Namen
eine weitere Tiefenschicht verleiht. Die Echtheit dieser polyglotten Wortspielerei
kann leicht belegt werden, da Kafka nur Sprachen anwendete, die er beherrschte
oder mit denen er in Beziehung kam. Neben den deutschsprachigen Namen, die
selbstverständlich die dominierenden sind, kommen am häufigsten Prägungen
vor, die aus der tschechischen Sprache stammen, die ja Kafka vollständig beherrschte. Die geistreiche Zusammensetzung eines Samsas, eines Kaminers,
die Doppeldeutigkeit eines Klamms, eines Kullichs bestätigen dies. Dicht darauf folgen Namen, die auf eine italienische Abstammung hindeuten, wie z.B.
Titorelli, Vallabene oder die klangmalerische Parallele der Sordini-Sortini
Konstellation. Dann können französische und englische Namen erwähnt werden,
da Kafka ja auch diese Sprachen teilweise beherrschte, wie z.B. Faroche,
Delamarche, beziehungsweise Green, Robinson usw. Sogar die ungarische
Sprache erregte seine Neugier. Dies bestätigen die sorgfältig zusammengestellten Namen Isbary, Lement usw., die er sich höchstwahrscheinlich während
seiner Reisen nach Ungarn aneignete. (Seine Tagebücher enthalten noch weitere Beispiele, die auf ungarische Vor-, Zu- und Ortsnamen verweisen.)

Kafka, dessen Werke einzigartig sind und dessen Prosa einen bedeutenden Einfluss auf die ihm folgenden Generationen hatte, wird oft als Dichter dargestellt,
der das problematische Menschenbild aufzeichnet. Das Profil dieses problema-
tischen Gesichts, hier selbstverständlich von der Beschränkung der Namenbildung her betrachtet, stellt niemand anderen als Kafka selbst dar. Sowie aber
viele seiner Werke mehr als eine Deutungsmöglichkeit erhalten, erscheinen
auch seine Namenbildungen in einer offenen Konstellation. In ihrer Vieldeutigkeit sind sie aber eindeutig, sie verweisen ja immer auf dasselbe.

Eines der wichtigsten Ergebnisse dieser Arbeit wird die Entdeckung sein, dass Kafka wohl vielschichtig, doch nie mehrdeutig ist. Man hat in der bisherigen Kafka-Literatur Vielschichtigkeit mit Vieldeutigkeit verwechselt. Ich selbst kann selbstverständlich diese These nur in Bezug auf die Namenbildung von kafkaeschen Figuren machen. Ich bin aber der Ueberzeugung, dass das Gesamtwerk von Kafka viel eindeutiger ist, als es bisher anerkannt wurde. Diese Eindeutigkeit gilt meines Erachtens fast ausschliesslich nur für die von Kafka selbst herausgegebenen Werke. Für die Anweisung in seinem Testament, die fragmentarisch gebliebenen Werke verbrennen zu lassen, lag ein künstlerischer Grund vor. Für Kafka waren die unvollendeten Werke zu vieldeutig, er selbst wollte Eindeutigkeit. Dies bestätigt auch seine Namenbildung.

VI. BIBLIOGRAPHIE

A. WERKE FRANZ KAFKAS

Kafka, Franz. Amerika. Hrsg. von Max Brod. Lizenzausg. von Schocken Books, New York. Frankfurt: Fischer, 1966.

--. Beschreibung eines Kampfes. Die zwei Fassungen. Parallelausg. nach den Handschriften. Hrsg. und mit einem Nachwort versehen von Max Brod. Texted. von Ludwig Dietz. Frankfurt: Fischer, 1969.

--. Briefe 1902-1924. Hrsg. von Max Brod. Lizenzausg. von Schocken Books, New York. Frankfurt: Fischer, 1966.

--. Briefe an Felice und andere Korrespondenz aus der Verlobungszeit. Hrsg. von Erich Heller und Jürgen Born. Mit einer Einleitung von Erich Heller. Lizenzausg. von Schocken Books, New York. Frankfurt: Fischer, 1970.

--. Briefe an Milena. Hrsg. und mit einem Nachwort versehen von Willy Haas. Lizenzausg. von Schocken Books, New York. Frankfurt: Fischer, 1965.

--. Er. Auswahl und Nachwort von Martin Walser. Frankfurt: Suhrkamp, 1970.

--. Hochzeitsvorbereitungen auf dem Lande und andere Prosa aus dem Nachlass. Hrsg. von Max Brod. New York: Schocken Books, 1953.

--. Der Prozess. Hrsg. von Max Brod. Lizenzausg. von Schocken Books, New York. Frankfurt: Fischer, 1951.

--. Sämtliche Erzählungen. Hrsg. von Paul Raabe. Frankfurt: Fischer, 1972.

--. Das Schloss. Hrsg. von Max Brod. Lizenzausg. von Schocken Books, New York. Frankfurt: Fischer, 1967.

--. Shorter Works. Tr. from the German and ed. by Malcolm Pasley. London: Secker, 1973.

--. Tagebücher 1910-1923. Hrsg. von Max Brod. Lizenzausg. von Schocken Books, New York. Frankfurt: Fischer, 1967.

B. SEKUNDAERLITERATUR

Adelung, Johann Christoph. Grammatisch-kritisches Wörterbuch der hoch-
deutschen Mundart mit beständiger Vergleichung der übrigen Mund-
arten, besonders aber der oberdeutschen. 4 Bde. Nachdruck der 2.,
verm. und verb. Ausg. 1793-1801; Hildesheim: Olms, 1970.

Adorno, Theodor W. "Aufzeichnungen zu Kafka". Die neue Rundschau, 64 (1953),
325-53.

Albrecht, Erich A. "Zur Entstehungsgeschichte von Kafkas 'Landarzt' ".
Monatshefte, 46 (1954), 207-12.

Alexiou, Margaret. The Ritual Lament in Greek Tradition. London: Cambridge
Univ. Press, 1974.

Allemann, Beda. "Kafka: 'Der Prozess' ". Der deutsche Roman vom Barock
bis zur Gegenwart. Hrsg. von Benno von Wiese. 2. Bde. Düsseldorf: Bagel, 1963.

Anders, Günther. Kafka pro und contra. Die Prozess-Unterlage. München:
Beck, 1951.

Anderson, Andrew Runni. "Bucephalas and his Legend". American Journal
of Philology, 51 (1930), 1-21.

Ayer, Alfred Jules. "Names and Descriptions". The Concept of a Person and
Other Essays. New York: St. Martin, 1963.

Bach, Adolf. Deutsche Namenkunde. 3 Bde in 5. Registerbd. bearb. von Dieter
Berger. 2. Aufl. Heidelberg: Winter, 1952-6.

Bachmann, Ingeborg. Gedichte, Erzählungen, Hörspiel, Essays. Die Bücher
der Neunzehn, Bd. 111. München: Piper, 1964.

Bächtold-Stäubli, Hanns. Handwörterbuch des deutschen Aberglaubens. Hrsg.
unter besonderer Mitwirkung von E. Hoffmann-Krayer und and.
10 Bde. Handwörterbücher zur deutschen Volkskunde hrsg. vom Ver-
band deutscher Vereine für Volkskunde, Abt. 1. Berlin: Gruyter,
1927-42.

Badian, Ernst. "Gracchus". Oxford Classical Dictionary. 2. ed. Oxford:
Clarendon, 1970.

Bar-Rav-Hay, David. "Hermann Fadeevich Blumenfeld". Encyclopaedia Judaica.
Ed. by Cecil Roth. 16 v. Jerusalem: Macmillan, 1971-2.

Bauer, Johann. Kafka and Prague. Tr. by P.S. Falla. New York: Praeger, 1971.

Beck, Evelyn Torton. Kafka and the Yiddish Theater. Its Impact on His Work.
Madison: Univ. of Wisconsin Press, 1971.

Behrend, Fritz. "Die Namen bei Fontane". Zeitschrift für Bücherfreunde, 14
(1922), 39-44.

Beicken, Peter U. Franz Kafka. Eine kritische Einführung in die Forschung. Schwerpunkte der Germanistik. Frankfurt: Athenaion, 1974.

Bergel, Lienhard. "Blumfeld, an Elderly Bachelor". The Kafka Problem. Ed. by Angel Flores. New York: Octagon, 1963.

Bertram, Ernst. Studien zu Adalbert Stifters Novellentechnik. 2. Aufl. Dortmund: Ruhfus, 1966.

Bibel-Lexikon. Hrsg. von Herbert Haag. 2. neubearb. und verm. Aufl. Zürich: Benziger, 1968.

Binder, Hartmut. " 'Der Jäger Gracchus'. Zu Kafkas Schaffensweise und poetischer Topographie". Jahrbuch der deutschen Schillergesellschaft, 15 (1971), 375-440.

---. "Kafka und seine Schwester Ottla. Zur Biographie der Familiensituation des Dichters unter besonderer Berücksichtigung der Erzählungen 'Die Verwandlung' und 'Der Bau' ". Jahrbuch der deutschen Schillergesellschaft, 12 (1968), 403-56.

---. "Kafkas Hebräischstudien. Ein biographisch-interpretatorischer Versuch". Jahrbuch der deutschen Schillergesellschaft, 11 (1967), 527-56.

---. Motiv und Gestaltung bei Franz Kafka. Abhandlungen zur Kunst-, Musik- und Literaturwissenschaft, Bd. 37. Bonn: Bouvier, 1966.

Blumenstock, Konrad. "Pferde bei Kafka. Erläuterungsversuche". Duitse Kroniek, 16 (1964), 82-92.

Bödeker, Karl-Bernhard. Frau und Familie im erzählerischen Werk Franz Kafkas. Europäische Hochschulschriften. Reihe 1: Deutsche Literatur und Germanistik, 108. Bern: Lang, 1974.

Bodelsen, Carl A. "The Physiognomy of the Name". A Review of English Literature, 2 (1961), 39-48.

Boesch, Bruno. "Die Eigennamen in ihrer geistigen und seelischen Bedeutung für den Menschen". Deutschunterricht, 9 (1957), 32-50.

Borchardt, Alfred. Kafkas zweites Gesicht. Der Unbekannte. Das grosse Theater von Oklahoma. Nürnberg: Glock, 1960.

Born, Jürgen. "Kafkas unermüdliche Rechner". Euphorion, 64 (1970), 404-13.

Bouwman Gisbert. "Galater". Bibel-Lexikon. Hrsg. von Herbert Haag. 2., neu bearb. und verm. Aufl. Zürich: Benziger, 1968.

Braybrooke, Neville. "Celestial Castles. An Approach to Saint Teresa and Franz Kafka". Dublin Review, 229 (1955), 427-45.

Bridgwater, Patrick. Kafka and Nietzsche. Studien zur Germanistik, Anglistik und Komparatistik, Bd. 23. Bonn: Bouvier, 1974.

Brockhaus Enzyklopädie. 17., völlig neu bearb. Aufl. des Grossen Brockhaus.
20 Bde. Wiesbaden: Brockhaus, 1966-74.

Brod, Max. "Franz Kafka. Eine Biographie; Franz Kafkas Glaube und Lehre;
Verzweiflung und Erlösung im Werk Franz Kafkas". Ueber Franz Kafka.
Frankfurt: Fischer, 1974.

Budge, Ernst A. An Egyptian Hieroglyphic Dictionary. With an Index of English
Words, King List, and Geographical List with Indexes, List of
Hieroglyphic Characters, Coptic and Semitic Alphabets, etc. 2 v.
Repr. 1920. New York: Ungar, 1960.

Burgum, Edwin Berry. "Franz Kafka and the Bankruptcy of Faith". Accent,
Spring (1943), 153-67.

Camus, Albert. Le Mythe de Sisyphe. Les Essais, 12. Paris: Gallimard,
1942.

Canetti, Elias, Der andere Prozess. Kafkas Briefe an Felice. Reihe Hanser,
23. München: Hanser, 1969.

Carossa, Hans. Gesammelte Werke. 2 Bde. Stuttgart: Insel, 1949.

Carrouges, Michel. Franz Kafka. Contacts. Paris: Labergerie, 1948.

Caspel, van P.P.J. "Josefine und Jeremias. Versuch einer Deutung einer Erzählung Franz Kafkas". Neophilologus, 37 (1953), 241-5.

———. "Totemismus bei Kafka". Neophilologus, 38 (1954), 120-7.

Cohn, Dorrit. "K. Enters 'The Castle'. On the Change of Person in Kafka's
Manuscript". Euphorion, 62 (1968), 28-45.

Collins, Platzer H. "Kafka's 'Double-Figure' as a Literary Device". Monatshefte, 55 (1963), 7-12.

Columbia Lippincott Gazetteer of the World. Ed. by Leon E. Seltzer with the
geographical research staff of Columbia University Press and with
the cooperation of the American Geographical Society. New York:
Columbia Univ. Press, 1952.

Cooperman, Stanley. "Kafka's 'A Country Doctor'. Microcosm of Symbolism".
The University of Kansas City Review, 24 (1957), 75-80.

Corngold, Stanley. The Commentators' despair; the Interpretation of Kafka's
'Metamorphosis'. Kennikat Press National University Publications.
Series on Literary Criticism. Port Washington: Kennikat Press, 1973.

Debus, F.L. Aspekte zum Verhältnis Name-Wort. Groningen: Wolters, 1966.

Demetz, Peter. Formen des Realismus: Theodor Fontane. Kritische Untersuchungen. Literatur als Kunst. München: Hanser, 1964.

Demmer, Jürgen. Franz Kafka - der Dichter der Selbstreflexion. Ein Neuansatz
zum Verstehen der Dichtung Franz Kafkas. Dargestellt an der Erzählung 'Das Urteil'. München: Fink, 1973.

Dentan, Michel. Humour et création littéraire dans l'oeuvre de Kafka. Genève: Droz, 1961.

Deutsch, Leo. Der Pope Gapon und seine Rolle in der russischen Revolution. Berlin: Vorwärts, 1909.

A Dictionary of Greek and Roman Biography and Mythology. Ed. by William Smith. 3 v. London: Murray, 1880.

Dietz, Ludwig. "Datierungen von Kafkas 'Beschreibung eines Kampfes' und ihrer vollständigen Handschrift A." Jahrbuch der Schillergesellschaft, 17 (1973), 490-503.

---. "Die autorisierten Dichtungen Kafkas. Textkritische Anmerkungen". Zeitschrift für deutsche Philologie, 86 (1967), S. 301-17.

---. "Franz Kafka. Drucke zu seinen Lebzeiten. Eine textkritisch-bibliographische Studie". Jahrbuch der deutschen Schillergesellschaft, 7 (1963), 416-57.

Dornseiff, Franz. Bezeichnungswandel unseres Wortschatzes; ein Blick in das Seelenleben der Sprechenden. 6., neubearb. Aufl. von Albert Waag. Lahr in Baden: Schauenburg, 1955.

---. "Redende Namen". Zeitschrift für Namenforschung, 16 (1940), 24-38.

Earl, Donald C. Tiberius Gracchus. A Study in Politics. Collection Latomus, v. 66. Bruxelles: Latomus, 1963.

Eckstein, Ernst. "Wie tauf' ich meine Helden"? Leichte Waare. Literarische Skizzen. Leipzig: Hartknoch, 1874.

Eis, Gerhard. "Tests über suggestive Personennamen in der modernen Literatur und im Alltag". Beiträge zur Namenforschung, 10 (1959), 293-308.

Eisner, Pavel. "Franz Kafkas 'Prozess' und Prag". German Life & Letters, 14 (1960), 16-25.

Eisnerová, Dagmar. "Bemerkungen zur ethischen Problematik in Kafkas Romanen und über den Prager Hintergrund im 'Prozess' ". Franz Kafka aus Prager Sicht. Hrsg. von Vědecká konference věnovaná dílu Franze Kafky, Liblice, 1963. Berlin: Voltaire, 1966.

Ellis, John M. Narration in the German Novelle. Theory and Interpretation. Anglica Germanica Series 2. Cambridge: Univ. Press, 1974.

Emrich, Wilhelm. Franz Kafka. Frankfurt: Athenäum, 1970.

Encyclopaedia Judaica. Ed. by Cecil Roth. 16 v. Jerusalem: Macmillan, 1971-2.

Encyclopedia of Philosophy. Ed. by Paul Edwards. 8 v. New York: Macmillan, 1967.

Feldmann, Reiner. Das Grundwort '-feld' in Siedlungsnamen des Nordost-Sauerlandes. Ein Beitrag zur Frage seines Sachbezuges und seines Aussagewertes für die Siedlungsgeographie. Forschungen zur deutschen Landeskunde, Bd. 145. Bad Godesberg: Bundesanstalt für Landeskunde, 1964.

Fiesel, Eva. Die Sprachphilosophie der deutschen Romantik. Nachdr. 1927. Hildesheim: Olms, 1973.

Fietz, Lothar. "Möglichkeiten und Grenzen einer Deutung von Kafkas Schloss-Roman". Deutsche Vierteljahrsschrift für Literaturwissenschaft und Geistesgeschichte, 37 (1963), 71-7.

Fingerhut, Karl-Heinz. Die Funktion der Tierfiguren im Werke Franz Kafkas. Offene Erzählgerüste und Figurenspiele. Abhandlungen zur Kunst-, Musik- und Literaturwissenschaft, Bd. 89. Bonn: Bouvier, 1969.

Flach, Brigitte. Kafkas Erzählungen. Strukturanalyse und Interpretation. Abhandlungen zur Kunst-, Musik- und Literaturwissenschaft, Bd. 43. Bonn: Bouvier, 1967.

Fontane, Theodor. Effi Briest. München: Droemer, 1960.

Foucault, Michel. Les mots et les choses. Une archéologie des sciences humaines. Paris: Gallimard, 1966.

Franz Kafka aus Prager Sicht. Hrsg. von Eduard Goldstücker. Vědecka konference věnovaná dílu Franze Kafky, Liblice, 1963 in Zusammenarbeit mit der Tschechoslowakischen UNESCO-Kommission. Berlin: Voltaire, 1966.

Franz Kafka Today. Ed. by Angel Flores and Homer Swander. Madison: Univ. of Wisconsin Press, 1958.

Frege, Johann Gottlob. "Ueber Sinn und Bedeutung". Zeitschrift für Philosophie und philosophische Kritik, 100 (1892), 1-50.

Freud, Sigmund. Gesammelte Werke. 17 Bde. London: Imago, 1940-52.

Freudenthal, Jakob. "Lorenzo Valla als Philosoph". Neue Jahrbücher für das klassische Altertum, Geschichte und deutsche Literatur, 12 (1909), 724-36.

Frey, Gesine. Der Raum und die Figuren in Franz Kafkas Roman 'Der Prozess'. 2. verb. Aufl. Marburger Beiträge zur Germanistik, 11. Marburg: Elwert, 1969.

Fürst, Norbert. Die offenen Geheimtüren Franz Kafkas. Fünf Allegorien. Heidelberg: Rothe, 1956.

Gauger, Hans-Martin. "Die Semantik in der Sprachtheorie der transformationellen Grammatik". Linguistische Berichte, 1 (1969), 1-18.

Gerber, Richard. "Wege zu Gottfried Kellers letztem Namen. Ein Versuch über dichterische Onomastik". Beiträge zur Namenforschung, 15 (1964), 308-330.

---.   "Zur Namengebung bei Defoe". Festschrift für Walter Hübner. Hrsg.
         vonf Dieter Riesner und Helmut Gneuss. Berlin: Schmidt, 1964.

Gerhardt, Dietrich. "Ueber die Stellung der Namen im lexikalischen System".
         Beiträge zur Namenforschung, 1 (1949-50), 1-24.

Gilbert, Neal W. "Lorenzo Valla". The Encyclopedia of Philosophy. New York:
         Macmillan, 1967.

Gillespie, George T. A Catalogue of Persons Named in Germanic Heroic Lite-
         rature (700-1600). Including Named Animals and Objects and Ethnic
         Names. Oxford: Clarendon, 1973.

Giordano, Charles B. "On the Significance of Names in Hofmannsthal's 'Rosen-
         kavalier' ". The German Quarterly, 36 (1963), 258-68.

Gipper, Helmut. Bausteine zur Sprachinhaltsforschung. Neuere Sprachbetrach-
         tung im Austausch mit Geistes- und Naturwissenschaft. 2., verb. Aufl.
         Sprache und Gemeinschaft, Bd. 1. Düsseldorf: Schwann, 1969.

Goldstein, Bluma. "A Study of the Wound in Stories by Franz Kafka". The
         Germanic Review, 41 (1966), 202-17.

Goldstücker, Eduard. "Ueber Franz Kafka aus Prager Perspektive, 1963".
         Franz Kafka aus Prager Sicht. Hrsg. von Vĕdecká konference vĕno-
         vaná dílu Franze Kafky, Liblice, 1963. Berlin: Voltaire, 1966.

---.   "Zum Profil der Prager deutschen Dichtung um 1900". Philologica
         Pragensia, 5 (1962), 130-5.

Golffing, Francis. "Franz Kafka: 'A Little Woman' ". Accent, Summer (1943),
         223-7.

Gordon, Caroline and Allen Tate. The House of Fiction. An Anthology of the
         Short Story. 2nd. ed. New York: Scribner, 1960.

Gordon, Elizabeth Hope. "The Naming of Characters in the Works of Dickens".
         University of Nebraska Studies in Language, Literature, and Criticism,
         1 (1917), 3-35.

Gottschald, Max. Deutsche Namenkunde. Unsere Familiennamen nach ihrer Ent-
         stehung und Bedeutung. 3. Aufl. Berlin: Gruyter, 1954.

Gray, Ronald. Kafka's Castle. Cambridge: Univ. Press, 1956.

Greenberg, Martin. The Terror of Art. Kafka and Modern Literature. New York:
         Basic Books, 1968.

Grimes, Margaret. "Kafka's Use of Cue-names: Its importance for an Inter-
         pretation of 'The Castle'." The Centennial Review, 18 (1974), 221-30.

Grimm, Jacob. Deutsches Wörterbuch. Hrsg. von Jacob Grimm und Wilhelm
         Grimm. 16 Bde. Leipzig: Hirzel, 1854-1960.

Hagenbeck, Carl. Von Tieren und Menschen, Erlebnisse und Erfahrungen. Ber-
         lin: Vita, 1909.

Hájek, Siegfried. "Franz Kafka 'Der Nachbar' ". Der Deutschunterricht, 7
         (1955), 5-12.

Hantschmann, Leo. "Herbert Assmann, Arzt". Neue deutsche Biographie. Hrsg. von der Historischen Kommission bei der Bayerischen Akademie der Wissenschaften. Berlin: Duncker, 1953.

Hartmann, Peter. Das Wort als Name; Struktur, Konstitution und Leistung der benennenden Bestimmung. Wissenschaftliche Abhandlungen der Arbeitsgemeinschaft für Forschung des Landes Nordrhein-Westfalen, Bd. 6. Köln: Westdeutscher Verlang, 1958.

Hastings, James. A Dictionary of the Bible; Dealing with its Language, Literature, and Contents, Including the Biblical Theology. Ed. by James Hasting with the assist. of John A. Selbie et. al. 5 v. New York: Scribners, 1898-1923.

Hatfield, Henry C. Modern German Literature. The Major Figures in Context. New York: St. Martin, 1967.

Heitner, Robert R. The Contemporary Novel in German. A Symposium. Ed. with an introd. by Robert R. Heitner. Austin: Univ. of Texas Press, 1967.

Heller, Erich. The Disinherited Mind. Meridian Books, M 66. Cleveland: World, 1969.

Henel, Ingeborg. "Die Türhüterlegende und ihre Bedeutung für Kafkas 'Prozess' ". Deutsche Vierteljahrsschrift für Literaturwissenschaft und Geistesgeschichte, 37 (1963), 50-70.

Hermsdorf, Klaus. Kafka - Weltbild und Roman. Germanistische Studien. Berlin: Rütten, 1961.

Hildenbrandt, Eberhard. Versuch einer kritischen Analyse des 'Cours de linguistique générale' von Ferdinand de Saussure. Marburger Beiträge zur Germanistik, Bd. 36. Marburg: Elwert, 1972.

Hillmann, Heinz. "Franz Kafka". Deutsche Dichter der Moderne. Ihr Leben und Werk. Hrsg. von Benno von Wiese. 2. überarb. Aufl. Berlin: Schmidt, 1969.

———. "Das Sorgenkind Odradek". Zeitschrift für deutsche Philologie, 86 (1967), 197-210.

Hofmannsthal, Hugo von. Ausgewählte Werke. 2 Bde. Frankfurt: Fischer, 1957.

Holitscher, Arthur. Amerika heute und morgen. Reiseerlebnisse. 5. Aufl. Berlin: Fischer, 1913.

Holland, Norman. "Realism and Unrealism. Kafka's 'Metamorphosis' ". Modern Fiction Studies, 4 (1958), 143-50.

Ide, Heinz. "Existenzerhellung im Werke Kafkas". Jahrbuch der Wittheit zu Bremen, 1 (1957), 66-104.

Jaffe, Adrian H. The Process of Kafka's Trial. East Lansing: Michigan State Univ. Press, 1967.

Jahn, Wolfgang. "Kafkas Handschrift zum 'Verschollenen' ('Amerika') ".
Jahrbuch der deutschen Schillergesellschaft, 9 (1965), 541-52.

Janouch, Gustav. Gespräche mit Kafka. Erinnerungen und Aufzeichnungen.
Frankfurt: Fischer, 1951.

Jobes, Gertrude. Dictionary of Mythology, Folklore, and Symbols. 3 v. New
York: Scarecrow, 1961-2.

Jünger, Ernst. Typus, Name, Gestalt. Stuttgart: Klett, 1963.

Kafka, a Collection of Critical Essays. Ed. by Ronald D. Gray. A Spectrum
Book. Twentieth Century Views, S-TC-17. Englewood Cliffs:
Prentice-Hall, 1962.

The Kafka Problem With a New, up-to-date bibliography & a complete list of
Kafka's works in English. Ed. by Angel Flores. New York: Octagon
Books, 1963.

Kafka-Symposion. Hrsg. von Jürgen Born u.a. Berlin: Wagenbach, 1965.

Kainz, Friedrich. "Zur dichterischen Sprachgestaltung". Zeitschrift für Aesthetik und allgemeine Kunstwissenschaft, 18 (1925), 195-222.

Kaiser, Gerhard. "Franz Kafkas 'Prozess'. Versuch einer Interpretation".
Euphorion, 52 (1958), 23-49.

Kaiser, Hellmuth. "Franz Kafkas Inferno. Eine psychologische Deutung seiner
Strafphantasie". Imago, 17 (1931), 41-103.

Kassel, Norbert. Das Groteske bei Franz Kafka. München: Fink, 1969.

Kauf, Robert. "Once again: Kafka's 'A Report to an Academy' ". Modern Language
Quarterly, 15 (1954), 359-65.

Kayser-Petersen. "Herbert Assmann-Nachruf". Zeitschrift für Tuberkulose,
97 (1951), 62-3.

Keiter, Heinrich und Tony Kellen. Der Roman. Geschichte, Theorie und Technik
des Romans und der erzählenden Dichtkunst. 3. verb. und verm. Aufl.
Essen: Fredebeul, 1908.

Klaiber, Thomas. "Die Namen im Roman". Die Literatur, 5 (1903), 1311-5.

Kleinpaul, Rudolf. Menschen- und Völkernamen. Etymologische Streifzüge auf
dem Gebiete der Eigennamen. Leipzig: Reissner, 1885.

Kluge, Friedrich. Etymologisches Wörterbuch der deutschen Sprache. Unter
Mithilfe von Alfred Schirmer, bearb. von Walther W. Mitzka. 17. Aufl.
Berlin: Gruyter, 1957.

Knieger, Bernhard. "Kafka's 'The Hunter Gracchus' ". Explicator, 17 (1959), 39.

Kobs, Jörgen. Kafka. Untersuchungen zu Bewusstsein und Sprache seiner Gestalten. Hrsg. von Ursula Brech. Bad Homburg: Athenäum, 1970.

Kosík, Karel. "Hašek a Kafka". Plamen, 6 (1963), 91-102.

Kosz, Gerhard. "Motivationen bei der Wahl von Rufnamen". Beiträge zur Namenforschung, 7 (1972), 159-75.

Kraft, Werner. Franz Kafka. Durchdringung und Geheimnis. Frankfurt: Suhrkamp, 1968.

Krien, Reinhard. Namenphysiognomik: Untersuchungen zur sprachlichen Expressivität am Beispiel von Personennamen, Appellativen und Phonemen des Deutschen. Tübingen: Niemeyer, 1973.

Krock, Marianne. Oberflächen- und Tiefenschicht im Werke Kafkas. Der Jäger Gracchus als Schlüsselfigur. Marburger Beiträge zur Germanistik, 47. Marburg: Elwert, 1974.

Kronasser, Heinz. Handbuch der Semasiologie. Kurze Einführung in die Geschichte, Problematik und Terminologie der Bedeutungslehre. Heidelberg: Winter, 1968.

Krusche, Dietrich. Kafka und Kafka-Deutung: Die problematisierte Interation. Kritische Information, Bd. 5. München: Fink, 1974.

Kusmin, Michail. Taten des Grossen Alexander. München: Hyperion, 1910.

Lerner, Max. "Franz Kafka and the Human Voyage". The Saturday Review of Literature, 7 June, 1941, 3-17.

Levi, Margot P. "K., an Exploration of the Names of Kafka's Central Characters". Names, 14 (1966), 1-10.

Link, Manfred. Namen im Werk Thomas Manns. Deutung, Bedeutung, Funktion. The Proceedings of the Department of Foreign Languages and Literatures. College of General Education. Univ. of Tokyo, v. 14, no. 1. Tokyo: Univ. of Tokyo, 1966.

Loose, Gerhard. Franz Kafka und Amerika. Frankfurt: Klostermann, 1968.

Louzil, Jaromír. "Ein unbekannter Zeitungsabdruck der Erzählung 'Josefine' von Franz Kafka". Zeitschrift für deutsche Philologie, 86 (1967), 317-9.

Lukács, Georg. Der historische Roman. Probleme des Realismus III, Bd. 6. Neuwied: Luchterhand, 1965.

Luke, F.D. "Kafka's 'Die Verwandlung' ". Modern Language Review, 46 (1951), 232-45.

Lunzer, Justus. "Zum Gebrauch 'redender Namen' ". Beiträge zur Geschichte der deutschen Sprache und Literatur, 51 (1915), 190-5.

Majut, Rudolf. Ueber hippologische Bezeichnungen. Tiernamen und ein gotischer Pflanzenname. Beihefte zur Zeitschrift für deutsche Philologie, 2. Berlin: Schmidt, 1972.

Mann, Thomas. Die Entstehung des Doktor Faustus. Roman eines Romans. Amsterdam: Bermann, 1949.

Martini, Fritz. "Franz Kafka 'Das Schloss' ". Das Wagnis der Sprache. Interpretation deutscher Prosa von Nietzsche bis Benn. 6. Aufl. Stuttgart: Klett, 1970.

Mauer, Otto. "Kommentar zu zwei Parabeln von Franz Kafka: 'Eine kaiserliche Botschaft' und 'Der Schlag ans Hoftor' ". Wort und Wahrheit, 1 (1946), 29-34.

Maync, Harry. "Nomen et omen. Von bürgerlicher und dichterischer Namengebung". Westermanns Monatshefte, 62 (1917-8), 653-64.

Meyer, Richard M. Die deutsche Literatur des neunzehnten Jahrhunderts. 3. umgearb. Aufl. Das neunzehnte Jahrhundert in Deutschlands Entwicklung, Bd. 3. Berlin: Bondi, 1906.

Meyers Konversationslexikon. 7. Aufl. in vollständig neuer Bearb. 14 Bde. Leipzig: Bibliographisches Institut, 1924-33.

Mileck, Joseph. "Names and the Creative Process. A Study of the Names in Hermann Hesse's 'Lauscher', 'Demian', 'Steppenwolf', 'Glasperlenspiel' ". Monatshefte, 53 (1961), 167-80.

Muschg, Walter. Von Trakl zu Brecht. Dichter des Expressionismus. Sammlung Piper. Probleme und Ereignisse der modernen Wissenschaft. München: Piper, 1963.

Neckel, Gustav. "Die kriegerische Kultur der heidnischen Germanen". Germanisch-Romanische Monatshefte, 7 (1915-9), 17-44.

Neider, Charles. The Frozen Sea. A Study of Franz Kafka. New York, Russell, 1962.

Neue deutsche Biographie. Hrsg. von der Historischen Kommission bei der Bayerischen Akademie der Wissenschaften. 9 Bde. Berlin: Duncker, 1953-72.

Neumeister, Sebastian. Der Dichter als Dandy: Kafka, Baudelaire, Thomas Bernhard. München: Fink, 1973.

Nietzsche, Friedrich. Werke. 3 Bde. München: Hanser, 1954-6.

The Oxford Classical Dictionary. Ed. by N.G.L. Hammond and H.H. Scullard. 2nd. ed. Oxford: Clarendon, 1970.

Partridge, Eric. Name this Child. A Dictionary of Modern British and American Given or Christian Names. 3. ed. rev. and enl. London: Hamilton, 1951.

Pasley, Malcolm. "Drei literarische Mystifikationen Kafkas". Kafka Symposion. Hrsg. von Jürgen Born u. a. Berlin: Wagenbach, 1965.

---. "Kafka's Semi-private Games". Oxford German Studies, 6 (1972), 112-31.

---. und Klaus Wagenbach. "Datierung sämtlicher Texte Franz Kafkas". Kafka Symposion. Hrsg. von Jürgen Born u.a. Berlin: Wagenbach, 1965.

Pauly, August Friedrich von. Paulys Real-Enzyclopädie der klassischen Altertumswissenschaft. Neue Bearb. Hrsg. von Georg Wissowa u.a. 51 Bde.
Stuttgart: Metzler, 1894-1974.

Penzoldt, Ernst. "Magie der Namen". Westermanns Monatshefte, 93 (1952-3), 20.

Peter, Hans Armin. Thomas Mann und seine epische Charakterisierungskunst.
Sprache und Dichtung, Heft 43. Bern: Haupt, 1929.

Philippi, Klaus-Peter. Reflexion und Wirklichkeit. Untersuchungen zu Kafkas
Roman 'Das Schloss'. Studien zur deutschen Literatur, Bd. 5.
Tübingen: Niemeyer, 1966.

Pike, Burton. Robert Musil. An Introduction to His Work. Ithaca: Cornell Univ.
Press, 1961.

Plutarch. Vergleichende Lebensbeschreibungen. Uebersetzt von Kaltwasser J.
12 Bde. in 4. Leipzig: Reclam, 18--?.

Polenz, Peter von. "Namentypen und Grundwortschatz". Landschafts- und
Bezirksnamen im frühmittelalterlichen Deutschland; Untersuchungen zur sprachlichen Raumerschliessung, Bd. 1. Marburg: Elwert,
1961.

---. "Name und Wort. Bemerkungen zur Methodik der Namendeutung".
Mitteilungen für Namenkunde, 8 (1960-1), 1-11.

Politzer, Heinz. Franz Kafka der Künstler. Frankfurt: Fischer, 1965.

---. "Franz Kafka's Language". Modern Fiction Studies, 8 (1962), 16-22.

---. "Prague and the Origins of Rainer Maria Rilke, Franz Kafka, and
Franz Werfel". Modern Language Quarterly, 16 (1955) 49-62.

Pongs, Hermann. Franz Kafka. Dichter des Labyrinths. Heidelberg: Rothe, 1960.

Pritzlaff, Christiane. Zahlensymbolik bei Thomas Mann. Hamburger philologische Studien, 25. Hamburg: Buske, 1972.

Pulgram, Ernst. "Theory of Names". Beiträge zur Namenforschung, 5 (1954)
149-96.

Ramm, Klaus. Reduktion als Erzählprinzip bei Kafka. Literatur und Reflexion,
Bd. 6. Frankfurt: Athenäum, 1971.

Reclams Namenbuch. Die wichtigsten deutschen und fremden Vornamen mit ihren
Ableitungen und Bedeutungen. Hrsg. von Theo Herrle. 11. Aufl. Stuttgart: Reclam, 1973.

Reed, Eugene E. "Moral Polarity in Kafka's 'Der Prozess' and 'Das Schloss' ".
Monatshefte, 46 (1954), 317-24.

Reiss, Hans Siegbert. Franz Kafka. Eine Betrachtung seines Werkes. Heidelberg:
Schneider, 1952.

---. "Zwei Erzählungen Kafkas. Eine Betrachtung. 'Der Schlag ans Hoftor' und 'Die Prüfung' ". Trivium, 3 (1950) 218-42.

Riesner, Dietrich. Festschrift für Walter Hübner. Hrsg. von D. Riesner und H. Gneuss. Berlin: Schmidt, 1964.

Rilke, Rainer Maria. Sämtliche Werke. 6 Bde. Frankfurt: Insel, 1955-66.

Robinson, Walter L. Name-Characterization in the Works of Thomas Mann. Diss. Austin: Univ. of Texas, 1959.

Rochefort, Robert. Franz Kafka. Symposion, 26. Wien: Amandus, 1948.

Rothrauff, Conrad. "The Name 'Savior' as Applied to Gods and Men Among the Greeks". Names, 14 (1966), 11-7.

Rubinstein, William C. "Franz Kafka's 'A Report to an Academy' ". Modern Language Quarterly, 13 (1952), 372-6.

Ruf, Urs. Franz Kafka. Das Dilemma der Söhne. Das Ringen um die Versöhnung eines unlösbaren Widerspruchs in den drei Werken 'Das Urteil', 'Die Verwandlung' und 'Amerika'. Philologische Studien und Quellen, No. 79. Berlin: Schmidt, 1973.

Ruhleder, Karl H. "Franz Kafka's 'Das Urteil': An Interpretation". Monats-hefte, 55 (1963), 13-22.

Rümmele, Doris. Mikrokosmos im Wort. Zur Aesthetik der Namengebung bei Thomas Mann. Diss. Freiburg 1968. Bamberg: (n.p.), 1969.

Ryan, Judith: "Die zwei Fassungen der 'Beschreibung eines Kampfes'. Zur Ent-wicklung von Kafkas Erzähltechnik". Jahrbuch der Schillergesellschaft, 14 (1970), 546-72.

Schillemeit, Jost. "Welt im Werk Franz Kafkas". Deutsche Vierteljahrsschrift für Literaturwissenschaft und Geistesgeschichte, 38 (1964), 168-91.

Schmitz, Leonhard. "Pallas". A Dictionary of Greek and Roman Biography and Mythology. Ed. by W. Smith. London: Murray, 1880.

Schoeps, Hans Joachim. "The Tragedy of Faithlessness". The Kafka Problem. Ed. by Angel Flores. New York: Octagon, 1963.

Schöll, Norbert. Vom Bürger zum Untertan. Zum Gesellschaftsbild im bürger-lichen Roman. Literatur der Gesellschaft, Bd. 17. Düsseldorf: Bertelsmann, 1973.

Schramm, Gottfried. "Der Mensch als Tier". Namenschatz und Dichtersprache. Studien zu den zweigliedrigen Personennamen der Germanen. Göttin-gen: Vandenhoeck, 1957.

Schubiger, Jürg. Franz Kafka 'Die Verwandlung'. Eine Interpretation. Züricher Beiträge zur deutschen Literatur- und Geistesgeschichte, 34. Zürich: Atlantis, 1969.

Schwarz, Ernst. Deutsche Namenforschung. 2 Bde. Göttingen: Vandenhoeck, 1949-50.

Seel, Otto. "Pallas". Paulys Real-Enzyclopädie der klassischen Altertumswissenschaft. Stuttgart: Metzler, 1894-1974.

Sennewald, Charlotte. Die Namengebung bei Dickens. Eine Studie über Lautsymbolik. Diss. Berlin, 1936. Palaestra, Bd. 203. Leipzig: Mayer, 1936.

Seward, Barbara. The Symbolic Rose. New York: Columbia Univ. Press, 1960.

Sheppard, Richard. On Kafka's Castle. A Study. London: Helm, 1973.

Slochower, Harry. "The Use of Myth in Kafka and Mann". Myth and Literature. Contemporary Theory and Practice. Ed. by B. Vickery. Lincoln: Univ. of Nebraska Press, 1957.

Soergel, Albert und Curt Hohoff. Dichtung und Dichter der Zeit. Vom Naturalismus bis zur Gegenwart. Neuausg. 2 Bde. Düsseldorf: Bagel, 1961-3.

Sokel, Walter H. Franz Kafka. Tragik und Ironie. Zur Struktur seiner Kunst. München: Langen, 1964.

———. "Das Verhältnis der Erzählperspektive zu Erzählgeschehen und Sinngehalt in 'Vor dem Gesetz', 'Schakale und Araber' und 'Der Prozess' ". Zeitschrift für deutsche Philologie, 86 (1967), 267-300.

Spahr, Blake L. "Franz Kafka: The Bridge and the Abyss". Modern Fiction Studies, 8 (1962), 3-15.

Spilka, Mark. Dickens and Kafka. A Mutual Interpretation. Bloomington: Indiana Univ. Press, 1963.

Staroste, Wolfgang. "Der Raum des Menschen in Kafkas 'Prozess' ". Raum und Realität in dichterischer Gestaltung. Studien zu Goethe und Kafka. Hrsg. von Gotthard Wunberg. Poesie und Wissenschaft, 17. Heidelberg: Stiehm, 1971.

Steinberger, Ludwig. "Ueber Namen und Geschichte des Brennerpasses". Mitteilungen des Institutes für österreichische geschichtliche Forschung, 32 (1912), 594-617.

Steinecke, Hartmut. Theorie und Technik des Romans im 20. Jahrhundert. Deutsche Texte 20. Tübingen: Niemeyer, 1972.

Sturmfels, Wilhelm. Etymologisches Lexikon deutscher und fremdländischer Ortsnamen. 2., verb. und verm. Aufl. Berlin: Dümmler, 1931.

Swander, Homer. "The Castle: K.'s Village". Franz Kafka Today. Ed. by Angel Flores and Homer Swander. Madison: Univ. of Wisconsin Press, 1964.

Tau, Max. Der assoziative Faktor in der Landschafts- und Ortsdarstellung Theodor Fontanes. Forschungen zur Literatur-, Theater- und Zeitungswissenschaft, Bd. 1. Oldenburg: Schulz, 1928.

Tauber, Herbert, Franz Kafka. Eine Deutung seiner Werke. Zürich: Oprecht,
      1941.

Thalmann, Jörg. Wege zu Kafka. Eine Interpretation des Amerikaromans.
      Frauenfeld: Huber, 1966.

Trost, Pavel. "Franz Kafka und das Prager Deutsch". Acta Universitatis Ca-
      rolinae. Philologica 1. Germanistica Pragensia, 3 (1964) 29-37.

Uyttersprot, Hermann. "The Trial: Its Structure". Franz Kafka Today. Ed.
      by Angel Flores and Homer Swander. Madison: Univ. of Wisconsin
      Press, 1964.

---.   "Zur Struktur von Kafkas Romanen". Revue des languages vivantes,
      20 (1954), 367-82.

Vasmer, Max. Russisches etymologisches Wörterbuch. 3 Bde. Indogermanische
      Bibliothek, 2. Reihe: Wörterbücher. Heidelberg: Winter, 1950-58.

Vickery, John B. Myth and Literature. Contemporary Theory and Practice.
      Lincoln: Univ. of Nebraska Press, 1957.

Wagenbach, Klaus. "Ein unbekannter Brief Franz Kafkas". Neue Rundschau,
      76 (1965), 426-33.

---.   Franz Kafka, eine Biographie seiner Jugend, 1883-1912. Bern:
      Francke, 1958.

---.   Franz Kafka in Selbstzeugnissen und Bilddokumenten. Rowohlts Mono-
      graphien. Hamburg: Rohwolt, 1970.

---.   "Wo liegt Kafkas Schloss?" Kafka-Symposion. Hrsg. von Jürgen Born
      u. a. Berlin: Wagenbach, 1965.

Walser, Martin. Beschreibung einer Form. Versuch über Franz Kafka. Litera-
      tur als Kunst. München: Hanser, 1961.

Warren, Austin. "Franz Kafka". Kafka. A Collection of Critical Essays. Ed.
      by Ronald Gray. Englewood Cliffs: Prentice-Hall, 1962.

Watt, Ian P. "The Naming of Characters in Defoe, Richardson, and Fielding".
      The Review of English Studies, 25 (1949), 322-38.

---.   The Rise of the Novel. Studies in Defoe, Richardson, and Fielding.
      Berkeley: Univ. of California Press, 1964.

Weinberg, Kurt. Kafkas Dichtungen. Die Travestien des Mythos. Bern: Francke,
      1963.

Weisgerber, Leo. Die geistige Seite der Sprache und ihre Erforschung. Sprache
      der Gegenwart. Schriften des Institutes für deutsche Sprache, Bd. 15.
      Düsseldorf: Schwann, 1971.

Weltsch, Felix. Religion und Humor im Leben und Werk Franz Kafkas. Berlin:
      Herbig, 1957.

Wentscher, Erich. Die Rufnamen des deutschen Volkes. Halle: Waisenhaus, 1928.

Westermann Lexikon der Geographie. Hrsg. im Auftrag des Georg Westermann
  Verlags von Wolf Tietze. 5 Bde. Braunschweig: Westermann, 1968-72.

White, John J. "Franz Kafka's 'Das Urteil'. An Interpretation". Deutsche Vierteljahrsschrift für Literaturwissenschaft und Geistesgeschichte, 38 (1964),
  208-29.

Wiese, Benno von. Deutsche Dichter der Moderne. Ihr Leben und Werke.
  2. überarb. Aufl. Berlin: Schmidt, 1969.

---.   Die deutsche Novelle von Goethe bis Kafka. Interpretationen. 2. Bde.
  Düsseldorf: Bagel, 1963.

---.   Der deutsche Roman vom Barock bis zur Gegenwart. Struktur und Geschichte. 2 Bde. Düsseldorf: Bagel, 1963.

Wilson, A.K. " 'Null and Void'. An Interpretation of the Significance of the
  Court in Franz Kafka's 'Der Prozess' ". German Life & Letters, 14
  (1961), 165-9.

Wimmer, Rainer. Der Eigenname im Deutschen. Ein Beitrag zu seiner linguisti-
  schen Beschreibung. Linguistische Arbeiten, 11. Tübingen: Niemeyer,
  1973.

Withycombe, Elizabeth G. The Oxford Dictionary of English Names. New York:
  Oxford Univ. Press, 1947.

Witkowski, Teodolius. Grundbegriffe der Namenkunde. Deutsche Akademie der
  Wissenschaften zu Berlin. Vorträge und Schriften, Heft 91. Berlin:
  Akademie, 1964.

Wittgenstein, Ludwig. Tractatus logico-philosophicus. The German Text of Ludwig Wittgenstein's 'Logisch-philosophische Abhandlung' with a new tr.
  by D.F.Pears et.al. International Library of Philosophy and Scientific
  Method. London: Routledge, 1963.

Woodring, Carl R. " 'Josephine the Singer, or the Mouse Folk' ". Franz Kafka
  Today. Ed. by Angel Flores and Homer Swander. Madison: Univ. of Wisconsin Press, 1964.

Wüst, Ernst. "Poseidon". Paulys Real-Enzyclopädie der klassischen Altertumswissenschaft. Stuttgart: Metzler, 1894-1974.

Yonge, Charlotte Mary. History of Christian Names. 2 v. London: Parker, 1863.

Zabeeh, Farhang. What is in a Name? An Inquiry into the Semantics and Prag-
  matics of Proper Names. The Hague: Nijhoff, 1968.

Zimmermann, Werner. "Franz Kafka: 'Das Urteil' ". Deutsche Prosadichtungen
  der Gegenwart. 3 Bde. Düsseldorf: Schwann, 1958-60.

Ziolkowski, Theodore. *Dimensions of the Modern Novel. German Texts and European Contexts.* Princeton: Princeton Univ. Press, 1969.

EUROPÄISCHE HOCHSCHULSCHRIFTEN

Reihe I   Deutsche Literatur und Germanistik

Nr. 26 Vera Deblüe, Zürich: Anima naturaliter ironica – Die Ironie in Wesen und Werk Heinrich Heines. 100 S. 1970.

Nr. 27 Hans-Wilhelm Kelling, Stanford/USA: The Idolatry of Poetic Genius in German Goethe Criticism. 200 p. 1970.

Nr. 28 Armin Schlienger, Zürich: Das Komische in den Komödien des Andreas Gryphius. Ein Beitrag zu Ernst und Scherz im Barocktheater. 316 S. 1970.

Nr. 29 Marianne Frey, Bern: Der Künstler und sein Werk bei W. H. Wackenroder und E. T. A. Hoffmann. Vergleichende Studien zur romantischen Kunstanschauung. 216 S. 1970.

Nr. 30 C. A. M. Noble, Belfast: Krankheit, Verbrechen und künstlerisches Schaffen bei Thomas Mann. 268 S. 1970.

Nr. 31 Eberhard Frey, Waltham/USA: Franz Kafkas Erzählstil. Eine Demonstration neuer stilanalytischer Methoden an Kafkas Erzählung "Ein Hungerkünstler". 382 S. 1974 (2. Auflage).

Nr. 32 Raymond Lauener, Neuchâtel: Robert Walser ou la Primauté du Jeu. 532 p. 1970.

Nr. 33 Samuel Berr, New York: An Etymological Glossary to the Old Saxon Heliand. 480 p. 1970.

Nr. 34 Erwin Frank Ritter, Wisconsin: Johann Baptist von Alxinger and the Austrian Enlightenment. 176 p. 1970.

Nr. 35 Felix Thurner, Fribourg: Albert Paris Gütersloh – Studien zu seinem Romanwerk. 220 S. 1970.

Nr. 36 Klaus Wille, Tübingen: Die Signatur der Melancholie im Werk Clemens Brentanos. 208 S. 1970.

Nr. 37 Andreas Oplatka, Zürich: Aufbauform und Stilwandel in den Dramen Grillparzers. 104 S. 1970.

Nr. 38 Hans-Dieter Brückner, Claremont: Heldengestaltung im Prosawerk Conrad Ferdinand Meyers. 102 S. 1970.

Nr. 39 Josef Helbling, Zürich: Albrecht von Haller als Dichter. 164 S. 1970.

Nr. 40 Lothar Georg Seeger, Washington: The "Unwed Mother" as a Symbol of Social Consciousness in the Writings of J. G. Schlosser, Justus Möser, and J. H. Pestalozzi. 36 p. 1970.

Nr. 41 Eduard Mäder, Freiburg: Der Streit der "Töchter Gottes" – Zur Geschichte eines allegorischen Motivs. 136 S. 1971.

Nr. 42 Christian Ruosch, Freiburg: Die phantastisch-surreale Welt im Werke Paul Scheerbarts. 136 S. 1970.

Nr. 43 Maria Pospischil Alter, Maryland/USA: The Concept of Physician in the Writings of Hans Carossa and Arthur Schnitzler. 104 p. 1971.

Nr. 44 Vereni Fässler, Zürich: Hell-Dunkel in der barocken Dichtung – Studien zum Hell-Dunkel bei Johann Klaj, Andreas Gryphius und Catharina Regina von Greiffenberg. 96 S. 1971.

Nr. 45 Charlotte W. Ghurye, Terre Haute, Indiana/USA: The Movement Toward a New Social and Political Consciousness in Postwar German Prose. 128 p. 1971.

Nr. 46 Manfred A. Poitzsch, Minneapolis, Minnesota/USA: Zeitgenössische Persiflagen auf C. M. Wieland und seine Schriften. 220 S. 1972.

Nr. 47 Michael Imboden, Freiburg: Die surreale Komponente im erzählenden Werk Arthur Schnitzlers. 132 S. 1971.

Nr. 48 Wolfgang Dieter Elfe, Massachusetts/USA: Stiltendenzen im Werk von Ernst Weiss, unter besonderer Berücksichtigung seines expressionistischen Stils (Ein Vergleich der drei Druckfassungen des Romans "Tiere in Ketten"). 80 S. 1971.

Nr. 49 Alba Schwarz, Zürich: "Der teutsch-redende treue Schäfer". Guarinis "Pastor Fido" und die Übersetzungen von Eilger Mannlich 1619, Statius Ackermann 1636, Hofmann von Hofmannswaldau 1652, Assman von Abschatz 1672. 284 S. 1972.

Nr. 50 Martin Kraft, Zürich: "Schweizerhaus" – Das Haus-Motiv im Deutsch-schweizer Roman des 20. Jahrhunderts. 72 S. 1971.

Nr. 51 Hansjörg Büchler, Zürich: Studien zu Grimmelshausens Landstörtzerin Courasche (Vorlagen/Struktur und Sprache/Moral). 116 S. 1971.

Nr. 52 Robert Van Dusen, Hamilton, Canada: The Literary Ambitions and Achievements of Alexander von Humboldt. 68 p. 1971.

Nr. 53 Thomas Feitknecht, Bern: Die sozialistische Heimat. Zum Selbstverständnis neuerer DDR-Romane. 104 S. 1971.

Nr. 54 Margareta Gasser-Mühlheim, Bern: Soziale Aufwertungstendenzen in der deutschen Gegenwartssprache. 112 S. 1972.

Nr. 55 Wolfgang von Wangenheim, Genf: Das Basler Fragment einer mitteldeutsch-niederdeutschen Liederhandschrift und sein Spruchdichter-Repertoire (Kelin, Fegfeuer). 326 S. 1972.

Nr. 56 Volker Zimmermann, Heidelberg: Die Entwicklung des Judeneids. Untersuchungen und Texte zur rechtlichen und sozialen Stellung der Juden im Mittelalter. 286 S. 1973.

Nr. 57 Jürg Kielholz, Zürich: Wilhelm Heinrich Wackenroder, Schriften über die Musik. Musik- und literaturgeschichtlicher Ursprung und Bedeutung in der romantischen Literatur. 136 S. 1972.

Nr. 58 Hermann Gelhaus, unter Mitarbeit von Roger Frey und Otfried Heyne, Basel: Vorstudien zu einer kontrastiven Beschreibung der schweizerdeutschen Schriftsprache der Gegenwart. Die Rektion der Präpositionen trotz, während und wegen. 124 S. 1972.

Nr. 59 Silvia Weimar-Kluser, Zürich: Die höfische Dichtung Georg Rudolf Weckherlins. 128 S. 1971.

Nr. 60 Eva Acquistapace, Bochum: Person und Weltdeutung. Zur Form des Essayistischen im Blick auf das literarische Selbstverständnis Rudolf Kassners. 164 S. 1971.

Nr. 61 Dieter Helle, Klaus-Peter Klein, Rainer Kuttert, Christel Schulte, Uwe-Dieter Steppuhn, Heinz-Burkhard Strüwer, Bochum: Zur Entstehung des Neuhochdeutschen. Sprachgeographische und -soziologische Ansätze. Herausgegeben von Ilpo Tapani Piirainen. 156 S. 1972.

Nr. 62 Wilhelm Resenhöfft, Kiel: Goethes Rätseldichtung im "Faust" (mit Hexenküche und Hexen-Einmal-Eins) in soziologischer Deutung. 178 S. 1972.

Nr. 63 Christoph Mühlemann, Zürich: Fischarts "Geschichtklitterung" als manieristisches Kunstwerk. Verwirrtes Muster einer verwirrten Zeit. 176 S. 1972.

Nr. 64 Marcel Roger, Syracuse: "Hiermit erhebte sich ein abscheulich Gelächter" – Untersuchungen zur Komik in den Romanen von Johann Beer. 132 S. 1973.

Nr. 65 Charles Whitney Carpenter, Bloomsburg/Pennsylvania: The Systematic Exploitation of the Verbal Calque in German. 132 p. 1973.

Nr. 66 Artur Rümmler, Mainz: Die Entwicklung der Metaphorik in der Lyrik Karl Krolows (1942–1962). Die Beziehung zu deutschen, französischen und spanischen Lyrikern. 285 S. 1972.

Nr. 67 Wilhelm Resenhöfft, Kiel: Nietzsches Zarathustra-Wahn. Deutung und Dokumentation zur Apokalypse des Übermenschen. 140 S. 1972.

Nr. 68 Keith L. Roos, Provo, Utah/USA: The Devil in 16th Century German Literature: The Teufelsbücher. 132 p. 1972.

Nr. 69 Herbert Schütz, Toronto: Hermann Kasack: The Role of the Critical Intellect in the Creative Writer's Work. 146 p. 1972.

Nr. 70 Wolfgang Mieder, East Lansing, Michigan/USA: Das Sprichwort im Werke Jeremias Gotthelfs. Eine volkskundlich-literarische Untersuchung. 168 S. 1972.

Nr. 71 Jürg Aggeler, Zürich: Der Weg von Kleists Alkmene. 164 S. 1972.

Nr. 72   Hermann Gelhaus, Basel: Synchronie und Diachronie. Zwei Vorträge über Probleme der nebensatzeinleitenden Konjunktionen und der Consecutio temporum. 52 S. 1972.

Nr. 73   Xaver Kronig, Freiburg: Ludwig Hohl. Seine Erzählprosa mit einer Einführung in das Gesamtwerk. 188 S. 1972.

Nr. 74   Christine Merian, Basel: Die Gestalt des Künstlers im Werk Conrad Ferdinand Meyers. 116 S. 1973.

Nr. 75   Veronica C. Richel, Vermont: Luise Gottsched. A Reconsideration. 120 p. 1973.

Nr. 76   Theo Bungarten, Bonn: Sprache und Sprachanalyse des Deutschen. Vier Beiträge zur Methode und Theorie. 152 S. 1973.

Nr. 77   Wolfgang Köhler, Frankfurt a.M.: Hugo von Hofmannsthal und "Tausendundeine Nacht". Untersuchungen zur Rezeption des Orients im epischen und essayistischen Werk. Mit einem einleitenden Überblick über den Einfluss von "Tausendundeine Nacht" auf die deutsche Literatur. 180 S. 1972.

Nr. 78   Thomas Alfred Gehring, Zürich: Johanne Charlotte Unzer-Ziegler 1725–1782. 148 S. 1973.

Nr. 79   Alfons-M. Bischoff, Freiburg: Elias Canetti – Stationen zum Werk. 184 S. 1973.

Nr. 80   Roger C. Norton, Endicott: Hermann Hesse's Futuristic Idealism / The Glass Bead Game and its Predecessors. 150 p. 1973.

Nr. 81   Günther Schneider, Freiburg: Untersuchungen zum dramatischen Werk Robert Musils. 292 S. 1973.

Nr. 82   Gerhard Dünnhaupt, Washington: Diederich von dem Werder / Versuch einer Neuwertung seiner Hauptwerke. 148 S. 1973.

Nr. 83   Walter Gorgé, Bern: Auftreten und Richtung des Dekadenzmotivs im Werk Georg Trakls. 322 S. 1973.

Nr. 84   Alan B. Galt, Washington: Sound and Sense in the Poetry of Theodor Storm: A phonological-statistical study. 138 p. 1973.

Nr. 85   Heinz Eugen Greter, Freiburg: Fontanes Poetik. 202 S. 1973.

Nr. 86   Marcel Roland Mattes, Zürich: Das Bild des Menschen im Werk Otto F. Walters. 130 S. 1973.

Nr. 87   Michael Hadley, Victoria: The German Novel in 1790. A Descriptive Account and Critical Bibliography. 306 p. 1973.

Nr. 88   Gerhard Doerfer, Göttingen: Anatomie der Syntax. 257 S. 1973.

Nr. 89   Marie Theres Nölle, Zürich: Formen der Darstellung in Hartmanns 'Iwein'. 76 S. 1974.

Nr. 90   Bärbel Becker-Cantarino, Austin. Aloys Blumauer and the Literature of Austrian Enlightenment. 132 p. 1973.

Nr. 91   Ursula Gray, Heidelberg: Das Bild des Kindes im Spiegel der altdeutschen Dichtung. 382 S. 1974.

Nr. 92   Jules Grand, Basel: Projektionen in Alfred Döblins Roman "Hamlet oder Die lange Nacht nimmt ein Ende". 204 S. 1974.

Nr. 93   Gisela Wünsche Hale, Detroit: Carossas Weg zur Schulderlösung. 84 S. 1974.

Nr. 94   Markus Diebold, Zürich: Das Sagelied/Die aktuelle deutsche Heldendichtung der Nachvölkerwanderungszeit. 120 S. 1974.

Nr. 95   Claus Süssenberger, Frankfurt/M.: Rousseau im Urteil der deutschen Publizistik bis zum Ende der Französischen Revolution. Ein Beitrag zur Rezeptionsgeschichte. 354 S. 1974.

Nr. 96   Victor Sialm-Bossard, Freiburg: Sprachliche Untersuchungen zu den Chemiefaser-Namen. Ein Beitrag zur Beschreibung der deutschen Gegenwartssprache. 348 S. 1975.

Nr. 97   John McCarthy, Philadelphia: Fantasy and Reality – An Epistemological Approach to Wieland. 166 p. 1974.

Nr. 98   Alfred Fritsche, Bern: Dekadenz im Werk Arthur Schnitzlers. 280 S. 1974.

Nr. 99   Hans-Joachim Lange, Bonn: Aemulatio Veterum sive de optimo genere dicendi. Die Entstehung des Barockstils im XVI. Jahrhundert durch eine Geschmacksverschiebung in Richtung der Stile des manieristischen Typs. 286 S. 1974.

Nr. 100 Annemarie Schnetzler-Suter, Zürich: Max Frisch – Dramaturgische Fragen. 152 S. 1974.

Nr. 101 Roy L. Ackermann, Louisville: "Bildung" and "Verbildung" in the Prose Fiction Works of Otto Julius Bierbaum. 95 p. 1974.

Nr. 102 Siegmar Tyroff, Salzburg: Namen bei Thomas Mann in den Erzählungen und den Romanen Buddenbrooks, Königliche Hoheit, Der Zauberberg.

Nr. 103 Sara Ann Malsch-Wilkinson, Amherst: The Image of Martin Luther in the Writings of Novalis and Friedrich Schlegel. 162 S. 1974.

Nr. 104 Heinz B. Heller, Kassel: Untersuchungen zur Theorie und Praxis des dialektischen Theaters. Brecht und Adamov. 213 S. 1975.

Nr. 105 Volker Wendland, Tübingen: Ostergelächter und Ostermärchen.

Nr. 106 Gernot Heide, Hamburg: Graphematisch-phonomatische Untersuchungen zum Altjiddischen. Der Vokalismus. 450 S. 1974.

Nr. 107 Manfred Misch, Berlin: APIS EST ANIMAL – APIS EST ECCLESIA. Ein Beitrag zum Verhältnis von Naturkunde und Theologie in spätantiker und mittelalterlicher Literatur. 220 S. 1974.

Nr. 108 Karl-Bernhard Bödeker, Würzburg: Frau und Familie im erzählerischen Werk Franz Kafkas. 180 S. 1974.

Nr. 109 Roland Richter, Tucson/USA: Georg Rollenhagens Froschmeuseler: Ein rhetorisches Meisterstück. 140 S. 1975.

Nr. 110 Jakob Spälti, Zürich: Interpretationen zu Heinrich von Kleists Verhältnis zur Sprache. 106 S. 1975.

Nr. 111 Markus Werner, Zürich: Bilder des Endgültigen – Entwürfe des Möglichen. Zum Werk Max Frischs. 90 S. 1975.

Nr. 112 Peter Bürgel, Frankfurt/M.: Die Briefe des frühen Gutzkow 1830–48. Pathographie einer Epoche. 428 S. 1975.

Nr. 113 Johann Christoph Bürgel, Bern: Goethe und Hafis. 80 S. 1975.

Nr. 114 Peter Ochsenbein, Basel: Studien zum Anticlaudianus des Alanus ab Insulis. 204 S. 1975.

Nr. 115 Elke Ukena, Berlin: Die deutschen Mirakelspiele des Spätmittelalters. Studien und Texte. 2 Bände. 973 S. 1975.

Nr. 116 Eberhard Frey, Waltham/USA: Stil und Leser. Theoretische und praktische Ansätze zur wissenschaftlichen Stilanalyse. 150 S. 1975.

Nr. 117 Wilhelm Johannes Schwarz, Québec, Canada: War and the Mind of Germany. 90 p. 1975.

Nr. 118 Ingeborg Springer-Strand, Cincinnati/USA: Barockroman und Erbauungsliteratur. Studien zum Herkulesroman von Andreas Heinrich Bucholtz.

Nr. 119 Gabriel Imboden, Bern: Gottfried Kellers Ästhetik auf der Grundlage der Entwicklung seiner Naturvorstellung. Studie zur Begründung der geometrischen Struktur in der Novellistik. 187 S. 1975.

Nr. 120 Georg Alexander Nowak, Wheeling/USA: Das Bild des Lehrers bei den Brüdern Mann. 148 S. 1975.

Nr. 121 Colin H. Good, Norwich/GB: Die deutsche Sprache und die kommunistische Ideologie. 225 S. 1975.

Nr. 122 Daniel Schönbächler. Zürich: Erfahrung der Ambivalenz. Das Bild der Wirklichkeit im Werk Josef Vital Kopps. 162 S. 1975.

Nr. 123 Irmela Schneider, Frankfurt/M.: Kritische Rezeption. "Die Blechtrommel" als Modell.

Nr. 124 Gerhard Rademacher, Bochum: Technik und industrielle Arbeitswelt in der deutschen Lyrik des 19. und 20. Jahrhunderts. Versuch einer Bestandesaufnahme.

Nr. 125 Dagmar Ralinofsky, Bochum: Die Gestaltung zwischenmenschlicher Beziehungen im Drama der Moderne. Tradition und Mutation.

Nr. 126 Jürgen Sang, Honolulu: Reflektierte Rollenspiele. Untersuchungen zur Gegenwartsliteratur. 163 S. 1975.

Nr. 127 Heidi M. Rockwood, Atlanta: A Syntactic Analysis of Selected Middle High German Prose as a Basic for Stylistic Differentiations. 152 p. 1975.

Nr. 128 Wilhelm Resenhöfft, Kiel: Goethes "Faust" – Gleichnis schöpferischer Sinnerfassung. 336 S. 1975.

Nr. 129 Gerhard Koepf, München: Humanität und Vernunft. Eine Studie zu Heinrich Manns Roman "Henri Quatre". 66 S. 1975.

Nr. 130 Alfred Hübner, Berlin: Das Weltbild im Drama Paul Zechs. 250 S. 1975.

Nr. 131 Wilfried Deufert, Würzburg: Narr, Moral und Gesellschaft. Grundtendenzen im Prosaschwank des 16. Jahrhunderts. 162 S. 1975.

Nr. 132 Klaus-Bernd Vollmar, Kiel: Ästhetische Strukturen und politische Aufklärung in der Lyrik. 1975.

Nr. 134 Hans A. Kissel, Portage: Untersuchungen zu Möglichkeiten, Umfang und Typologie verbaler Synonymik bei Otfrid. 1975.

Nr. 135 Frieder Schülein, Bielefeld: Zur Theorie und Praxis des Blümens. 1975.

Nr. 136 Gerlinde Sanford, Syracuse: Wiener Berufsnamen aus den Jahren 1648–1668. 1975.

Nr. 137 Thomas A. Kamla, Pittsburgh: Confrontation with Exile: Studies in the German Novel. 1975.

Nr. 138 Ulrich Thomet, Bern: Das Problem der Bildung im Werke Thomas Manns. 1975.

Nr. 139 Charlotte W. Ghurye, Bloomington (USA): The Writer and Society. 1975.

Nr. 140 Ward B. Lewis, Athens (USA): Poetry and Exile: An Annotated Bibliography of the Works and Criticism of Paul Zech. 1975

Nr. 141 Luzia Hardegger, Zürich: Nelly Sachs und die Verwandlung der Welt. 323 S. 1975.

Nr. 142 Ulrich Vohland, Marburg: Bürgerliche Emanzipation in Heinrich von Kleists Dramen und theoretischen Schriften. 512 S. 1976.

Nr. 143 Heinz-Joachim Fortmüller, Trier: Clemens Brentano als Briefschreiber. (In Vorbereitung).

Nr. 144 Hermann Luft, Hamilton Canada: Der Konflikt zwischen Geist und Sinnlichkeit in Thomas Manns „Tod in Venedig". 106 S. 1976.

Nr. 145 Lucie Pfaff, Ridgefield: The Devil in Thomas Mann's „Doktor Faustus" and Paul Valery's „Mon Faust". 142 S. 1976.

Nr. 146 Hans-Ulrich Hauschild, Giessen: Die idealistische Utopie. 342 S. 1976.

Nr. 147 Lore Ferguson, Waterville USA: „Die Blechtrommel" von Günther Grass. Versuch einer Interpretation. 106 S. 1976.

Nr. 148 Renata Purekevich, London CDN: Dr. med. Gottfried Benn. Aus anderer Sicht. 140 S. 1976.

Nr. 149 Gerhard Rupp, Frankfurt/M: Rhetorische Strukturen und kommunikative Determinanz - Studien zur Textkonstitution des philosophischen Diskurses im Werk Friedrich Nietsches. 155 S. 1976.

Nr. 150 Elisabeth Holzhey-Pfenninger, Zürich: Der desorientierte Erzähler. Studien zu J. K. Wezels „Lebensgeschichte Tobias Knauts". 99 S. 1976.

Nr. 151 Hubert Fritz, Landshut: Die Erzählweise in den Romanen Charles Sealsfields und Jeremias Gotthelfs. Zur Rhetoriktradition im Biedermeier. 255 S. 1976.

Nr. 152 Dirk Josten, St. Augustin: Sprachvorbild und Sprachnorm im Urteil des 16. und 17. Jahrhunderts. Sprachlandschaftliche Prioritäten, Sprachautoritäten, sprachimmanente Argumentation. 310 S. 1976.